Anonymous

Politische Geschichte der Gegenwart

Anonymous

Politische Geschichte der Gegenwart

ISBN/EAN: 9783743397293

Hergestellt in Europa, USA, Kanada, Australien, Japan

Cover: Foto ©Suzi / pixelio.de

Manufactured and distributed by brebook publishing software (www.brebook.com)

Anonymous

Politische Geschichte der Gegenwart

Jahr 1867 hat ein reiches Erbe angetreten. Der Tag von …grätz, welcher so viele Herzen erzittern und erbeben machte, …aus Angst und Neid, sei es aus Hoffnung und Freude, bildet … jener historischen Denksteine, welche den Abschluß einer hundert-…en Geschichte und den Beginn einer neuen großen Zeit be-…en. Die Konsequenzen dieses Tages sind noch nicht vollständig …; sie sind es erst, wenn keine Mainlinie mehr existirt, wenn … Kriegs- und Zollparlamentsherren, sondern auch Reichs-…ordnete diese Linie passiren, um in der neuen Bundesstadt …deutschen Bund zu einem deutschen zu machen; sie sind es … das stolze Wort der Hohenzollern: „Vom Fels zum …" auch in der umgekehrten Stellung: „Vom Meer zum Felsen!" … Bedeutung hat.

Neben Preußen ist es Italien, welches an den Spolien von … sich eifrig betheiligt hat. Das Erworbene zu befestigen, das … mit dem Alten zu verschmelzen, das noch Fernerliegende mit …llen und ideellen Banden zu umschlingen, um es im günstigen …blick mit einem raschen Zug zu seinem Eigenthum zu machen, … die Aufgabe des einen wie des anderen Staates im ver-…en Jahre. Wie ein rother Faden zieht sich dieses Streben … alle zwölf Monate hin, und dazwischen hinein erblickt man …augenblick die täppische Hand des westlichen Nachbarn, welche …den zu zerreißen, den Knoten zu zerhauen sucht. Damit ist …jenige angeführt, was das Jahr 1867 neben seinem glor-… Vorgänger zu einem bedeutenden macht. Die Consolidirung …deutschen Bundes und Italiens, die Beziehungen des einen …deutschland, des anderen zum Kirchenstaat, das daraus ent-… mehr oder minder gespannte Verhältniß beider Staaten zu …reich sind weitaus die wichtigsten Momente in der Geschichte … Jahres.

… 1867.

Aber wenn Italien neben Preußen genannt wird, wenn Vergleichungspunkte in der Entwicklung beider Staaten schon angedeutet sind, wie gewaltig sind doch auch, zum Troste Deutschlands die Unterschiede! Es ist zwar wahr: Kirchenstaat und Süddeutschland, Septemberkonvention und Artikel IV. des Prager Frieden haben einige Aehnlichkeit; es ist nicht minder wahr, daß die Einheit Italiens und Deutschlands ohne den Hinzutritt der eben genannten Staaten keine wirkliche ist, und daß endlich die „intellektuellen" Urheber jener Konventionen sich auffallend gleich sehen aber mehr läßt sich auch mit dem besten Willen nicht sagen, un aus der Aehnlichkeit sieht die Unähnlichkeit schon heraus. Währen Italien 1859 nur durch die Hilfe Frankreichs seine Unabhängigke gewann und diesen Dienst mit Preisgebung Savoyens und Nizza' bezahlen mußte, hat Preußen durch eigene Kraft, ohne irgend welch Unterstützung des Auslandes seine heutige Machtstellung errunge und als Frankreich für sein bloßes Zusehen Kompensationen ve langte, hatte Preußen den Muth, sie ihm zu verweigern und z erwidern, es könne die Herstellung deutscher Einheit nicht damit b ginnen, daß es wenn auch nur ein Dorf des großen Vate landes an das Ausland verschenke. Mit eigenen Händen und m reinen Händen ist der Neubund Deutschlands errichtet worden: di ist unser Stolz, und das Ausland weiß, zu welchem Riesenkam wir fähig sind, wenn irgend jemand den wahnsinnigen Versu machen sollte, uns in der Einrichtung unseres neuen Hauswese zu stören. Auch ist der Prager Frieden, dessen vierter Artikel fr lich den auswärtigen Einfluß unschwer errathen läßt, nicht mit Na poleon geschlossen worden. Sollte er in die Beziehungen des Nor bundes zu Süddeutschland in der nämlichen Weise sich einmischen wo len, wie er dies vermöge der Septemberkonvention in Italien konn so wäre er sicher, die nämliche Antwort zu bekommen, welche er l der Aeußerung seiner lebhaften Sympathie für den fünften Arti dieses Friedensvertrages, der von den nördlichen Distrikten Schl wigs handelt, bereits erhalten hat. Man muß sagen, daß er di Antwort recht wohl verstand. Und wer wollte behaupten, daß süddeutschen Regierungen, welche so bereitwillig die Allianz- u Zollvereinsverträge abgeschlossen und sie trotz aller Reichsräthe, tr aller Demokratie in ihren kleinen Parlamenten durchgesetzt hab jedem weiteren Schritt zur nationalen Einheit sich entziehen u die Glorie ihrer vollen Souveränetät mit der nämlichen Eifersucht bewahren werden, wie das Oberhaupt der katholischen Kirche, der Erbe einer mehr als zwölfhundertjährigen Weltmacht? Das „Niemals“ eines mittelstaatlichen Ministers ist denn doch etwas anderes als das erbarmungslose Non possumus eines vaterlandslosen Kardinals.

Durch die ausgezeichnete Leitung seiner auswärtigen Politik, durch seine treffliche Armee und durch die intelligente Führung derselben hat Preußen in seinem siebentägigen Feldzug den Platz errungen, welcher ihm schon längst gebührte. Das patriotische Auftreten des großen Kurfürsten in den schmachvollen Zeiten Ludwigs XIV., die Heldenkraft Friedrichs des Großen und die beispiellosen Anstrengungen des ganzen preußischen Volkes im Jahre 1813, wodurch es allein möglich war, daß die Verbündeten von der Katzbach bis auf die Höhen des Montmartre kamen, stehen noch in zu gutem Andenken, als daß Deutschland die Wahl zwischen Hohenzollern und Habsburg auf die Länge hätte schwer werden können. Einiger Mangel an Energie und Scharfsichtigkeit von Seiten seiner leitenden Staatsmänner hat Preußen Gelegenheiten, wie sie ihm 1849 und 1850, vielleicht auch 1813 nach dem Vertrag von Kalisch und später am Wiener Kongreß geboten waren, verpassen lassen. Es läßt sich denken, mit welch' fieberhafter Spannung die großen Männer der neuen preußischen Politik den günstigen Augenblick herankommen sahen, in welchem das Versäumte wieder gut gemacht werden konnte. Er kam und wurde auf eine Art benützt, daß selbst der alte Blücher mit seinem bekannten Toast: „Mögen die Federn der Diplomaten nicht wieder verderben, was durch die Schwerter der Heere mit so vieler Anstrengung gewonnen worden!“ sich gern damit zufrieden gegeben hätte. Und man kann nicht einmal sagen, daß der Sieger herrisch und ungroßmüthig verfahren sei. Zeuge hiefür ist vor allem das Königreich Sachsen, welches seine Dynastie behalten hat. Aber nachdem es nun schon zweimal zu den Füßen des siegreichen Preußens gelegen ist, wird es sich wohl hüten, diesen Staat zum drittenmal in Versuchung zu bringen. Die Annexion der übrigen Staaten, Hannovers, Kurhessens, Nassau's, Frankfurts, Schleswig-Holsteins, war, wie die königliche Botschaft vom 17. August 1866 sagt, für Preußen eine „politische Nothwendigkeit.“ „Die genannten Länder würden, falls sie ihre Selbständigkeit bewahrten, vermöge ihrer geographischen Lage bei einer feindseligen oder auch nur zweifelhaften Stellung ihrer Regierungen der preußischen Politik und militärischen Aktion Schwierigkeiten und Hemmnisse bereiten können, welche weit über das Maß ihrer thatsächlichen Macht und Bedeutung hinausgiengen. Nicht im Verlangen nach Ländererwerb, sondern in der Pflicht, unsere ererbten Staaten vor wiederkehrender Gefahr zu schützen, der nationalen Neugestaltung Deutschlands eine breitere und festere Grundlage zu geben, liegt für uns die Nöthigung, diese Staaten auf immer mit unserer Monarchie zu vereinigen."

Durch diese Annexionen hat sich Preußen, das bisher 18 Millionen Einwohner hatte, rasch zu einem Staate von nahezu 24 Millionen emporgeschwungen, und indem es sich nun anschickte, durch Bündnisse und Verträge die militärischen Kräfte von ganz Deutschland in seiner starken Hand zusammenzufassen, sollte es über eine kompakte Masse von 38 Millionen gebieten und dadurch Deutschland zu einer Macht erheben, wie wir sie seit den Zeiten der sächsischen Kaiser nicht mehr gesehen haben. Wurde es eben noch unter den fünf Großmächten wie das fünfte Rad am Wagen angesehen, so stand es jetzt in der vordersten Reihe derselben, wenn nicht an der Spitze. Und bereits war, ehe das Jahr 1866 ablief, Einleitung zur Gründung eines norddeutschen Bundes getroffen. Die preußische Regierung hatte schon am 4. August 1866 den mit ihr verbündeten Staaten einen Vorschlag zu einem Bündnißvertrag gemacht und derselbe war von ihnen angenommen worden. Das neue Bündniß war vorläufig auf ein Jahr berechnet. In dieser Zeit sollte, auf der Basis jener preußischen Grundzüge vom 10. Juni 1866, welche in der verhängnißvollen Sitzung des Bundestages am 14. Juni der preußische Gesandte zugleich mit seiner Austrittserklärung vorgelegt hatte, eine neue Bundesverfassung vereinbart werden. Zu diesem Zwecke wurden sämtliche norddeutsche Staaten eingeladen, Bevollmächtigte nach Berlin zu senden. 22 Staaten (Preußen miteingeschlossen) waren auf diesen Konferenzen vertreten. Sie wurden von dem Ministerpräsidenten Graf Bismarck am 17. December 1866 eröffnet. Die Rede, welche dieser ausgezeichnete Staatsmann bei dieser Gelegenheit hielt, war wie alles, was er spricht, ein Muster von Klarheit und Offenheit. „Der frühere deutsche Bund erfüllte in zwei Richtungen die Zwecke nicht, für welche er geschaffen war: er gewährte seinen Mitgliedern die versprochene Sicherheit

cht, und er befreite die Entwicklung der nationalen Wohlfahrt
deutschen Volkes nicht von den Fesseln, welche die historische
staltung der innern Grenzen Deutschlands ihr anlegte. Soll die
Verfassung diese Mängel und die Gefahren, welche sie mit
bringen, vermeiden, so ist es nöthig, die verbündeten Staaten
Herstellung einer einheitlichen Leitung ihres Kriegswesens und
auswärtigen Politik fester zusammenzuschließen und gemein-
Organe der Gesetzgebung auf dem Gebiete der gemeinsamen
teressen der Nation zu schaffen. Diesem allseitig empfundenen
dürfniß hat die königliche Regierung in dem vorliegenden Ent-
abzuhelfen versucht. Daß derselbe den einzelnen Regierungen
tliche Beschränkungen ihrer partikularen Unabhängigkeit zum
tzen der Gesamtheit zumuthet, ist selbstverständlich und bereits
den allgemeinen Grundzügen dieses Jahres vorgesehen. Die
beschränkte Selbständigkeit, zu welcher im Laufe der Geschichte Deutschlands die einzelnen Stämme und dynastischen Ge-
ihre Sonderstellung entwickelt haben, bildet den wesentlichen
und der politischen Ohnmacht, zu welcher eine große Nation bis-
verurtheilt war, weil ihr wirksame Organe zur Herstellung ein-
licher Entschließungen fehlten. Die gegenseitige Abgeschlossen-
in welcher jeder der Bruchtheile des gemeinsamen Vaterlandes
schließlich seine lokalen Bedürfnisse ohne Rücksicht für die des
anderen im Auge behält, bildete ein wirksames Hinderniß der
ge derjenigen Interessen, welche nur in größeren nationalen
ihre legislative Förderung finden können."

Mit diesen Worten sind die Mängel des alten Bundestags-
s scharf gezeichnet und die Zielpunkte der neuen Verfassung
gegeben. Sie lauten: Beschränkung der einzelnen Souveränetäten
Aufgeben des kleinstaatlichen Partikularismus zu Gunsten und
Nutzen einer deutsch-nationalen Politik, Unterordnung der ein-
Theile nach ihren materiellen und geistigen Kräften unter
starke Centralgewalt und einen aus allgemeinen und direkten
len hervorgehenden Reichstag. Die Bevollmächtigten waren
9. Februar 1867 mit der Berathung des Entwurfes fertig und
zeichneten ihn, worauf König Wilhelm von Preußen am 24. Fe-
das norddeutsche Parlament, dessen 296 Mitglieder unter
Betheiligung Norddeutschlands am 12. Februar gewählt wor-
waren, mit einer Rede eröffnete, welche in ganz Europa un-

geheure Aufmerksamkeit erregte. „Es ist ein erhebender Augen blick, in welchem Ich in Ihre Mitte trete; mächtige Ereignisse haben ihn herbeigeführt, große Hoffnungen knüpfen sich an denselben Daß es Mir vergönnt ist, in Gemeinschaft mit einer Versammlung wie sie seit Jahrhunderten keinen deutschen Fürsten umgeben hat diesen Hoffnungen Ausdruck zu geben, dafür danke ich der göttlichen Vorsehung, welche Deutschland dem von seinem Volke ersehnten Ziele auf Wegen zuführt, die wir nicht wählen oder voraussehen Im Vertrauen auf diese Führung werden wir jenes Ziel um s früher erreichen, je klarer wir die Ursachen, welche Uns und Unser Vorfahren von demselben entfernt haben, im Rückblicke auf di Geschichte Deutschlands erkennen. Einst mächtig, groß und geehr weil einig und von starken Händen geleitet, sank das deutsche Rei nicht ohne Mitschuld von Haupt und Gliedern in Zerrissenheit un Ohnmacht. Des Gewichtes im Rathe Europa's, des Einflusses a die eigenen Geschicke beraubt, ward Deutschland zur Wahlstatt d Kämpfe fremder Mächte, für welche es das Blut seiner Kinder, d Schlachtfelder und die Kampfpreise hergab. Niemals aber hat d Sehnsucht des deutschen Volkes nach seinen verlorenen Gütern au gehört, und die Geschichte unserer Zeit ist erfüllt von den Bestr bungen, Deutschland und dem deutschen Volke die Größe sein Vergangenheit wieder zu erringen. Wenn diese Bestrebungen bish nicht zum Ziele geführt, wenn sie die Zerrissenheit, anstatt sie heilen, nur gesteigert haben, weil man sich durch Hoffnungen od Erinnerungen über den Werth der Gegenwart, durch Ideale üb die Bedeutung der Thatsachen täuschen ließ, so erkennen wir dara die Nothwendigkeit, die Einigung des deutschen Volkes an der Ha der Thatsachen zu suchen und nicht wieder das Erreichbare de Wünschenswerthen zu opfern." „Als Erbe der preußischen Kro fühle Ich mich stark in dem Bewußtsein, daß alle Erfolge Preuße zugleich Stufen zur Wiederherstellung und Erhöhung der deutsch Macht und Ehre geworden sind." „Die Ordnung der national Beziehungen des norddeutschen Bundes zu unsren Landsleuten Süden des Mains ist durch die Friedensschlüsse des vergangen Jahres dem freien Uebereinkommen beider Theile anheimgeste Zur Herbeiführung dieses Einverständnisses wird unsere Hand d süddeutschen Ländern offen und entgegenkommend dargereicht w den, sobald der norddeutsche Bund in Feststellung seiner Verfassu

zeugung vorgeschritten sein wird, um zur Abschließung von Ver-
gen befähigt zu sein. Die Erhaltung des Zollvereins, die gemein-
me Pflege der Volkswirthschaft, die gemeinsame Verbürgung für
Sicherheit des deutschen Gebietes werden Grundbedingungen der
einigung bilden, welche voraussichtlich von beiden Theilen an-
strebt werden.“ „Nur von uns, von unserer Einigkeit, von un-
er Vaterlandsliebe hängt es in diesem Augenblick ab, dem ge-
sammten Deutschland die Bürgschaften einer Zukunft zu sichern,
welcher es, frei von Gefahr, wieder in Zerrissenheit und Ohn-
acht zu verfallen, nach eigener Selbstbestimmung seine verfassungs-
mäßige Wiederherstellung und seine Wohlfahrt zu pflegen und in
Rathe der Völker seinen friedliebenden Beruf zu erfüllen ver-
. Ich hege das Vertrauen zu Gott, daß die Nachwelt im Rück-
auf die gemeinsamen Arbeiten nicht sagen werde, die Erfah-
gen der früheren mißlungenen Versuche seien ohne Nutzen für
deutsche Volk geblieben, daß vielmehr unsere Kinder mit Dank
diesen Reichstag als den Begründer der deutschen Einheit,
heit und Macht zurückblicken werden. Möge durch unser ge-
ames Werk der Traum von Jahrhunderten, das Sehnen und
en der jüngsten Geschlechter der Erfüllung entgegengeführt
en! Im Namen aller verbündeten Regierungen, im Namen
schlands fordere ich Sie vertrauensvoll auf: Helfen Sie uns,
große nationale Arbeit rasch und sicher durchführen!“

Niemals, so weit man auch in der deutschen Geschichte zurück-
en mag, wurden von königlichem Munde solche Worte gespro-
, Worte, welche neben dem Siegesbewußtsein und der Zuversicht
Gelingens ernste Mahnungen und mildes Entgegenkommen ver-
. Es waren die rechten Saiten angeschlagen, um die Freunde
eln, die Spröden zu gewinnen, den Feinden zu imponiren.
war das Zauberwort, wodurch die schlummernden Kräfte
Nation geweckt, der vielhundertjährige Bann gelöst und der
plat unedler Leidenschaften in eine Arena umgewandelt
, in welcher nur derjenige Stamm, nur derjenige Heros die
erringt, welcher dem großen Ganzen sein Sonderinteresse
Opfer gebracht, in ernster Arbeit dem Kampfe für deutsche
und Einheit zum Sieg verholfen hat. „Im Namen
schlands“ sprach König Wilhelm und vergaß damit und wollte
anderen damit vergessen machen, daß der Name „Preußen“ hier

vorwiege. So ruhmvoll dieser auch ist, so ist er doch, wie der de Anderen, dem Namen „Deutschland" unterzuordnen. Kein berühm terer, kein klangvollerer, keiner, der eine größere Zukunft für sic hätte! Es konnte daher auch nicht anders sein, als daß die Red vom 24. Februar als ein Ereigniß von der größten Bedeutung an gesehen wurde. Besonders die englischen Blätter waren voll Lo über diese Politik und stellten ihr das günstigste Prognostikon Daily News äußerte: „Der Kaiser Napoleon verlangte in Nikols burg, daß der neue Bund sich nicht über die Mainlinie hinau erstrecke, der König von Preußen aber erklärte am Sonntag i Berlin, daß eine Pflicht des neuen Parlaments die Wiederherstellun und Einigung Deutschlands sei. Mit des Königs Worten vor un können wir über die Bahn, welche Preußen als das Haupt de norddeutschen Bundes verfolgen wird, nicht im Unklaren sein. Wa Preußen verlangt, ist unbestreitbar zum Vortheil Deutschlands. W oder unsere Kinder werden als Resultat dieser Politik nicht eine Staatenbund, nicht ein vergrößertes Preußen, sondern ein groß und mächtiges deutsches Reich erschauen." Aehnlich drückte sich d Daily Telegraph aus: „Es ist nicht minder der Vortheil als d Wunsch Englands, daß Deutschland einig, mächtig und frei dasteh und ob Freiheit durch Einheit oder Einheit durch Freiheit errung werde, so haben wir Engländer doch kein Recht, über die eing schlagene Bahn mit denjenigen zu streiten, welche selbst am best ihre Mittel und ihre Zwecke kennen." Die Times, welche in ih Jahreschronik den Grafen Bismarck den „größten lebenden Deu schen" nannte, sprach auch bei dieser Gelegenheit hauptsächlich üb ihn sich aus: „Ein Deutschland konnte nur durch Preußen geschaff werden; Preußen mußte so gestärkt werden, daß es jeden Wid stand überwältigen konnte. Bismarcks nationale Wünsche mög schrankenlos sein, aber vorsichtig und allmählich sind nothwendig weise die Schritte, die er zu ihrer Verwirklichung thut. Er bin sich an keinen Plan, ist keines Systems Sklave, beschwert sich ni mit Skrupeln oder Grundsätzen. Er weiß sehr wohl, was er w sieht ganz klar, worauf er hinarbeitet, und er hat nichts dageg daß die ganze Welt es sehe und wisse."

Kaum irgendwo zeigte sich eine größere Erregtheit als in S deutschland. Hier hatte sich Napoleon gründlich verrechnet. Die Süddeutschland schien ihm der rechte Punkt zu sein, wo die al

…ischen Intriguen fortgespielt, wo die Verschiedenheit und …sucht deutscher Stämme ausgebeutet und eine vornehme Pro…miene angenommen werden konnte. Nicht geeinigt sollte …tschland aus dem Jahre 1866 hervorgehen, sondern zerrissen, …theilt in drei Staatengruppen, welche keine Macht auf Erden … zusammenschweißen könne. Preußen mit seinem Nordbund … im Süden Deutsch-Oestreich und ein Bund der vier süd…lichen Staaten gegenüberstehen. Zwischen Frankreich und Oest… eingekeilt, sollte dieser Südbund die Operationsbasis abgeben, … dem erstarkenden Nordbund ein zweites Jena beizubringen. … dieser französischen Rechnung war gerade die Hauptsache eine … Phantasie: ein Südbund war ein Ding der Unmöglichkeit. … den vier Staaten, um die es sich hier handelte, Baiern, …ttemberg, Baden, Hessen, waren die beiden letzteren so gut als … verjagt. Denn in Baden hielt Fürst und Volk die Richtung … Magnetnadel ein, und Hessen, dessen nördliche Provinz schon … Nordbund aufgenommen war, konnte doch unmöglich mit … südlichen Landschaften, in welchen kraft eines neuen Vertrags … das Besatzungsrecht von Mainz erworben hatte, eine die… entgegengesetzte Politik verfolgen. Es gliche ja einem Wagen, … welchem sowohl vorn als hinten zwei Pferde angespannt sind, … Schauspiel, welches die Mainzer Besatzung kaum eine Woche …halten könnte. Aber abgesehen davon, daß diese beiden Staaten … keinem Falle mitthun würden oder könnten, so war leicht voraus…sehen, daß, da in einem Südbund irgend ein Staat eine gewisse …gemonie übernehmen und diese Heldenrolle Baiern als dem mäch…sten übertragen werden müßte, jeder der drei anderen lieber … als Baiern sich unterordnen würde. Denn wenn durchaus … Hegemonie sein muß, so erträgt jedermann lieber die eines …mächtigen als die eines bisher Coordinirten, wozu denn bei … noch ganz besondere Gründe hinzukommen, welche das Pro… … seiner Neuheit zur Aufbewahrung im germanischen Mu… … zu Nürnberg verurtheilten.

Somit waren diese vier Staaten jeder auf sich selbst angewie… … befanden sich in der glücklichen Lage, von allen Seiten … zu werden. Mit Ausnahme Badens, wo noch während …gangs 1866 ein preußisch gesinntes Ministerium die Geschäfte …, hatten die süddeutschen Staaten ihre früheren Minister behalten. Während man diesen Regierungen wiederholt vorwarf, daß bei ihnen ein Ministerwechsel bloß einen Personen-, keinen Systemswechsel bedeute, sah man diesmal diesen ohne jenen. In Darmstadt residirte fortwährend Herr von Dalwigk, der ausgesprochene Gegner Preußens; in München schien der Ministerpräsident von der Pfordten allmählich mit der neuen Aera sich versöhnen zu wollen. Doch mußte er den heftigen Angriffen der bairischen Presse endlich weichen, worauf am 29. December 1866 Fürst von Hohenlohe-Schillingsfürst die Leitung des Ministeriums übernahm. Dieser hatte schon bei den Verhandlungen der Reichsräthe über den Friedensvertrag vom 22. August für einen engen Anschluß an Preußen gestimmt, und man erwartete daher mit Recht, daß es nun rasch vorwärts gehen werde. Am 14. Januar 1867 stellte die Linke der bairischen Kammer den Antrag, in einer Adresse an den König die Nothwendigkeit eines engen Anschlusses an Preußen hervorzuheben, und erklärte, ihr Ziel sei „ein unter Parlament und einheitlicher Centralgewalt geeinigtes Vaterland mit Autonomie seiner Glieder in ihren besonderen Angelegenheiten und mit gesicherten Freiheiten des Volkes, und zur Erreichung dieses Zieles sei der Beitritt der südwestdeutschen Staaten zum norddeutschen Bund wünschenswerth, noch ehe die Verfassung desselben endgiltig festgestellt sei." Bei der Debatte über diesen Antrag mußte Fürst Hohenlohe Farbe bekennen und legte am 1[illegible] Januar der Kammer sein Programm vor. Dasselbe war in dem, was es nicht wollte, klarer abgefaßt als in dem, was es wollte. Für unmöglich erklärte der Minister einen Anschluß an Oestreich, ebenso einen Südbund oder gar die Anlehnung an eine auswärtige Schutzmacht, erklärte aber auch, daß das Ziel der bairischen Politik, nationale Einigung mit dem Norden, vorerst unerreichbar sei, weil Preußen vermöge des Prager Friedens einen darauf hinzielenden Antrag der süddeutschen Staaten zurückweisen müßte, und weil bei der in Norddeutschland wahrnehmbaren Hinneigung zum Einheitsstaat für Baiern der bedingungslose Eintritt nicht wünschenswerth sei. Unter Wahrung der bairischen Souveränetätsrechte und der Unabhängigkeit des Landes bezeichnete er Preußen als denjenigen Großstaat, an welchen sich Baiern anzuschließen und als dessen Bundesgenossen es im Fall eines Krieges gegen das Ausland sich offen zu erklären habe. Daraus folge, daß Baiern für den F

Krieges sich der Führung Preußens unterstelle und daher sein in einer Weise organisire, die eine gemeinschaftliche Kriegführung ermögliche, wie auch die übrigen südwestdeutschen Staaten zur Einrichtung einer gleichmäßigen und kräftigen Heeresorganisation aufzufordern seien.

Also kein Eintritt in den norddeutschen Bund, nur Allianz mit Preußen, Unterordnung unter seinen Oberbefehl „gegen bestimmte Garantie der Souveränetät des Königs" waren die Zielpunkte des Hohenlohe'schen Programms. Dies war weniger, als die nationale Partei in Süddeutschland gehofft hatte, mehr, als die Gegner erwarteten. Im Ausland machte dieses Programm den Eindruck, als sei dadurch die erste Brücke über den Main geschlagen sei. Wehmüthig rief ein Pariser Journal, der Temps, aus: „Wo ist die Föderation der Südstaaten, diese Erfindung der französischen Diplomatie? Wo die Stipulationen des Prager Friedens? Zerronnen, zerflossen wie der Schnee der letzten Woche. Nikolsburg hat Villafranca um nichts mehr zu beneiden. Die Mainlinie ist, wie das Organ Bismarck's zur Beruhigung des Fürsten Hohenlohe sagt, nichts als eine „Fiktion". Die Einführung des preußischen Wehrsystems südlich vom Main, dies ist der nächste Zweck des Berliner Kabinets. Aber möge man sich in Frankreich keiner Täuschung darüber hingeben! Die Prussificirung der bairischen, württembergischen, badischen und hessischen Waffen ist nur der erste, der entscheidende Schritt auf dem Weg der Prussificirung Süddeutschlands."

Das nächste Ziel, weil Bedingung seiner Allianz mit Preußen, war somit für Baiern eine bessere Heeresorganisation. Dies that aber auch den drei anderen Südstaaten noth. Ein einfacher Hinblick auf die Kriegführung des vorigen Jahres genügte, um dies Allen zum Bewußtsein zu bringen. In Folge dieser allseitigen Einsicht kamen auf die Einladung Baierns die Minister der auswärtigen Angelegenheiten und die Kriegsminister der vier Staaten in den ersten Tagen des Februar in Stuttgart zusammen, um sich über die Art und Weise einer neuen Heeresorganisation zu berathen. Die Beschlüsse vom 5. Februar verlangten „Erhöhung der Militärkraft unter einer den Principien der preußischen nachgebildeten Verfassung, demgemäß Einführung der allgemeinen Wehrpflicht, Aufhebung der Stellvertretung, Eintheilung in aktives Heer, Reserve und Landwehr." Die Heere der vier Staaten sollten so „g eingetheilt und ausgerüstet werden, als zu ihrer gemeinsc Aktion unter sich und mit dem übrigen Deutschland nothwe Um dies zu bewerkstelligen, war nichts einfacher, als daß Beziehung auf Eintheilung, Reglements, Feuerwaffen und sich ganz an das schon bewährte preußische System ansch durch es allein möglich war, die militärische Allianz mit im Sinne des Hohenlohe'schen Programms, praktisch durch Allein nicht nur geschah dies nicht, sondern sie brachten unter sich selbst zu keiner Einheit, verlangten nicht ein sondern nur die möglichste Uebereinstimmung der Reglem Feuerwaffen und Munition und überließen es dem gute der einzelnen Regierungen, für gemeinschaftliche größere und gleichmäßige Ausbildung der Officiere zu sorgen. A Grundlagen hin sollte spätestens bis 1. Oktober eine Mil renz in München zusammentreten. Man fragte sich, wo der ängstlichen Berücksichtigung der Eigenthümlichkeiten der Länder, noch die erstrebte Einheit Platz habe, wie denn gemeinsamen Aktion die Rede sein könne, wenn die Gleich nur gewünscht, die Ungleichmäßigkeit aber eingeführt sei. N handelte schon damals korrekt: es wies auf die preußischen tungen als die einzige Möglichkeit einer Einheit hin un sogleich Anstalt, sie, wenn auch vorerst allein, in's Leben An dieser Konferenz konnte man sehen, daß Hohenlohe Re wenn er einen Südbund für unmöglich hielt.

Ein gleichmäßiges und rasches Vorgehen der Südsta umsomehr am Platz gewesen, als der Unwille der französisc sporne über die Lösung der deutschen Frage sich sehr d erkennen gab. Auch Napoleon, welcher doch ein kälterer V war, welcher um das Geheimniß der preußisch-italienische wußte und die preußischen Plane einigermaßen kannte, kon den geschraubten Wendungen seiner Rede seine Verblüfft verbergen. Wenn wir das, was er in seinem Brief vom 1866 geschrieben hat, als seines Herzens Wünsche anseh so sollen die „sekundären Staaten des deutschen Bundes e Vereinigung, eine kräftigere Organisation, eine bedeutend Preußen eine größere Gleichartigkeit und Macht im Nord men, Oestreich seine bedeutende Stellung in Deutschlan ten.' Ins Deutsche übersetzt heißt dies: „Preußen darf nicht ark, Oestreich nicht zu schwach werden, damit jenes nicht ein licher Gegner, dieses nicht ein werthloser Bundesgenosse Frank- werde, und die kleinen Staaten müssen von beiden sich ziem- schälen, damit sie für einen Rheinbund reif sind." Von ganzen „Wunschzettel" hat auch gar nichts Gnade und Er- gefunden: Preußen hat wie eine Lawine den ganzen Norden llt, Oestreich auf die Seite geworfen und die kleinen Staaten, für eine engere Vereinigung wenig Verständniß haben, in seinen Zauberkreis gezogen. Man erinnert sich dabei lich an das Jahr 1859 und dessen Folgen. Nicht dazu Napoleon mit seinen Marschällen auf die Schlachtfelder Ita- eilt, um seinem Vetter Viktor Emanuel ein Königreich zu das von den Alpen bis zur Südspitze Neapels und Sici- richte, sondern um ihm Mailand und Venedig erobern zu eine Konföderation der italienischen Staaten herzustellen, Aufrechthaltung des häuslichen Friedens ihn als ihren brauche und anerkenne. Mit dem französischen Protektorat zwar auch heute noch seine besonderen Bewandtnisse, aber die Konföderation geblieben? Die Einheit Italiens ist voll- auf den kleinen Rest des Kirchenstaates, und selbst dieser den letzten Monaten nicht durch päpstliche Allokutionen und en, sondern nur durch die vernichtende Handhabung des ischen Rechts und durch die Machtsprüche des neuen Papstes zu retten. Ein so gewiegter Politiker Napoleon auch sein wohl Cavour als Bismarck haben ihn überlistet und sind den Kopf gewachsen.

solchen Mißerfolgen in seiner auswärtigen Politik wünschte daß in dem gesetzgebenden Körper, welcher am 14. Februar werden sollte, möglichst wenig davon gesprochen werde. doch jede ehrbare Familie darauf, daß ihre Wäsche in den Räumen des Hauses gereinigt werde; warum sollte ganz Frankreich, ganz Europa zum Zuschauer haben und nicht ebenfalls en famillo abmachen? In einem Briefe Staatsminister Rouher vom 19. Januar kündigte er daher er sich schon längst gefragt habe, ob die französischen richtungen bereits den höchsten Grad von Vollkommenheit haben, oder ob neue Verbesserungen ins Leben gerufen werden sollen. Er halte es heute für möglich, zur Krönung d Gebäudes zu schreiten und der öffentlichen Freiheit eine neue Au dehnung zu geben. Demgemäß hebe er die so sehr aufreger Adreßdebatte auf und lasse das Interpellationsrecht an ihre Ste treten. Auch halte er es für einen Fortschritt, wenn die Pre nicht mehr unter dem Damoklesschwert der administrativen Verw nungen stehe, sondern mit ihren Vergehen einfach vor das Zuc polizeigericht gestellt werde. Sollten die Minister damit nicht e verstanden sein, so nehme er es ihnen nicht übel, wenn sie geh Alle nahmen ihre Entlassung; aber diejenigen, welche in das S eingeweiht waren, wurden wieder berufen, wie Rouher und Moust und für die unbequemen andere gewählt, so für den Kriegsmini Randon der Marschall Niel. Die List wurde natürlich durchsch und Randon sagte: „Wir sind alle hinausgegangen, aber ei haben Contremarken genommen."

Wenn Napoleon diese neuen Maßregeln „Krönung des bäudes und Fortschritt" nannte, was bedeutete dann bei ihm R schritt? Denn nach dem Reglement des Interpellationsrechts kon eine Interpellation an die Minister nur dann stattfinden, wenn selbe von zwei Kommissionen des Senats oder von vier Kom sionen des gesetzgebenden Körpers gebilligt wurde. Für Preß gehen sollten keine Arreststrafen mehr stattfinden, sondern nur G strafen. Aber diese stiegen von 4000 auf 40000 Franks. Die C cession für die Herausgabe eines Journals wurde erhöht, und zweimaliger Verurtheilung sollte es unterdrückt werden. Erin diese ganze Procedur nicht an die sechs „Knebelbills," welche Castlereagh im Jahr 1819 der englischen Preßfreiheit und Versammlungsrecht entgegenschleuderte? War es nicht eine n Ironie, wenn die Regierung in dem nämlichen Augenblick, w der Redefreiheit den Mund verstopfte, eine Rednerbühne in Sitzungslokal des gesetzgebenden Körpers aufrichten ließ? Was es einem Abgeordneten, fragte man, wenn er die Rede, welche dort herab so schön zu aller Ohren gedrungen wäre, in der T zurückbehalten muß? Der Abgeordnete Jules Favre sagte mit R daß durch dieses Reglement die Möglichkeit, von dem Inter tionsrecht Gebrauch zu machen, ganz in den Händen der Majo das heißt, der Regierungspartei oder der Regierung selbst Die Minderheit stehe auf diese Weise rechtlos und wehrlo

...rgen kann die Regierung," rief er aus, „vor dem Gebrüll der ...hrheit die Interpellationen uns nehmen, wie heute die Adresse. ...rgen kann sie diese Rednerbühne vernichten und uns dann, ... der Theorie, daß der Kaiser das Recht habe, die Kammern ...rglementiren, den Mund verstopfen, so daß wir nur noch den ...nolog der Regierung vernehmen werden."

...achdem so der Rede- und Preßfreiheit ein Zaum angelegt ..., eröffnete Napoleon am 14. Februar die Kammern mit einer ...ede. In der Ueberzeugung, daß auf die skeptischen Franzosen ... einen so gewaltigen Eindruck machen werde, wie ein Citat ... großen Oheims, stellte er die neuesten Veränderungen der Welt... als etwas hin, das mit Nothwendigkeit habe so kommen müssen ... deshalbwegen auch von großen Geistern mit mathematischer ...herheit vorausgesehen worden sei. Dabei versäumte er aber ..., die Autorität Frankreichs als eine gebietende hinzustellen. Er ... damit, daß diese ernsten Ereignisse die Welt durch ihre ...nelligkeit und durch die Bedeutsamkeit ihrer Erfolge in Erstau... gesetzt haben, und fuhr dann fort: „Doch scheint es, daß nach ... Voraussicht des Kaisers sie sich unabweisbar vollziehen mußten. ...oleon sagte zu St. Helena: „„Einer meiner größten Gedanken ... die Zusammenschließung (agglomération) und die Concentri... ... der nämlichen geographischen Völker, die durch die Revolu... ... und die Politik aufgelöst und zerstückelt worden sind. Diese ...mmenschließung wird früher oder später durch die Macht der ... zu Stande kommen; der Anstoß ist gegeben, und ich denke ..., daß nach meinem Fall und dem Verschwinden meines Systems ... anderes großes Gleichgewicht in Europa möglich sein wird, als ... der Zusammenschließung und des Bundes der großen Völker."" ... ...gestaltungen, welche in Italien und in Deutschland vor sich ...gen sind, bereiten die Verwirklichung des umfassenden Pro... ... der Einigung der europäischen Staaten in einer einzigen ...föderation vor. Das Schauspiel der Anstrengungen der benach... ... Völker, um ihre seit so vielen Jahrhunderten zerstreuten ... zu sammeln, kann ein Land wie das unsrige, dessen sämt... Theile unwiderruflich unter einander verbunden sind und einen ...artigen, unzerstörbaren Körper bilden, nicht beunruhigen. Wir ... mit Unparteilichkeit dem Kampfe beigewohnt, der sich jenseits ...Rheins entsponnen hat. Angesichts dieses Zusammenstoßes hatte das Land laut seinen Wunsch kundgegeben, demselben fremd zu bleiben. Ich bin diesem Wunsche nicht allein nachgekommen, sondern habe alle meine Bemühungen aufgeboten, um den Abschluß des Friedens zu beschleunigen. Ich habe nicht einen Soldaten mehr unter die Waffen gestellt, kein Regiment vorrücken lassen, und doch besaß die Stimme Frankreichs Einfluß genug, um den Sieger vor den Thoren Wiens aufzuhalten. Unsere Vermittlung hat zwischen den kriegführenden Theilen eine Einigung herbeigeführt, die, indem sie Preußen das Ergebniß seiner Erfolge beließ, Oestreich die Integrität seines Gebietes, mit Ausnahme einer Provinz, erhielt und durch die Abtretung von Venetien die italienische Unabhängigkei vervollständigte. Unsere Thätigkeit machte sich also im Sinne de Gerechtigkeit und der Versöhnung geltend. Frankreich hat nich das Schwert gezogen, weil seine Ehre nicht auf dem Spiele stand und weil es versprochen hatte, eine strenge Neutralität zu halten. In Bezug auf das fatale Mexiko bemerkte der Kaiser, ein große Gedanke habe die Expedition nach diesem Lande veranlaßt. „Allei an dem Tage, an welchem mir das Maß unsrer Opfer die Interessen, welche uns jenseits des Oceans geführt hatten, zu übersteigen schien, habe ich mich aus freiem Antrieb dazu entschlossen unser Armeecorps zurückzurufen. Die Regierung der Vereinigte Staaten hat begriffen, daß eine wenig versöhnliche Haltung d Besetzung nur verlängern und die Beziehungen verbittern könnt welche zum Wohl der beiden Völker freundschaftlicher Natur bleiben sollen.“ „Preußen“, fuhr er fort, „sucht alles zu vermeide was unsre nationalen Empfindlichkeiten wecken könnte, und ist in d europäischen Hauptfragen mit uns einverstanden.“ Unter den Gesetzen, welche den Kammern in Vorschlag gebracht werden sollt erwähnte er die Militärorganisation und sagte: „Der Einfluß ei Nation hängt von der Zahl der Menschen ab, die sie unter Waffen rufen kann. Vergessen Sie nicht, daß die Nachbarstaa sich sehr schwere Opfer auferlegen für eine gute Heerverfassu Halten wir unsre nationale Fahne stets in derselben Höhe! D ist das sicherste Mittel, den Frieden zu bewahren.“

Welcher Abstand zwischen dieser und der preußischen Thronre die nur zehn Tage nachher gehalten wurde! Haben wir geseh wie diese voll Zuversicht und Patriotismus an die deutsche Nat sich wendet und, unbekümmert um das Ausland, welches nicht stö ach nicht gestört werden soll, zur wetteifernden Thätigkeit für Vaterlandes Größe auffordert, so finden wir die französische voll von geschraubten Wendungen und althergebrachten Phra- da und dort gibt es etwas zu vertuschen, eine kleine Unwahr- zubringen, mitunter wird auch die Farbe gar zu stark auf- gen. Gleich das Wort des alten Napoleon ist insofern sehr schickt, als gerade er von einer Zusammenfassung nationaler am wenigsten wissen wollte und in seinem ungeheuren Kaiser- allerdings eine seltsame Agglomeration, aber nicht gleichartiger, höchst ungleichartiger Bestandtheile mit der Gewaltthätig- einer Sündflut aufhäufte. Sprach er doch ganz offen davon, nichts von einer deutschen Nation wisse, daß er nur Ba- Württemberger, Baiern u. s. w. kenne, worauf bekanntlich rische Regierung von einer bairischen Nation sprach und eine „Nationalkokarde" einführte. In St. Helena freilich scheint Kaiser gar sonderbare Sachen gesprochen zu haben, und greift es auf und träumt schon, wie einst der Bourbon IV., von einer europäischen Konföderation. Daß Frank- Einfluß Oestreich gerettet und den Sieger vor den Thoren aufgehalten hat, ohne daß auch nur ein einziges französisches in Marsch gesetzt wurde, ist zwar wahr, aber verschwiegen weiter unten gezeigt werden wird, daß Frankreich trotz der „Kompensationen" keinen Krieg mit Preußen damals gewagt hat. Und wie durch und durch unwahr wird später vorkommen, daß er „aus freiem Antrieb" seine Trup- Mexiko zurückgezogen habe! Wie mag Staatssekretär Se- Washington über diese Worte gelächelt haben!

vertuschen gab es in Berlin nicht viel; dagegen wurde in Reichstag, welcher sich unter seinem Präsidenten Simson kon- manches enthüllt, wodurch Vergangenes und Gegenwärtiges sicheren Umrissen sich zeigte. Als Präsident der Bundes- legte Graf Bismarck am 4. März dem Reichstag den entwurf des norddeutschen Bundes vor und bat um Berathung, damit die Verfassung, welche noch die Land- verbündeten Staaten durchlaufen müsse, zum Abschluß ge- bevor das am 4. August 1866 auf ein Jahr geschlossene Bündniß ablaufe. Durch eine rasche Beschlußfassung im werden die Beziehungen zu Süddeutschland gefördert werden.

Das Vertrauen im Süden und die Mahnung zum Anschluß an ' norddeutschen Bundesstaaten werde gefördert, wenn man sehe, d der Norden seinem Ziele näher rücke. Es liege ein gewisser Ueb schuß an männlicher Selbständigkeit und Unabhängigkeitsgefühl den Deutschen, der seit den Zeiten der alten Kaiser ihrer Verei gung hinderlich gewesen sei und die einzelnen Stämme veranl habe, sich am liebsten auf ihre eigene Kraft zu stützen. In Ueberwindung dieses partikularistischen Standpunkts seien die v bündeten Regierungen mit gutem Beispiel vorangegangen; es keine, die bei dem Entwurf nicht besondere Wünsche beseitigt, n Opfer gebracht habe. Auch der Reichstag möge den Beweis lief daß er sich die Erfahrungen einer sechshundertjährigen Leiden schichte Deutschlands zu Nutzen mache und die Lehren, welche den verfehlten Unternehmungen von Frankfurt und Erfurt zu zi seien, beherzige. Das Mißlingen dieser Versuche habe in Deu land einen Zustand der Unsicherheit und Unzufriedenheit hervo rufen, der sechzehn Jahre lang gedauert und schließlich durch Katastrophe, wie die des vorigen Jahres, nach der einen oder anderen Seite, seinen Abschluß habe finden müssen.

Bei der Generaldiskussion über den Verfassungsentwurf, we am 9. März begann und vier Tage dauerte, wollten einige Re besonders die preußischen Demokraten, den ganzen Entwurf ' den Haufen werfen, andere, als Regierungsmänner bekannt, ihr bloc annehmen, während eine dritte Partei, welche sich nachher „National-Liberale" zusammenscharte, dem Entwurfe gerne zu men wollte, sobald nur einige Verbesserungen angebracht wü Da Graf Bismarck selbst das Werk für verbesserungsfähig erl und sich bereit zeigte, in mehreren heftig angefochtenen Pu einen Kompromiß zu schließen, so war ein gutes Vernehmen f hergestellt und volle Aussicht da, daß das angefangene Werk günstigen Abschluß finden werde. Auf den unparteiischen Zusc machte die Debatte den Eindruck, daß das Verhältniß, welches her zwischen dem Grafen Bismarck und dem preußischen Abg netenhaus bestand, der Sache nicht sehr günstig gewesen sei. sich vier Jahre lange mit dem Ministerpräsidenten über das getrecht des Abgeordnetenhauses herumgezankt hatte, wer allj zur Sitzung einberufen wurde, um alljährlich unverrichteter heimgeschickt zu werden, von dem ließ sich mit einiger Wahrs n annehmen, daß er seinen früheren Standpunkt, trotz der veränderten Verhältnisse, auch in den Reichstag mithinüber-n werde. Nicht bloß den Reden der Herren Waldeck und ler, auch denen der Herren Twesten und Schulze merkte man Vergangenheit voll Mißtrauen und Kampf, merkte man das, man „Persönlichkeiten“ nennt, recht wohl an. Diese Wahrneh-drängte sich um so mehr auf, als einige Reichstagsabgeord-us den annectirten Provinzen, unter welchen besonders Mi-aus Osnabrück und Braun aus Wiesbaden anzuführen sind, ganz andere Sprache führten. Denn diese, herzlich froh, aus engen, kleinlichen Verhältnissen herausgerissen und in eine mmlung versetzt zu sein, welche für weitere Gesichtskreise Raum kamen mit unbefangenem Sinn den Personen und den n entgegen und begrüßten das neue Werk schon deßwegen euden, weil es zu dem führte, wofür sie schon in ihrer Jugend ämt, zur Einheit. Es ist dabei nicht zu vergessen, daß es eine natürliche Sache ist, wenn auf die Einheit Deutschlands kleineren Staaten mehr Gewicht gelegt wird als in Preußen. hier genügt schon Manchem die Einheit des preußischen s, und was diese vermag, hat sich aufs glänzendste gezeigt. kann aber eine Einheit Sachsens, eine Einheit Badens ge-? Solche deminutive Einheiten haben nur Sicherheit und , wenn noch einige respektable Nullen hinzukommen und ein s daraus entsteht, in welchem sie, wenngleich selbst Ganze, schwinden.

Das parteisüchtige Festhalten an den widerwärtigen Remi-zen aus dem preußischen Abgeordnetenhaus kann dem Grafen rck nicht zum Vorwurf gemacht werden. Vielmehr stand er ielt er sich völlig auf der Höhe der Situation, wie sie durch onrede vom 24. Februar geschaffen war. Er war kaum einmal bitter oder aufbrausend, nahm die Widersprüche der ruhig, zum Theil entgegenkommend hin, wählte zur Wider-statt einer wegwerfenden Rede lieber ein erheiterndes Wort, ne Satire, und wußte, wenn die Debatte in unfruchtbaren heiten sich verirrte, wenn aus den gegebenen Thatsachen fal-schlüsse gezogen wurden, immer wieder die rechten Gesichts-hervorzuheben, die großen Ziele vorzuhalten, die Verhältnisse des Ganzen zu den Theilen und der letzteren unter sich in t rechte Licht zu setzen. Mit seiner klassischen Ruhe, mit seiner his rischen Kritik, mit seinem scharfen, die Blößen des Feindes ers henden Auge machte Graf Bismarck den Eindruck eines gebieten Feldherrn, etwa eines Wellington, wie er auf den Höhen v St. Jean im dichtesten Kugelregen auch keinen Augenblick die S sonnenheit verliert und mit seiner englischen Zähigkeit, die „gu Dienste“ des Waffenbruders Blücher freilich nicht zu vergessen, Sieg erringt. Seit diesem nicht bloß imponirenden sondern c versöhnlichen Auftreten des Ministers, seitdem man erkannt daß der Mann, welcher mit Blut und Eisen um sich warf den Beruf Preußens für höher hielt als jedes formale Recht, c ein Herz für Deutschland habe und die ganze Kraft seines Lel einsetzen wolle, um die Träume des schlafenden Barbarossa zu wirklichen und den deutschen Namen wieder in Achtung zu bringen auch das Urtheil der Süddeutschen über ihn ein ganz anderes worden. Männer, welche früher seine grundsätzlichen Gegner wa welche ihn zum bestgeschmähten Minister machten, bekennen s offen, daß sie sich in ihm getäuscht haben, daß auch ihnen der ruf Preußens, wie er sich jetzt mit dem Berufe Deutschlands i tificire, höher stehe als das formale Recht, daß, um jenem 2 zu brechen, kein anderer Ausweg möglich gewesen sei als Blut Eisen, und daß sie ihm daher ebenso Indemnität ertheilen wie preußische Landtag. Die Luftströmung konnte in Süddeutsch so gänzlich umschlagen, daß Graf Bismarck in einzelnen Kreis Toasten gefeiert und als der größte Staatsmann bezeichnet w welchen Deutschland seit Stein habe. Solche Urtheile geh vor zwei Jahren zu den Unmöglichkeiten; sie sind zwar nicht durch alle Schichten der gebildeten Kreise durchgedru haben aber so feste Wurzel gefaßt, daß sie an Ausdehnung nu nehmen, nicht mehr abnehmen können. Für die Entwicklung Verhältnisses von Süd zu Nord ist gerade dieser Punkt nicht Wichtigkeit.

Die Haupteinwände gegen den Verfassungsentwurf n daß er nichts von einem verantwortlichen Ministerium ent nichts von einem Ausgabebewilligungsrecht beim Militäretat, Höhe ein für allemal festgesetzt sei, so daß auch den Einzellant dadurch ihre bisherigen Rechte geschmälert seien, während ma iedern könne, daß die Rechte der Einzellandtage auch für leichstag gesichert sein sollen. Nur dann, wenn der Reichstag özlichst vielen Freiheiten ausgestattet, wenn neben der Central- : ein verantwortliches Ministerium und ein wirklicher Bundes- mit dem ganzen Apparat des Konstitutionalismus hergestellt :irden die in solchen Sachen heiklen und verwöhnten Süd- :en Eintrittsgelüste bekommen. Aber während aus diesen und n Gründen Waldeck und Duncker den Entwurf für unan- :r erklärten, Schulze-Delitzsch, Michaelis, Lasker, Twesten auf Kompromiß hindeuteten, der letztere freilich mit dem Beisatze, :ß der Entwurf von dem preußischen Abgeordnetenhaus sicher :en werde, warfen sich die Neupreußen, Miquel und Braun, :ller Lebenslust in den breiten Strom des Einheitsstaates, :zt, daß, wenn nur erst dieser geschaffen sei, alles übrige sich l:st ergeben werde. „Die Mainlinie," rief Miquel aus, „sei n Gespenst; wir stehen jetzt dort und wissen, daß es nur eine :tion für uns sei, wo wir Wasser und Kohlen einnehmen, uchdem wir Athem geschöpft, weiter zu gehen. Wenn die :r, um sich als Nation zu konstituiren, über den Frieden illafranca sich hinweggesetzt haben, so werden wir, die wir :cht mit Hilfe des Auslandes frei gemacht, auch über Nikols- :us wegsetzen können. Die vorliegende Verfassung begründe :ngeheuren Fortschritt, und er und seine politischen Freunde :reit, zur Begründung des Bundes jedes Opfer, sogar das :heit zu bringen. Er sei aber überzeugt, daß es einer so Beschneidung der Volksrechte nicht bedürfen werde, als es : Entwurf geschehe. Vor den Freiheitsphrasen, welche man :en Entwurf gebrauche, warne er; hinter diesen Phrasen stecke :ls der Partikularismus. Ihm und seinen Freunden, die aus :en Provinzen hieher gekommen, sei der Blick nicht getrübt :r Vergangenheit, wie manchem der Herren aus den alten :zen; sie fassen eben nur die Hauptsache ins Auge, die Ein- Aehnlich äußerte sich Braun: „Der Entwurf möge den : Anforderungen nicht genügen; aber dafür sei er um so :er. Die Mainlinie rufe bei ihm gar keine Bedenken hervor. :wir nicht 30 und noch mehr Mainlinien gehabt? Ein Süd- :ei nicht zu fürchten. Den Agitatoren in Süddeutschland sei Württemberg noch viel zu groß; am liebsten zerschlügen sie den Staat in einzelne „Kantönli," um sich in denselben zu Dikt toren aufzuwerfen. Es herrsche dort in staatlicher Beziehung ei centrifugale Kraft. Man brauche übrigens den Süddeutschen ni nachzulaufen; sie werden schon zur Einsicht gelangen und ganz v selbst kommen."

Von der katholischen Fraktion berief sich **Michelis** auf se jungfräuliches Gewissen, das ihm nicht erlaube, den auf die pre ßische Verfassung geleisteten Eid dadurch zu verletzen, daß er irge ein Recht aus derselben zu Gunsten der Bundesverfassung entfern lasse, und **Mallinkrodt** lobte zwar die preußische Regierung, daß der katholischen Kirche, d. h. den Jesuiten freie Bewegung gestat was in Süddeutschland nicht der Fall sei, und ließ zwar dem G der Schlachten seine guten Gründe dafür, daß er Preußen h siegen lassen, erklärte aber dennoch, daß dieses Preußen in Schlesw Holstein und im übrigen Deutschland im Unrecht, Oestreich nur der Abwehr gewesen sei. Einen ähnlichen Ton schlug der schlesw holsteinsche Abgeordnete Dr. **Schleiden** an, sprach von der Uns lichkeit der Annexionen und erklärte, das monarchische Prinzip noch nie durch eine Regierung von Gottes Gnaden so tief erschüt worden wie im verflossenen Jahr durch die preußische. Auch ehemalige hannöversche Minister Freiherr von **Münchhausen** h es für passend, alte Wunden aufzureißen und warf sich zum Vert diger der Königin Marie auf, als wollte er die Zeiten eines Prin Christian von Braunschweig-Halberstadt zurückrufen, welcher dreißigjährigen Kriege den Handschuh der Böhmenkönigin Elisab an seinem Hute trug und auf seine Fahnen die Worte sticken l tout pour Dieu et pour elle. Und damit noch nicht ge äußerte er sich mit Entrüstung darüber, daß die preußische Re rung die Kapitulation von Langensalza nicht gehalten und das P vatvermögen des Königs Georg mit Beschlag belegt habe. H sichtlich der unglücklichen Lage Hannovers, von der er ein düst Bild entworfen hatte, belehrten ihn die Hannoveraner **Bennig** und **Grumbrecht**, daß die Annexion des Landes kein Ung sondern eine nur zu lange versäumte nationale Pflicht gewesen Der ganze hannöversche Mittelstand sehe die Annexion als Wohlthat an, und es werde nicht lange dauern, so werden die H noveraner eben so gute Preußen sein wie die Westfalen und Rh länder.

en Vorwurf, als habe Preußen die Kapitulation von Langen-
icht gehalten, wies Graf Bismarck als eine unwürdige Ver-
ng mit Entrüstung zurück. Es habe sich in der Kapitulation
n dasjenige Privatvermögen gehandelt, welches der König mit
ührt habe; darüber sei der Militärvertrag abgeschlossen worüber das übrige Privateigenthum haben Staatsverträge zu
en. Auf die hannöversche Katastrophe übergehend fuhr der
er fort: „Jahrhunderte lange Erinnerungen und Traditionen
die hannöversche Politik und Armee mit der preußischen ver-
Die Gruppirung des siebenjährigen Krieges war eine voll-
natürliche. Aber seit einigen Jahren hat sich Hannover
er natürlichen Verbindung losgerissen. Ich habe seine Mi-
mit den Worten gewarnt: „„Wenn Sie Preußens Ehrgeiz
, können Sie ihn nicht wirksamer entwaffnen als dadurch,
e seine treuen Bundesgenossen sind."" Einem Bundes-
n nach dem siegreichsten Kriege ist kein Fürst des Hauses
ollern im Stande, ein Haar zu krümmen. Wenn Sie sich
it unseren Feinden alliiren, obschon Sie dieselben Interessen
s haben, wenn Sie zwischen Hamburg, Minden und Köln
Staat schaffen, von dem wir befürchten müssen, daß er jede
heit Preußens nach außen, jede Front, die wir nach Süden
benützen, um uns, ich will nicht sagen, den Dolch, aber die
n den Rücken zu rennen, ein solcher Staat kann mit unse-
illen nicht bestehen, seine Forteristenz wäre unverträglich mit
ßens, und derjenige Minister, welcher die erste Gelegenheit,
zur Beseitigung eines solchen Hannovers darbietet, versäumt
verräth sein Land, verräth Deutschland. Wir haben lange
delt, vielleicht zu lange über ein Bündniß mit Hannover;
en noch bei Langensalza unterhandelt. Woran scheiterten
Unterhandlungen? An der Abneigung des Königs Georg,
en dafür zu geben, daß die hannöversche Armee nur ein
ng sich der Feindseligkeiten gegen uns enthalten möge. Wir
das Bündniß angeboten von dem Augenblick an, wo wir die
keit eines Krieges voraussahen, sind aber mit Tergiversa-
hingehalten worden. Man hat uns in amtlich mitgetheilten
einen Neutralitätsvertrag versprochen, inzwischen aber fort-
n, heimlich zu waffnen. Man ließ Waffen und Munition
tade schleppen, um dort eine feste Position zu nehmen, um

dort mit dem Corps des östreichischen Generals Gablenz, mit d Streitkräften, welche das Haus Augustenburg in Holstein wür mobil machen können, und deren Waffen wir dann in Hambu gefunden haben, eine Diversion gegen uns im Rücken gemeinscha lich mit Oestreich zu machen. Einer solchen Gefahr kann s Preußen nicht zum zweitenmal aussetzen. Wir haben die Verhan lungen hinausgezogen in der Hoffnung, Hannover werde sich l sinnen; es hat uns widerstrebt, gegen diesen befreundeten und l nachbarten Stamm den Degen zu ziehen. Um dies zu vermeid haben wir rechtzeitig (am 12. Juni 1866) in Hannover amtl folgendes kundgegeben: „„Stimmt Hannover für den östreichisch Antrag (vom 11. Juni auf Mobilmachung der Bundesarme worüber am 14. Juni in der Bundesversammlung votirt werd soll, so werden wir dies als eine Kriegserklärung betrachten u darnach verfahren."" Die Regierung von Hannover war also vo ständig gewarnt, verließ sich aber auf die 800,000 Mann östreic scher Truppen; in dieser Höhe war nämlich die Stärke der östr chischen Armee durch den Prinzen Solms angegeben, der sein hohen Verwandten, welcher zwischen Preußen und Oestreich schwan einen schlechten Dienst damit erwiesen hat. Man hat Krieg gew mit offenen Augen, man war entschlossen, im Fall des Sie preußische Provinzen zu nehmen. Daher hat man kein Recht, zu wundern, daß der Krieg die ernsten Folgen gehabt hat, und j uns gegenüber einen Ton der Klage über diese Folgen anzustimm Wenn das Blut, wenn die Freiheit von Preußen aufs Spiel ge wird, wenn das ganze Königreich, wie es war, mit seiner glorreic Krone als Einsatz stand, wenn die Kroaten unser Land mit ih Plünderungen bedrohten, wenn die Fremdherrschaft, ich weiß n auf wie lange, uns bevorstand, wenn man uns in der Gefahr ei Stich in die Seite gibt, dann soll man sich hernach nicht auf Standpunkt der Sentimentalität stellen und über schlechte Beha lung klagen. Ich rathe Ihnen und Ihren politischen Freunden das dringendste ab, daß Sie uns nicht herausfordern. Sie wer einer Energie begegnen, der Sie nicht gewachsen sind." Diese N enthielt ein vernichtendes Urtheil über die welfische Politik. war zugleich eine runde Herausforderung an alle Anhänger de ben, mit ihren Vertheidigungswaffen sich bereit zu halten. 2

...and wagte es, auch nur mit einem Buchstaben diese Heraus-
...derung anzunehmen.

Nicht minder schlagend erwiderte der Minister den Angriffen ...r den Entwurf, welche von zwei Seiten kamen, von der unitari... ...en und partikularistischen. Von ersterer Seite verlange man die ...tellung eines verantwortlichen Ministeriums. Wer denn von den ...Regierungen dieses ernennen solle? Ein verantwortliches Mini... ...um sei undenkbar ohne einheitliche Spitze, diese aber bedeute ...Mediatisirung, und von einem Bundesverhältniß könne dann ...e Rede mehr sein. Die Süddeutschen würde man durch ein ...titionelles einheitliches Ministerium nicht gewinnen, sondern ...schrecken. Bedenklicher seien die Einwendungen von partiku... ...stischer Seite. Man spreche davon, wenn dies und jenes nicht ...illigt werde, so werde der preußische Landtag den Verfassungs... ...urf verwerfen. Sonst habe man nur von partikularistischen ...stien gesprochen; jetzt sei eine neue Species hinzugekommen, ...arlamentarischen Partikularisten. Hie Reichstag, hie Landtag! ...e Losung. Abgesehen davon, daß der betreffende Herr zu dieser ...rung keine Legitimation habe, so könnten mit dem nämlichen ...e die mecklenburgischen Ritter sagen: „Wenn ihr uns unsere ...echte nicht garantirt, so spielen wir nicht mit.“ Ob denn je... ...er glaube, daß die großartige Bewegung, die im vorigen Jahre ...Völker zum Kampfe führte, zu einem eisernen Würfelspiel, bei ...dem um Kaiser- und Königskronen gespielt wurde, daß die vielen ...ende der dafür in den Tod geschickten Menschen, daß dies alles ...einer bloßen Landtagsresolution ad acta gelegt werden könnte? ...habe die sichere Ueberzeugung, daß, wenn man sich hier geeinigt ..., kein deutscher Landtag einen Beschluß gegen den Entwurf ...n werde. Man sollte doch nicht die Regierung im Verdacht ...n, daß sie von der historischen konstitutionellen Entwicklung ...chlands sich lossagen und mit dem Parlamentarismus aufräu... ...wolle. Man könne von der preußischen Dynastie nicht erwar... ...daß sie an ein nationales Werk mit dieser Heuchelei herantrete. ...Regierung wolle in der Verfassung denjenigen Grad von Frei... ...gewahrt wissen, der mit der Sicherheit des Ganzen irgend ...träglich sei. Das Militärbudget solle so wenig als das Budget ...ie übrigen Ausgaben dem Reichstag völlig entzogen werden. ...rerseits dürfe aber auch, zumal für die nächste Zukunft, die

Existenz des Bundesheeres nicht von zufälligen Majoritäten abhängen. Die Regierung sei daher bereit, für den Militäretat ein Uebergangsstadium anzunehmen, in der Weise, daß das Budgetrecht des definitiven Reichstags gewahrt und der Militäretat als Pauschquantum für die Dauer des mit dem Parlament deßwegen gleichsam abzuschließenden Vertrags festgestellt werde. Mit Süddeutschland habe man zunächst die Gemeinschaft des, freilich auf sechs Monat kündbaren, Zollvereins. Sobald die norddeutsche Verfassung fertig sei, werde er die süddeutschen Regierungen zu Berathungen über einen unkündbaren Zollverein einladen. Es müssen für denselben organische Einrichtungen geschaffen werden, vermöge deren Süddeutschland an der Gesetzgebung über Zollsachen theilnehme. Solch gemeinsame Organe der Gesetzgebung, wenn sie einmal geschaffen werden sich der Aufgabe nicht entziehen können, auch andere Gegenstände der materiellen Wohlfahrt sowie die Civilprozeßgesetzgebung u. s. w. allmählich sich anzueignen und auch darüber gemeinsam Bestimmungen für ganz Deutschland herbeizuführen. Was di Machtfrage betreffe, so halte er die Vereinigung von Nord- un Süddeutschland jedem Angriff gegenüber, in allen Fragen, wo e sich um die Sicherheit des deutschen Bodens handle, für gesicher „Für den Augenblick," schloß der Minister, „kann ich nichts hinzu fügen als die Aufforderung: arbeiten Sie rasch! Helfen w Deutschland in den Sattel, reiten wird es schon selbst können."

Wenn hier der Minister von Mitteln und Maßregeln sprac welche zur Verbindung von Nord- und Süddeutschland dienen u dienen sollen, so waren diese greifbarer und praktischer als das v demokratischer Seite verlangte verantwortliche Ministerium, d überall, wo es solche gibt, in dringenden Fällen ebenso unveran wortlich handelt wie ein unverantwortliches. Aus dem Zollvere schien bereits ein ganz Deutschland umfassendes Zollparlament he vorzuwinken, und die Erklärung über gegenseitige Unterstützung Kriegsfällen war ganz dazu gemacht, den Appetit nach weiter Enthüllungen in hohem Grade zu reizen. Blieb auch die Mainli vorerst stehen; so viel war sicher: es gab Brücken. Der Anst diese der Oeffentlichkeit zu übergeben, sollte von anderer Seite komme

Wie einst den jungen Themistokles die Trophäen des alten M tiades nicht schlafen ließen, so fühlte sich das alte Frankreich se unbehaglich bei dem siegreichen, selbstbewußten Auftreten des jung [illegible]. Es ging ihm, wie dem guten Gretchen im Faust, wenn [illegible]: „Meine Ruh' ist hin, mein Herz ist schwer, ich finde sie [illegible] und nimmermehr." Und der kleine Thiers hatte in seinen [illegible] noch den tollen Einfall, die Rolle des Gretchens überneh[illegible] in einem dreistündigen Monolog Bekenntnisse einer schönen [illegible] ablegen zu wollen. Als Geschichtschreiber des Napoleonischen [illegible] und Kaiserreichs hatte er sich ganz in jene Zeiten der [illegible] Glorie hineingelebt, dachte sich sein Frankreich wie eine [illegible], um welche die übrigen Staaten herumhüpfen und den Jung[illegible] mit veilchenblauer Seide winden, und wie er nun auf [illegible] sah, daß das Planetensystem zu Ungunsten Frankreichs ver[illegible] sei, so hielt er sich für berufen, der heruntergekommenen [illegible] Politik den Text zu lesen und ihr eine Vorlesung [illegible] alte Staatsrecht zu halten. Der gute Mann war offen[illegible] zwei Jahrhunderte zu spät auf die Welt gekommen, woran [illegible] er selbst am wenigsten Schuld ist. Die Zeiten Richelieus und [illegible], wo von den 300 bis 400 Staaten Deutschlands immer [illegible] von Frankreich bestochen und mit demselben gegen den [illegible] Theil verschworen war und im offenen Feld stand, wären [illegible] das rechte Lebenselement für den ehemaligen Minister Louis [illegible] gewesen. Wie er aber auf einmal rechts vom Main [illegible] Nordbund sich entwickeln sah und links davon keinen [illegible], da schrie er wie ein eigensinniges Kind über die Störung [illegible] Gleichgewichts, als ob nicht vielmehr jetzt erst durch [illegible] des französischen Uebergewichts das europäische Gleich[illegible] hergestellt wäre. Aber in seinem Dünkel und in seiner [illegible] verwechselt er und mit ihm Tausende von Franzosen [illegible] Begriffe fortwährend mit unausstehlicher Naivetät.

[illegible] seine Schlagwörter zur Vertheidigung eines abgelebten [illegible] und zur Uebertünchung einer grenzenlosen Heuchelei auf [illegible] Bühne zu proklamiren, kündigte er, der neuen Geschäfts[illegible] gemäß, seine Interpellation über die von der Regierung [illegible] deutschen Verhältnissen eingehaltene Politik an. Die Kam[illegible], obgleich sich für die Regierung nicht lauter Komplimente [illegible] ließen, so begierig, den alten Parlamentskämpfer zu hö[illegible] seine Interpellation die chinesische Mauer der vier Kom[illegible] glücklich passirte und er am 14. März die Redner[illegible] besteigen konnte, während die Galerien zum Erdrücken voll waren. Als letzte Ursache der Störung des europäischen Gleichg wichts bezeichnete er die allgemeine Verbreitung der sogenannt Nationalitätsidee. Früher sei Frankreich von einer Menge v kleinen Staaten umgeben gewesen, deren Selbständigkeit von ih geachtet worden sei; nun aber haben einige derselben (Italien u Preußen) vermöge der Idee der Massengestaltung derjenigen Vö ker, welche den gleichen Ursprung und die gleiche Sprache habe zu Großstaaten sich emporgeschwungen und dadurch sei alles auß Rand und Band gebracht. Auf dieser alten Politik der klein Staaten habe Frankreichs Größe beruht. Seitdem man sie ni mehr respektire, sei die Lage eine ganz andere. Durch die Poli der Nationalitäten sei Italiens Einheit geschaffen, durch sie ha Preußen die deutsche Einheit fast zu drei Viertheilen hergestel In Folge dessen herrsche nur eine Leidenschaft in Deutschlan man wolle nicht mehr einen Zoll deutschen Landes angreifen lass Nur durch die Einheit Italiens, welche Oestreich zwang, 150,0 Mann bei Custozza aufzustellen, habe die Schlacht von Sado gewonnen werden können, und so sei Frankreich, welches die Einh Italiens herbeigeführt habe, Schuld an Preußens jetziger Grö Dieses habe jetzt mit dem Nordbund 31 Millionen und werde n Konstituirung des Nordbundes seine militärische Allianz mit S deutschland machen, was eine Macht von 40 Millionen an den Gr zen Frankreichs herstelle. Durch dieses verhaßte Nationalitätsprin werde auch noch der Orient auseinandergehen. Rußland sei so mehr zu fürchten, als dieses offenbar mit Preußen verbun sei. Im Gegensatze gegen sie müsse sich Frankreich an die Sp der bedrohten Interessen stellen, um neue Gewaltthätigkeiten zu v hindern, Hand in Hand mit England gehen, damit kleinere Staa wie Holland, Belgien, Dänemark, Schweden, Portugal sich an anschließen und Oestreich ihrem Beispiele folge. Auf diese W werde der Friede gesichert werden. Aber es sei die höchste Z Nicht einen einzigen Fehler mehr dürfe man begehen." „Es wahr", äußerte jemand nach der Sitzung, „Herr Thiers weiß Interessen zu sichern, aber er macht aus Frankreich den Gensd men Europa's."

Am folgenden Tage, am 15. März, ergriff Garnier-Pag das Wort und sagte von Thiers, daß er „die Traditionen der a Monarchie vertrete, dabei aber übersehe, daß, nachdem drei gr

Revolutionen zwischen Sonst und Jetzt liegen, diese Traditionen für die heutigen Zeiten und Völkerbestrebungen nicht mehr maßgebend sein können. Der Einfluß, welchen heutzutag eine große Regierung nach außen ausübe, dürfe nur ein moralischer, nicht ein materieller sein, daher er mit dem Ausspruch der Thronrede nicht einverstanden sei, daß der Einfluß einer Nation von der Zahl der Soldaten abhänge, welche sie ins Feld stellen könne; vielmehr hänge er von den Staatseinrichtungen und Principien ab. Bismarck habe übrigens ein unmögliches Werk unternommen, elf (?) Millionen Deutschöstreicher ausgeschlossen, das übrige Deutschland in zwei Theile geschnitten und aus dem einen ein Großpreußen gemacht, die Nationalitätsgefühle mißachtet, eine Verfassung oktroyirt und alles in seinem Militärismus absorbirt."

Mit dieser Prophezeiung eines baldigen Auseinanderfallens Deutschlands war der nächste Redner, *Emil Ollivier*, nicht einverstanden. „Die Annexionen Preußens verdamme er zwar entschieden als eine Verletzung des Rechts, aber den Nordbund halte er für etwas Rechtmäßiges und Unangreifbares; denn er beruhe zunächst auf frei eingegangenen Verträgen der Fürsten und auf der demnächst erfolgenden Zustimmung eines aus allgemeinen Wahlen hervorgegangenen Parlaments, und es bleibe völlig gleichgiltig, ob das Zustandekommen dieses Bundes den Franzosen angenehm oder unangenehm sei. Das Werk des Grafen Bismarck werde nicht wieder zerfallen, sondern werde dauern und sich ausbreiten, und eines Tages werde der militärisch organisirte Süden trotz des Prager Friedens dem Norden über den Main hinüber die Hand zum Bunde reichen. Was dann Frankreich thun solle? Mit Vertrauen ein Werk hinnehmen, das, nach seiner Ueberzeugung, nicht gegen Frankreich gerichtet sei. Nur dadurch könne man Preußen und Deutschland von Rußland abziehen, durch welche Trennung der russischen Uebergreifung Konstantinopels der stärkste Riegel vorgeschoben werde."

Der Redner des 16. März, Graf *Latour*, forderte die Verbindung Frankreichs mit Oestreich zur Wahrung der drei großen Interessen, welche beiden Kaiserstaaten gemein seien: Verhinderung der Eroberung Konstantinopels durch die Russen, Verhinderung der Herstellung eines deutschen Reiches durch Preußen und Aufrechthaltung der weltlichen Macht des Papstes. Der Krieg mit Preußen sei unvermeidlich und nur noch eine Frage der Zeit. Daher mü' Frankreich die Integrität Oestreichs mit Festigkeit aufrecht halte mit den süddeutschen Staaten eine Allianz eingehen und Preuß nebst seinem Nordbund ein „Bis hieher und nicht weiter!" zurufe

Diesen brennenden Kriegseifer suchte Staatsminister Rouh zu dämpfen und zugleich die kaiserliche Politik gegen Herrn Thi zu vertheidigen. Der vierte Juli (an welchem die Nachricht v dem Siege der Preußen bei Königgrätz einlief) war nach dem G ständniß des Ministers ein gewichtiger Tag. „Diesem unwahrschei lichen und unerwarteten Ereigniß gegenüber waren die Herzen al Männer der Regierung mit patriotischer Angst erfüllt. D Entscheidungen, die wir ins Auge zu fassen hatten, waren von den welche auf Jahrhunderte hinaus die Zukunft bestimmen, und r hatten nur Minuten, um uns zu entscheiden. Wir glaubten r weder in schmollende Thatlosigkeit versenken, noch zur Kriegsdrohu greifen zu sollen. Wir hielten an dem Gedanken fest, den Fried zu erhalten oder doch so bald als möglich wiederherzustellen, r entschieden uns daher für Vermittlung. Dadurch haben wir i Sieger vor den Thoren Wiens aufgehalten, ihn aufgehalten, als Baiern 900,000 Seelen wegnehmen wollte, die Abfindung mit Sa sen, Württemberg und den anderen Mächten gemildert und i Krieg auf 20 Tage beschränkt. Der Phrase: „es ist kein Fel mehr zu begehen," stelle er die Wahrheit entgegen, und diese lar „es ist nicht ein einziger Fehler begangen worden." Die jet Hegemonie Preußens sei aus seiner Hegemonie im Zollverein e standen. Doch sei die jetzige Lage Deutschlands für Frankr günstiger als die unter dem deutschen Bund mit seinen 75 Millio Einwohnern, der eine beständige Bedrohung Frankreichs gewesen Thiers habe zwar gesagt, der deutsche Bund sei eine bloße De sivmacht gewesen. Aber 1859 haben die 300,000 Mann, we Preußen mobilisirte, den Kaiser vor dem Festungsviereck aufgehal Er habe den Frieden von Villafranca nur unterzeichnet, weil Frankreich um Italiens willen nicht weiter gefährden wollte. S habe Preußen mit dem Nordbund 29 Millionen und könne sich d eine Allianz mit dem Südbund auf 32 (?) vermehren. Oest werde sich mit seinen 33 Millionen Einwohnern bald wieder leb kräftig erweisen. In dieser Dreitheilung Deutschlands sehe er k Gefahr. Wollte aber Preußen, wie man sage, bis zur Zuyde

...ringen, so würden Frankreich und England eine Sprache ver... lassen, die es Preußen begreiflich machen müßte, daß die ...voller Anmaßungen vorüber ist."

Darauf entgegnete am folgenden Tage Jules Favre, wenn ... so ruhig aussehe, wie der Minister angebe, warum er denn ... Ruhe des Landes durch Vorlage eines neuen Militärgesetzes ...? Der deutsche Bund sei keine Drohung für Frankreich ge... das damals eine zehnmal geringere Streitmacht zu seiner ...heit gebraucht habe. Das einzige Mittel, die deutsche Ein... zu verhindern, sei, der unterdrückten deutschen Völker und der ...triebenen Fürsten sich anzunehmen.

Zeigte Jules Favre, dieser Vorkämpfer der Freiheit, daß er ... andere Völker ebenso kleinlich denke wie Thiers und sich nichts ... machen würde, Arm in Arm mit dem Kurfürsten von Hessen ... dem Herzog von Nassau gegen das norddeutsche Parlament ... zu laufen, so gieng Granier von Cassagnac, welcher zu ... intimsten Bekannten der Tuilerien gehört, auf das Lieblings... der Franzosen ein. „Er glaube mit Ollivier, daß die deut... Verhältnisse sich konsolidiren, mit Thiers, daß sie für Frank... eine große Gefahr werden können. Aber sein Patriotismus ... seine besonderen Vorurtheile. Er glaube an die natürlichen ...enzen und halte sich für sicherer hinter einem Berg oder einem ... Fluß als hinter einem Grenzpfahl mit dem preußischen ...pen. Frankreich habe das Recht, an allen Punkten und in ... Fragen, wo seine Sicherheit ins Spiel komme, sich einzu... und selbst seine Interessen zu definiren und abzugrenzen. ...nächst verlange er den Frieden, wenn man ihn wolle, und den ..., wenn man dazu nöthige."

Die Menge von Unwahrheiten und Fälschungen, welche in ... französischen Reden sich kundgab, mußte von Seiten ...tschlands Entgegnungen und Berichtigungen hervorrufen. Bei ... die beste Antwort für die Herren Thiers, Latour und ... diejenigen, welche auf Süddeutschland spekulirten, war die ...theilung, daß eine Allianz mit Süddeutschland nicht erst zu ...chen, sondern schon geschlossen sei. Es war am 18. März, als ... Reichstag in Berlin die einzelnen Artikel des Entwurfs zu be... ...den anfieng und über das „Bundesgebiet" debattirte. Bei dieser ...genheit erhoben sich zuerst zwei Gegner Deutschlands, der Pole

Kantak und der Däne Kryger. Jener protestirte gegen die Au nahme Posens in den deutschen Bund, dieser wünschte, daß d Rechte derjenigen Nordschleswiger vorbehalten werden, welchen na dem Prager Frieden die Entscheidung durch freie Abstimmung, i sie zu Deutschland oder zu Dänemark gehören wollen, anheim g geben sei. Graf Bismarck entgegnete dem Polen Kantak, daß d Bewohner des zu Preußen gekommenen Theils der ehemaligen R publik Polen mit der preußischen Regierung, unter welcher sie ein früher nie gekannten Wohlstand und Rechtssicherheit genießen, vo kommen zufrieden seien. Nur der Adel, die Geistlichkeit und d gutsherrlichen Arbeiter seien für eine Revolution und setzen al 15 Jahre „zur Auffrischung der Gefühle" eine solche in Scen gerade an dem Widerstand der Bauern seien bis jetzt alle Rev lutionen gescheitert. Es gebe überhaupt nicht so viele Polen, a man gewöhnlich glaube. Von den 24 Millionen Menschen, welc die ehemalige Republik Polen bewohnten, seien nur 7 Million Polen, die übrigen seien Russen. Mit welchem Recht denn di 7 Millionen die Herrschaft über 17 Millionen ansprechen könnte Die Preußen haben sich durch schwere Kriege und durch die Ve träge von 1815 in den Besitz von Posen gesetzt, in welchem neb 800,000 Polen 700,000 Deutsche wohnen. Der Gedanke an d Herstellung der polnischen Republik sei daher ein phantastischer.

Nicht besser kam der Däne Kryger weg. Ihm erwiderte Gr Bismarck, nicht den Nordschleswigern, sondern nur dem Kaiser v Oestreich stehe das Recht zu, eine Abstimmung zu verlangen. S einige dänisch redende Schleswiger zu Preußen gehören oder nic daran liege gar wenig. Wo aber die Grenze gesteckt werden sol werde Preußen nach seinem Interesse bestimmen. Jedenfalls wer es nicht so weit zurückgehen, um später Düppel noch einmal erst men zu müssen. Im Vertrage heiße es nicht „der nördliche Distrik sondern „die nördlichen Distrikte Schleswigs." Man könne sich di Distrikte groß und klein denken, wie man wolle; so groß, wie m sie sich in Kopenhagen denke, werden sie aber wohl nicht ausfall Wann die Abstimmung stattfinden solle, darüber habe der Friede vertrag nichts festgesetzt; Preußen habe hierin eine gewisse Freih Jedenfalls müssen vorher Verhandlungen mit dem dänischen Kabi gepflogen werden, theils zum Schutz der in jenen Distrikten wohn den Deutschen, theils wegen Uebernahme des schleswig-holsteinischen Staatsschulden-Antheils.

Aber auch Süddeutschland kam bei der Berathung dieses Artikels zur Sprache, und ein Mitglied des Reichstags äußerte das Verlangen, daß das in der französischen Kammer angerathene Bündniß zwischen Süddeutschland einerseits, Frankreich und Oestreich andererseits wirklich geschlossen werden möchte. Graf Bismarck antwortete darauf, „er wolle seiner neulichen Bemerkung noch hinzufügen, daß die militärische Verbindung zwischen Nord- und Süddeutschland bereits seit dem Friedensschlusse vertragsmäßig festgestellt sei." Die Versammlung begrüßte diese Erklärung mit der freudigsten Aufregung, und manches deutsche Herz, im Nord und Süd, fühlte sich einer Last entledigt. Schon am folgenden Tage, am März, veröffentlichte der preußische Staatsanzeiger und die officiöse bairische Zeitung einen Zusatzartikel zum preußisch-bairischen Frieden vom 22. August 1866, wonach an diesem Tage die Könige von Preußen und von Baiern ein Schutz- und Trutzbündniß mit einander abschloßen, sich gegenseitig die Integrität ihres Gebietes garantirten, im Fall des Kriegs ihre volle Kriegsmacht zu diesem Zwecke einander zur Verfügung stellten und für diesen Fall der König von Baiern den Oberbefehl über seine Truppen dem Könige von Preußen übertrug. In den nächsten Tagen machten auch die badischen und württembergischen Blätter den dem bairischen gleichlautenden Allianzvertrag bekannt, welchen Baden am 17., Württemberg am 13. August 1866 als Zusatz zu den Friedensverträgen mit Preußen abgeschlossen hatte. Daß aber sieben Monate lang von der Existenz dieser so wichtigen Verträge nichts in's Publikum drang, beruhte auf einem besonderen Artikel derselben, welcher ihre vorläufige Geheimhaltung festsetzte. Doch drängten sich unwillkürlich zwei Fragen auf: Was hat den Grafen Bismarck veranlaßt, gerade jetzt sein Geheimniß zu veröffentlichen? Und was hat die süddeutschen Regierungen im vorigen Jahre bewogen, mit dem Sieger ein Bündniß zu schließen? Eine Flut von Gerüchten und Vermuthungen überschwemmte die inländischen und ausländischen Zeitungen. Alle Zeichen aber wiesen nach Paris und nach München als diejenigen Orte, wo eine Antwort am besten am Platz sei. Es ließ sich zunächst keine wirksamere Demonstration gegen die französische Anmaßung, welche sich bei der Thiers'schen Interpellation so breit gemacht hatte, denken als eben die Publikation dieser Verträge. Freil wird auch behauptet, der Inhalt dieser Verträge sei dem Tuileri kabinet schon im September 1866, als der östreichisch gesin Minister Drouyn de Lhuys das auswärtige Ministerium an M stier abgab, mit der Bitte um Geheimhaltung mitgetheilt word Warum man aber ein Geheimniß, welches dem Wiener Kabinet solches bleiben sollte, gerade dem französischen beichtete, da es d auf der Hand lag, daß dieses in einer sie beide gleich unangene berührenden Sache die diplomatische Verschwiegenheit nicht üb treiben werde, bleibt noch unaufgeklärt. Ja man sagt sogar, Preußen und Baiern, um die Verlegenheiten der französischen gierung nicht zu vermehren, absichtlich erst nach den Interpellatio debatten die Verträge veröffentlicht haben.

Wie dem auch sei, Thatsache ist, daß Fürst Hohenlohe auf Veröffentlichung drang. Die östreichische und klerikale Pa in Baiern griff ihn wegen seiner in dem oben angeführten P gramm ausgesprochenen Hinneigung zu Preußen heftig an und schwerte ihm die Durchführung dessen, was als Konsequenz des V trages angesehen werden muß, eines neuen Militärgesetzes. Stellung des Fürsten war dieser Partei gegenüber eine günsti wenn er nachweisen konnte, daß er diese Lage nicht geschaffen, dern angetreten, daß sein Vorgänger, der antipreußische Min von der Pfordten, schon längst einen Allianzvertrag abgeschlo und er selbst nichts weiter zu thun habe, als demselben getre nachzukommen. Auch war nicht zu verkennen, daß durch die Pu kation dieser Verträge das Vertrauen des Reichstags und des ga Nordbunds zu den leitenden Persönlichkeiten, die Hoffnung auf Bestand des eben erst zu gründenden Werkes ungemein gestärkt daß auch in Süddeutschland durch ein solches fait accompli weit günstigerer Boden hergestellt wurde.

Auch über die Gründe, welche die süddeutschen Staaten Gegnern zu Bundesgenossen Preußens gemacht haben, sind ei Enthüllungen mitgetheilt worden. Preußen hatte zunächst die sicht, mit der Mainlinie vollen Ernst zu machen und seine südd schen Gegner nicht viel glimpflicher zu behandeln als die nordd schen Fürsten, welche ihre östreichische Freundschaft mit ihrem Th bezahlen mußten. Es beabsichtigte daher, ganz Oberhessen und rechts vom Main gelegenen Theil von Baiern zu annectiren. D

Württemberg und Baden nicht allein ungestraft davon kommen, hinwiederum durch diese Baiern und Hessen entschädigt werden. diese höchst unerwünschten Gebietsabtretungen abzuwälzen oder auf ein bescheideneres Maß zurückzuführen, wandten sich die ...ter der Südstaaten, mit Ausnahme des badischen, an das ...sische Kabinet und baten dasselbe um seine Fürsprache in ... Was konnte in Paris willkommener sein, als bei einem ... Anlaß Preußen entgegenzuarbeiten, die Südstaaten durch ... der Dankbarkeit an sich zu fesseln und dann vor Europa mit der Behauptung groß zu machen, „Frankreich habe den ... aufgehalten, als er Baiern 900,000 Seelen wegnehmen ..., und die Abfindung mit Württemberg und anderen Mächten ...dert," wie dies Rouher am 16. März verkündigte! Herr Drouyn ... gab also dem Gesandten in Berlin, Benedetti, die An-...ung, im Namen Frankreichs bei der preußischen Regierung ein Wort für die Südstaaten einzulegen. Graf Bismarck hörte Fürsprache des Gesandten an und machte bei den Friedensver-...ungen mit den süddeutschen Ministern diese darauf aufmerksam, Unrecht sie daran thun, lieber der französischen Gnade als der ...ßischen sich in die Arme zu werfen; denn das nämliche Frank-... welches jetzt für die Integrität ihres Gebietes einzutreten vor-... habe von ihm die Abtretung deutscher Provinzen und zwar ...burg, Rheinhessen und Rheinbaiern mit den Festungen Mainz ... Landau verlangt. Dies sollte der Kaufpreis sein, um welchen ...reich in die preußischen Annexionen und in die Gründung des ...bundes einwillige. Nun erst merkten die Minister, daß sie mit ... Hilfegesuch an eine falsche Adresse sich gewandt haben, und ... es besser, vielleicht auch nationaler sei, mit einer deutschen als einer welschen Macht zu verkehren. Sie trugen daher dem ... Bismarck ein Schutz- und Trutzbündniß an. Diesem kam ... rascher Temperaturwechsel anfangs etwas verdächtig vor; er ...te, die Sache sei durchaus nicht nachhaltig und werde bald ... in's Gegentheil umspringen. Doch ließ er sich endlich von ... Ernst und der Ehrlichkeit ihres Anerbietens überzeugen, er-... aber auch zugleich, daß jetzt, wo es sich um Bundesgenossen ..., von größeren Gebietsabtretungen keine Rede sein könne, ...ch solche die Gemüther entfremdet, nicht gewonnen würden.

Die Friedens- und Allianz-Verträge wurden geschlossen, und dan war bereits die erste Brücke über den Main geschlagen.

Dies war einer der feinsten Schachzüge der Bismarck'schen P litik. In dem nämlichen Augenblick, in welchem das französis Kabinet die süddeutschen Staaten in seinem Netz zu haben glaub fieng sie ihm der preußische Minister vom Munde weg, und jen hatte das Nachsehen. Wenn nun Frankreich in trostloser Verzweiflu darüber, daß jetzt das europäische Gleichgewicht ein wirkliches i zum Schwert greift und den wahnsinnigen Versuch machen w den neuen Bau wieder zu zerstören und sich, nach dem Thiers'sch Recept, mit einem Gürtel von kleinen Staaten zu umgeben, so l es vorher in Rechnung zu ziehen, daß alle deutschen Volksstäm vom Bodensee bis zur Nord- und Ostsee wie eine eherne Ma sich erheben und unter dem Oberbefehl des Königs von Preuß und unter der Leitung seiner kriegsgeübten und sieggewohnten G nerale zeigen werden, wie schwer ein einiges Deutschland in Wagschale des Krieges fällt.

Auch das Ausland maß diesem Bündnisse zwischen Nord u Süd die größte Wichtigkeit bei. Von den englischen Blättern sa Daily News: „Die Nachricht von dem Abschluß dieser Vertr wird die Eitelkeit der französischen Staatsmänner noch tiefer kränk Es ist natürlich, daß diejenigen, welche so lange Zeit die Gön und Schirmherren des Menschengeschlechts zu sein wähnten, ärgern, wenn sie die Entdeckung machen, daß die Welt für sich sel sorgen will." Der Globe schrieb: „Das Erwachen des schlu mernden Riesen Deutschland fühlt man in ganz Europa. G Bismarck siegt auf allen Punkten." Der Advertiser meinte sog „die Niederlage der Napoleonischen Diplomatie sei so groß, d der französische Nationalstolz dies nicht ertragen werde; man mü sich auf den Sturz des Kaisers und auf eine große Katastro gefaßt machen." Und die Neue freie Presse in Wien rief a „Oestreich darf sich durch keine falsche Sentimentalität abhal lassen, seine Stellung in Europa durch die einzig mögliche Verb dung zu retten, durch den ernsten Versuch, sich an Deutschland Aufrichtigkeit einen Bundesgenossen zu gewinnen. Einen ande Alliirten gibt es für Oestreich nicht, und ohne Alliirten wird die Krisis, die jetzt im Orient reift, nicht überstehen."

Aber an Süddeutschland trat nun die Aufgabe heran, da

...ngen, daß die Folge dieser Allianzverträge nicht bloß in der ...ützung des Südens durch den Norden sich zeige, sondern auch ...der Unterstützung des Nordens durch den Süden. Denn so, wie ...unter dem alten Bund üblich war, konnte es schlechterdings nicht ...fortgehen. Trotz der bedeutenden Summen, welche schon da... die Mittel- und Kleinstaaten das Militärwesen kostete, kam ...bekanntlich nicht viel mehr dabei heraus, als wenn sie gar kein ...tär gehabt hätten. War auch das Material gut, so fehlte es ...vollständig an der Führung, die im Jahre 1866 ein Fiasko ...acht hat, das fast an den Tag von Roßbach erinnert. Von einer ...ätmäßigkeit, von einem Zusammenwirken mehrerer Staaten war ...irgends die Rede. Wie selten kamen, um nur eins anzuführen, ...Jahre 1816—1866 gemeinschaftliche Manövrirübungen der ...temberzischen, badischen und hessischen Truppen vor, welche ...mit einander das achte Bundesarmeecorps bilden sollten! Es ...t sich, ob in diesen fünfzig Jahren solche Uebungen mehr als ...al stattfanden. Und wie zweckmäßig wäre es gewesen, wenn ...drei Staaten zur Ausbildung ihrer Officiere eine gemeinschaft... Anstalt gegründet und unterhalten hätten! Aber dazu brachte ...die traditionelle deutsche Eifersüchtelei nicht. Was halfen dann ...Militärinspektionen, welche von Bundes wegen vorgenommen ...den! Es ist Thatsache, daß an den militärischen Einrichtungen ...Mittelstaaten von den inspicirenden preußischen Generalen stets ...gerügt und auf Verbesserungen angetragen wurde. Da aber ...Landesherr und jeder Kriegsminister das Militär nach seinem ...schmack eingerichtet wissen wollte, so wurde auf diese Ausstellun... nicht gehört, dieselben vielmehr als Eingriffe in die Souveräne...rechte angesehen. Schon damals konnte man Preußen klagen ...n, daß, im Fall eines Bundeskrieges, alle Last auf dem preu...schen und östreichischen Heere liege, daß die Mittelstaaten ein ...ches Militär freilich um verhältnißmäßig geringere Kosten unter...halten können, daß aber auch auf eine so bunte Musterkarte gar ...zu rechnen, geschweige darauf zu bauen sei.

Sollten die Allianzverträge nicht rein illusorisch sein und ein ...tiges Resultat haben, so mußten die süddeutschen Staaten ...schlechterdings ihr Militärwesen auf preußischem Fuß einrichten. ...nur so bekam man eine Armee, welche in Verbindung mit ...norddeutschen unter dem Oberbefehl des Königs von Preußen operiren konnte. Das künftige deutsche Heer muß aus einem Gu sein; wenn irgendwo, so ist hier aller Partikularismus vom Uebe Die Stuttgarter Konferenzen vom 5. Februar entsprachen daher de Erwartungen nicht, und daß ihre Fortsetzung erst am 1. Oktob stattfinden sollte, fand man sehr auffallend. Dieses langsame un behagliche Berathen und Herumtasten reizte den Spott des Norden welcher sich dahin äußerte, „die militärische Einheit des Süden habe damit angefangen, daß für jedes Kontingent Waffen von b sonderem, der Stammeseigenthümlichkeit entsprechendem Kaliber a geschafft werden, und während das württembergische Kriegsmin sterium bei der Geburt des klassischen Dioskurenpaares Albin Brändle sich abmühe, experimentire Baiern mit seinen Podewilsg wehren, um sie nach einem halben Jahr in einer Antiquitätenkan mer aufstellen zu müssen." Noch im Monat April, also volle 8 M nate nach Abschluß des Allianzvertrags, stand man in Süddeutsc land noch auf dem nämlichen Fleck wie im August vorigen Jahre Wie viel kostbare Zeit gieng dadurch für die Schaffung einer nati nalen Armee verloren, zumal man in einer gewitterschwülen Atm sphäre lebte und jeden Augenblick gewärtig sein mußte, daß e Bote hereinstürzte und ausrief: Hannibal ante portas! (Hannib steht vor den Thoren Roms!). Denn laut und immer lauter hö man damals den Namen „Luxemburg."

Schon das ganze Jahr über hörte man dieses Wort in geheii nißvoller Weise flüstern. Die Sache zog sich langsam hin wie e gelindes Katarrhfieber. Plötzlich aber, gegen das Ende März, nah die Krankheit einen akuten Charakter an. Die französische Pre gerieth in heftiges Fieber und hatte viel mit Schwindel, ja sog mit Anfällen von Delirium zu schaffen. Die deutschen Demokrat und die Superklugen sprachen mit Schadenfreude von diesen ve nachläßigten Zuständen, und mit besorgten Blicken schaute die n tional-liberale Partei von ganz Deutschland nach der Miene d Generalstabsarztes in Berlin, wie er eben dem Patienten den Pu fühlte. Die Besorgniß steigerte sich von Woche zu Woche, u auch hier stellten sich, wie bei den französischen Staatsmännern a 4. Juli, „patriotische Beklemmungen" ein. Aber über die Ve schwiegenheit der Aerzte geht nichts, außer wenn der rechte Mann geschickter Stunde kommt. Herr von Bennigsen brachte am 1. Ap auf die Luxemburgische Frage bezügliche Interpellation ein, Graf Bismarck erklärte, er sei bereit, dieselbe sogleich zu beantworten. Darauf erklärte jener, daß sich die Gerüchte von einem Vertrag zwischen Holland und Frankreich übčr die Abtretung Luxemburgs an letzteres von Tag zu Tag mehren. Luxemburg sei ein altdeutsches Land, die Festung, aus französischen Entschädigungsgeldern aus deutschen Mitteln zum Schutze Deutschlands (und Belgiens) gegen Frankreich gebaut; es handle sich darum, diese wichtige Position zu behalten und zu zeigen, daß wir auch den Krieg nicht scheuen, wenn es gelte, den französischen Leidenschaften entgegenzutreten. Das Wort des Königs von Preußen, daß kein deutsches Land an das Ausland verloren gehen dürfe, habe im deutschen Volke einen lauten Wiederhall gefunden; der König möge, wenn Deutschland in Gefahr sei, das Volk aufrufen, und er werde die ganze Nation entschlossen an seiner Seite finden. Er frage also bei der preußischen Regierung an, ob sie von dem Vertrag Kenntniß habe, und ob sie entschlossen sei, die Verbindung des Großherzogthums Luxemburg mit dem übrigen Deutschland, insbesondere das preußische Besatzungsrecht in der Festung Luxemburg auf jede Gefahr hin dauernd sicher zu stellen.

Graf Bismarck erwiderte, daß er den zweiten Theil der Interpellation aus diplomatischen Gründen nicht beantworten könne, wohl aber den ersten, so weit er die thatsächlichen Verhältnisse kenne. Durch die Auflösung des deutschen Bundes habe Luxemburg, wie die anderen Glieder desselben, seine volle Souveränetät wieder zurückerhalten, und der Großherzog, zugleich König von Holland, habe aus Mißstimmung gegen Preußen und seine Erfolge, die Bevölkerung aus Abneigung gegen die Uebernahme der Militärlasten nicht die geringste Lust bezeugt, dem norddeutschen Bunde beizutreten. Im Oktober 1866 sei eine Depesche aus dem Haag in Berlin eingetroffen, welche nachzuweisen suchte, daß Preußen kein Recht mehr habe, in Luxemburg eine Besatzung zu halten. Es habe sich gefragt, ob es angemessen sei, unter diesen Umständen eine Einwirkung oder gar einen Druck dahin zu üben, daß das Großherzogthum Luxemburg, welches dem Zollverein angehöre, dennoch dem Nordbund beitrete. Nach den Erfahrungen, welche man in dieser Beziehung in früheren Jahren gemacht habe, habe die Regierung es für unvortheilhaft gehalten, in einem Bunde von solcher Intimität dieses einem fremden Souverän zugehörige Land als M glied zu haben. Was nun den Verkauf des Landes an Frankre betreffe, so habe die Regierung keinen Anlaß anzunehmen, daß Beschluß über das künftige Schicksal desselben erfolgt sei; freil könne sie auch das Gegentheil nicht mit Bestimmtheit versiche: Sie wisse nur so viel, daß vor wenigen Tagen der König Wilhe von Holland den preußischen Gesandten in Haag gefragt habe, r die preußische Regierung es auffassen würde, wenn der König f der Souveränetät über das Großherzogthum Luxemburg entäußer Der Gesandte, Graf Perponcher, sei angewiesen worden, darauf antworten, daß die preußische Regierung im Augenblick keinen Be fühle, sich über diese Frage zu äußern, und daß sie, bevor d geschehen könne, jedenfalls sich darüber unterrichten müsse, wie di Frage von ihren deutschen Bundesgenossen, wie von den Mitunt zeichnern der Verträge von 1839, wie von der öffentlichen Meinu in Deutschland, welche gegenwärtig im norddeutschen Parlament angemessenes Organ besitze, aufgefaßt werde. Bald darauf habe holländische Regierung durch ihren Gesandten in Berlin ihre gut Dienste Behufs der von ihr vorausgesetzten Verhandlungen Preuße mit Frankreich über das Großherzogthum Luxemburg angebot Die preußische Regierung habe auf dies geantwortet, sie sei ni in der Lage, von diesen guten Diensten Gebrauch zu machen, mit Frankreich gar keine derartigen Verhandlungen stattfinden. Zu Schluß drückte Graf Bismarck die Hoffnung aus, das Ausla werde zweifellose Rechte Deutschlands auf deutsches Gebiet an kennen, und es werde der Regierung möglich sein, diese Rechte schützen, ohne daß die bisherigen freundschaftlichen Beziehungen Frankreich gestört würden.

Der nächste Eindruck, welchen diese Enthüllungen machten, äuße sich in der allgemeinen Entrüstung Deutschlands über das nehmen des Königs von Holland. Freilich die Demokraten und anderen Preußenfeinde riefen jubelnd aus, jetzt komme endlich „schwarze Verrath" an den Tag, jetzt werden endlich die Gehei nisse von Biarritz veröffentlicht; Graf Bismarck sei um kein Ha besser als Graf Cavour; habe dieser in Plombières Savoyen u Nizza verhandelt, so habe es sich in Biarritz um Luxemburg geha delt, und dies sei nur der Anfang, das Saarbecken, Stücke v Belgien und anderes werde nachkommen; wo unter den Fittigen

's je so etwas vorgekommen sei? Die Abtretung
:s, auch wenn dasselbe nicht mehr durch ein Bundes-
Deutschland vereinigt war, wäre freilich ein schlim-
auß für die nahe bevorstehende Verbindung Nord-
t Preußen gewesen. Aber man war im Reichstag
: Kreisen fest überzeugt, daß Preußen, welches im
Jahres die Entschädigungsforderungen Frankreichs
auch diesmal seine Hand nicht im Spiel habe und
ine Räumung der Festung, so doch nie in eine Ab-
des an Frankreich willigen werde. Ganz abgesehen
Standpunkt, der doch hier sehr ins Gewicht fiel,
nur eine Karte ansehen, um sogleich zu bemerken,
zien, gerade Preußen am meisten einer Besitznahme
rch Frankreich sich widersetzen müsse. Oder wäre
3, in französischen Händen, nicht ganz dazu gemacht,
links Schläge auszutheilen? nicht ganz dazu gemacht,
che Gebiet von Saarbrück bis Trier halb in der Luft
ssen und die Einverleibung Belgiens, wovon die
Jahr wenigstens einmal träumen, zur Wahrheit
äre es denn etwas anderes als die erste Etappe an
ie „natürliche Grenze" Frankreichs, welchen Herr Gra-
gnac so gern statt der „preußischen Grenzpfähle"

;ar doch dieses Haus Oranien, von dem der König
Sprößling ist, gesunken, wenn es, Deutschland und
übergestellt, eine solche Wahl traf! Jener Wilhelm
elcher in den drei letzten Jahrzehnten des siebzehnten
)olland, Deutschland, ganz Europa gegen die Supre-
XIV vertheidigte; welcher, gleich stark im Kabinet
s zu seiner Lebensaufgabe machte, Frankreichs Dik-
hten, welcher durch die Erwerbung des englischen
ı Stand gesetzt wurde, mit dem besten Erfolg der
:ermacht entgegenzutreten, mußte er nicht über diese
:s Enkels im Grabe sich umdrehen? Und warum
? Warum denn diesen glänzenden historischen Na-
'enn die natürliche Bundesgenossenschaft des stamm-
tschlands, warum denn diese herrlichen Erinnerungen
ıg Hollands durch den General Bülow und an an-

dere Hilfleistungen und Waffenbrüderschaft auf einmal über Bo werfen und mit einem Herrscher sich verbinden, dessen Bund Mexiko und in Italien solche Akte der Verzweiflung hervorgeruf hat? Die einfache Antwort darauf ist: der König von Holland h ungeheure Schulden, braucht sehr viel Geld und fürchtet (oder ste sich wenigstens, als ob er fürchte), daß Preußen, um seine m litärische Stellung noch mehr zu befestigen und rasch zu einer Se macht ersten Ranges sich emporzuschwingen, auch Holland noch Norddeutschland rechnen, neben der Mainlinie auch noch eine Maa oder gar Scheldelinie aufstellen und Holland zum Eintritt in d Nordbund zwingen werde. Und nicht bloß der König war v dieser Gespensterfurcht gequält, auch die holländische Presse phant sirte davon, daß Preußen bereits nach Mastricht und Venloo u nach der Zuydersee die Hände ausstrecke, woraus es sehr erklärl wurde, daß Rouher in seiner Rede von der Zuydersee sprech konnte. Um den Umschlingungen des „preußischen Ehrgeizes" zu e rinnen, wandte sich der König an Frankreich, bot ihm Luxembu für Geld an und verlangte dafür den Schutz der französischen Waff Ob Preußen und Belgien dadurch in Nachtheil kommen, kümme ihn sehr wenig, im Gegentheil konnte es ihn ja bloß freuen, ei Gelegenheit zu haben, bei welcher er seinem Aerger über das „ dringliche und stolze" Preußen und seinem Haß gegen das ab fallene Belgien auf eine für diese empfindliche Weise Luft mac konnte. Und wenn er Preußen den Gedanken zutraute, Holland verschlingen und Belgien mit Frankreich zu theilen, so konnte er der Ausführung solch kühner Plane dadurch zuvorkommen, daß diesen Gedanken selbst insofern acceptirte, daß er neben dem V kauf Luxemburgs Frankreich eine Theilung Belgiens vorschlug, daß Frankreich den südlichen, wallonischen Theil erhielt, Holland d nördlichen, vlämischen.

Napoleon war dieser Antrag natürlich höchst willkomm (Nach anderen Nachrichten war er es, der denselben zuerst gema hat.) So konnte er doch seinen Franzosen irgend etwas von d großen Inventar Deutschlands als Beutestück vorhalten. So mu er sich denn doch nicht immer nachsagen lassen, daß er viel geford und nichts bekommen habe und nun eine Faust im Sack ma Wenn ihn der Spaß auch 100 Millionen Franks kostete, was ihm daran? Er zahlte es ja doch nicht, die Finanzen seines Lan ja doch schlecht, die Hauptsache aber war, daß die kleinen im Geschichtsunterricht einen neuen Paragraphen aus- lernen mußten, der mit den Worten anfieng: „Napoleon III uxemburg erworben." Die Pariser hatten freilich ihre eigene von der Sache. Sobald sie hinter diesen Handel kamen, sie in ihrer plastischen Manier, der Kaiser komme ihnen vor ein Jäger, welcher den ganzen Tag fehlgeschossen habe und um nicht mit leeren Taschen heimzukehren, bei dem Wildpret- ler einen Hasen kaufe. Vorerst aber wollte Napoleon den Handel als tiefes Geheimniß behandelt wissen, damit er, das Projekt mißlinge, nicht noch einmal als der Abgewiesene Die zwei Bedingungen, unter welchen der Verkauf statt- sollte, Abstimmung der Bevölkerung und Einwilligung der mächte, speciell Preußens, machten ihm wenig Sorge. Zwar die Einwohnerschaft Luxemburgs, besonders die Industriellen, die Verbindung mit Deutschland, weil sie darin die einzige schaft der Wahrung ihrer materiellen Interessen erblickte, für Beibehaltung der preußischen Besatzung, welche eine hübsche me in der Stadt verbrauchte, und jedenfalls für das Verblei- im Zollverein. Nur in der höheren Gesellschaft, wo vielfache, ders auch verwandtschaftliche Verbindungen mit Frankreich nden, zeigte sich der Wunsch des Anschlusses an Frankreich. wenn auch auf diese Weise die überwiegende Majorität den schen Bestrebungen entgegen war, so waren doch, wenn es mal um eine Abstimmung handelte, die Napoleonischen Prä- seit vielen Jahren so gut eindressirt, hatten sich besonders bei erion des italienischen Nizza so meisterhaft bewährt, daß sie waren, überall, in Luxemburg wie in Moskau, mehr „Oui" „Non" in der Urne zu finden. Auch wurden bereits gründliche umfassende Vorstudien hiefür gemacht. Der luxemburgische ungspräsident, Baron von Tornaco, ein Franzose, wurde st nach dem Haag berufen und ihm die Weisung gegeben, seiner Rückkehr die Bevölkerung für die kommende Abstimmung bereiten und wo möglich eine Manifestation zu Gunsten Frank- hervorzurufen. Zu dem gleichen Zwecke durchzogen franzö- Agenten das Land. Ein Unterpräfekt, welcher eine Luxem- zur Frau hatte und eine Erholungsreise machen wollte, den gewünschten Urlaub nur unter der Bedingung, daß er ihn in Luxemburg zubringe, Berichte von dort erstatte und franz sische Sympathien wecke und kräftige. Ein anderer Herr trat berei wie ein officieller Unterhändler auf, erklärte die Abtretung Luxer burgs als eine vollendete und unwiderrufliche Thatsache und woll nur noch Berathungen über die Wahrung der materiellen Interesi veranstalten. An den Häusern sah man sogar schon Plakate n den Worten: „Vive Napoléon! Vive la France!“ und Aufford rungen zu Gewaltthätigkeiten gegen die preußische Garnison. D gegen lauteten Stimmen aus dem Volke ganz anders. „Es einleuchtend, daß sie Luxemburger eigenthümlich über einen Fürst urtheilen und für ihn fühlen müssen, welcher nicht in Abrede stell könne, daß er sie wie eine Herde loszuschlagen suche. Er so seinen Großherzogstitel, der ihm so feil sei, einem Verwandt übertragen, könne auch seinen Rechtstitel dem norddeutschen od besser dem deutschen Bunde gegenüber verwerthen. Von ein Verkauf, gegen den Willen der Landesvertretung, sei keine Re da Artikel 37 der Verfassung ausdrücklich sage: Keine Abtretu kein Tausch, kein Ausschluß von Gebiet kann anders stattfinden kraft des Gesetzes.“

An der Einwilligung Preußens glaubte Napoleon nicht zweif zu dürfen, da dieser Staat zur Beschwichtigung der Aufregung „großen Nation“ gewiß gern ein kleines Opfer bringe, zumal we dasselbe nicht aus eigenem, sondern aus fremdem Vermögen gebra werden müsse. Doch um diese Unterscheidung von Fremdem u Eigenem handelte es sich eben. Der Abtretungsvertrag war 22. März aufgesetzt und sollte bis zum 5. April von Holland u Frankreich ratificirt sein. War dies geschehen, so wollte Napol mit diesem fait accompli in der Hand Preußen um seine Zusti mung, beziehungsweise um die Räumung der Festung ersuch Falls Preußen je Schwierigkeiten machte, so wurde der Han wieder rückgängig, und Napoleon brauchte sich, da das Geheim: gewahrt blieb, weder von der Presse noch von den Herren Thi und Jules Favre irgend welche Anzüglichkeiten sagen zu lassen.

Aber Wilhelm der Oranier hatte nicht wie sein Ahnherr Beinamen „der Schweigsame.“ Hatte er aus Furcht vor dem pr ßischen Ehrgeiz den Handel abgeschlossen, so verrieth er ihn aus Furcht vor der preußischen Rache. Jetzt erst schien ihm Zuydersee, Mastricht, Venloo, Amsterdam, ganz Holland bedr [illegible] sah den gewaltigen preußischen Adler schon in den Kaffee-[illegible]ungen auf Java umherstolziren. In seiner Herzensangst ließ [illegible] wie Graf Bismarck dies im Reichstag mitgetheilt hat, den [illegible] Gesandten kommen und legte eine vollständige Beichte [illegible] Dieser konnte ihm schon am 25. März als Antwort seiner [illegible] mittheilen, daß sie zu einem solchen Handel niemals ihre [illegible] geben könne. Daher blieb der Abtretungsvertrag Ent-[illegible] zu einer Ratifikation kam es nicht. Dagegen verkündigte am [illegible] des 30. März eine Extrabeilage des Luxemburgischen „Ku-[illegible] daß „der Prinzstatthalter die Regierung ermächtige, die Ge-[illegible], welche in Betreff der Abtretung des Großherzogthums um-[illegible] seien, auf das formellste zu dementiren.“ Für Napoleon [illegible] es unangenehm, daß die Sache doch veröffentlicht war, [illegible] der ganz Europa zum zweitenmal eine Abweisung erfahren [illegible], die er entweder wie die erste hinnehmen oder mit einer [illegible]erklärung beantworten mußte. Ein einziger Ausweg blieb [illegible] noch übrig, um seinen Rückzug etwas zu maskiren. Wenn er [illegible] nicht bekommen sollte, so sollten auch die Preußen nicht [illegible] in der Festung bleiben. Nun sollte keiner von beiden etwas [illegible] haben. Wie der Protest Preußens den Verkauf verhindert [illegible] so sollte der Protest Frankreichs die Fortdauer einer preußi-[illegible] Besatzung verhindern. Eine hierauf bezügliche Note gieng von [illegible] nach Berlin ab, und man mußte sich sagen, daß die Lage [illegible] ernst sei. Frankreich erklärte, die preußische Besatzung in Luxem-[illegible] sei eine fortwährende Bedrohung seiner Grenzen, das Garni-[illegible] sei durch die Auflösung des deutschen Bundes hinfällig [illegible], die Aufregung sei zu groß, als daß sie anders als durch [illegible] beschwichtigt werden könnte. Diesem entgegnete [illegible], Frankreich sei selbst schuld an dieser seiner mißlichen Lage; [illegible] es sich in diesen Handel eingelassen habe? So könnte es [illegible] Halbjahr kommen und dann sagen, es könne jetzt nimmer [illegible], die französische Ehre sei dabei betheiligt; von einer Bedro-[illegible] sei bei den friedlichen Tendenzen Preußens und des Nord-[illegible] keine Rede, sein Garnisonsrecht sei aber nicht bloß auf den [illegible] Bund, sondern auf internationale Verträge gegründet. Deutschland habe seine empfindliche Seite, die eben jetzt, wo [illegible] zu einer einheitlichen Nation zusammenschließe, sehr zu scho-[illegible]. Frankreich möge nicht immer bloß von seiner eigenen

Ehre sprechen, sondern auch das Ehrgefühl anderer Nation respektiren.

Die Sache hatte sich zu einem Entweder — Oder zugespi Es bedurfte der ganzen Gewandtheit und Mäßigung des Gra Bismarck, um sie auf dem diplomatischen Wege festzuhalten u nicht auf die Kriegsstraße überführen zu lassen. Denn es war d eine starke Zumuthung, daß Preußen, das so eben einen der glä zendsten Feldzüge der Weltgeschichte beendigt hatte, der französisch Eitelkeit zu Lieb eine Festung, welche es vertragsmäßig schon Jahre lang besetzt gehalten hatte, räumen solle. Kein Wunder, d eine starke Partei, hervorragende Generale, man sagt, selbst der rechnende Moltke, lieber Krieg als Räumung wollte und dar hinwies, daß gerade jetzt zu einem Krieg mit Frankreich, das se Armee noch nicht reorganisirt und in seinen Arsenalen noch bed tende Lücken habe, die günstigste Zeit sei. Schon nach einem Ja werden die Würfel nicht mehr so günstig liegen. Sobald Frankr gerüstet sei, werde es, auch wenn man ihm jetzt nachgebe oder v mehr gerade weil man ihm nachgebe, eine ganz andere Spra führen, werde dann von Saarlouis, von Landau, von Mainz, v Süddeutschland reden und, wenn man ihm nicht willfahre, z Schwert greifen. Nur aus militärischer Schwäche habe es d nicht bereits gethan, daher solle Preußen seine Stärke benütz ganz Deutschland, Nord und Süd, zum Kriege aufrufen und einem raschen Zug in das Herz des Feindes eindringen.

Daß man nicht bloß in Berlin, daß man auch in Süddeut land so dachte, die Sache als eine nationale ansah, bei welcher Ehre ganz Deutschlands auf dem Spiele stehe, bewiesen verschied öffentliche Kundgebungen. 118 Mitglieder der bairischen Abgeo netenkammer unterschrieben eine Erklärung an den Fürsten Hoh lohe, worin sie es „als eine erste Frucht des Allianzvertrages v 22. August 1866 freudig begrüßten, wenn Baiern keinen Zwe darüber bestehen lasse, daß es mit allen seinen Kräften für bedrohte deutsche Land einstehen werde." Andererseits waren a auch französische Agenten und östreichisch gesinnte Minister geschäftig, für den Fall des Krieges die süddeutschen Höfe in Neutralität zu halten, ihren Territorialbesitz ihnen zu garanti und ihnen für alle Fälle den Schutz des mächtigen Frankreichs zubieten. Aber sie widerstanden den Verlockungen und verstan es endlich dazu, in der Verbesserung ihrer Heereseinrichtungen rascher vorzugehen. Die hessische Regierung, deren nördliche Provinz (Oberhessen) dem norddeutschen Bund zugetheilt war, zog voraus, um nicht zweierlei Militär zu bekommen, die einfache Konsequenz, daß sie am 7. April eine Militärkonvention mit Preußen abschloß, wonach alle hessischen Truppen als eine geschlossene Division dem elften preußischen Armeecorps zugetheilt, nach preußischem Muster umgestaltet und unter den Oberbefehl des Königs von Preußen gestellt wurden. Zugleich wurde zwischen Preußen und Hessen am 11. April ein Schutz- und Trutzbündniß, wie früher mit den drei anderen süddeutschen Staaten, geschlossen. Von den letzteren war Baden in der Reorganisation seines Heerwesens am weitesten, und man sprach bereits davon, daß, sobald diese vollendet sei, die badischen und hessischen Truppen zusammen das 13. deutsche Armeecorps bilden würden. Dagegen fand man in Berlin das langsame Vorgehen der Heereseinrichtungen in Baiern und Württemberg unbegreiflich. Selbst bairische Blätter wunderten sich darüber, daß die sächsische Armee, fünf Monate nach dem Friedensschluß, bereits in bundesmäßiger Formation sich befinde, während Baiern, volle sieben Monate nach dem Allianzvertrag, die Regierung noch gar keine Aussicht auf eine endgiltige Festsetzung habe. Das Militärorganisationsgesetz sei ausgearbeitet worden, aber die Kammer habe es als unbrauchbar zurückweisen müssen. Jetzt fange man endlich an, die Podewilsgewehre in Hinterlader umzuändern, aber dies sei eine provisorische, keine definitive Waffe. Es scheine, als ob das gewohnte Alte und jener vielgeschäftige Schlendrian der Bureaukratie, welcher nirgends schädlicher sei als in der Heeresverwaltung, sich wieder festsetzen wolle. Eine Hauptursache hievon sei der alte Grundsatz der bairischen Politik, immer selbständig zu sein, während das Land nicht groß genug sei, um den nöthigen Stoff und die erforderliche Kraft zu liefern. Daher zeige sich hier überall eine gewisse Herrschaft der Mittelmäßigkeit, die zu schwach sei, Bedeutendes zu leisten, und doch zu stolz, von anderen zu lernen. Wenn Baiern in eine so gewaltige Krisis, wie die möglicherweise aus der Luxemburger Frage bevorstehende, nicht besser gerüstet eintrete und nichts Ergiebigeres leiste als im verflossenen Jahre, so müsse es sich schließlich gefallen lassen, wenn ihm ein Vormund gesetzt und ein Theil seiner Sorgen abgenommen werde, damit es nicht zum drittenmal in den Fall komme, Pflichten zu versäum die es nicht bloß sich, sondern dem Ganzen gegenüber zu füllen habe.

Eben diese drohende Krisis brachte auch hier die Dinge raschereu Fluß. Preußische Militärbevollmächtigte wurden an süddeutschen Höfe geschickt, um für die Militärreform ihre Ra schläge zu geben, das preußische Exercierreglement wurde in Bad und Württemberg eingeführt, und letzteres entschloß sich, seiner B geisterung für Albini-Brändle durch die Annahme des preußisch Zündnadelgewehrs ein Ziel zu setzen. Neue Militärreformentwü wurden ausgearbeitet, um den Kammern zur Annahme vorgelegt werden. Je rascher man hier vergieng, desto besser. Denn Fra reich machte, in Erwartung eines Krieges, kolossale Rüstungen. der Verfertigung von Chassepotgewehren wurde mit fieberhaf Geschwindigkeit gearbeitet, Revolverkanonen, welche in ununterbr chener Folge mehrere Schüsse abfeuern und einen gegebenen Pu mit einem Hagel von Geschossen überschütten sollten, wurden ei geführt, Pferdeaufkäufe gemacht, die Magazine mit Proviant u Montirungsgegenständen angefüllt, die östlich und nördlich gelegen Festungen vollständig ausgerüstet und mit neuen Vertheidigun mitteln versehen und eine Heeresreorganisation vorbereitet, wel die Armee auf 1,200,000 Mann bringen und dem Kaiser es mi lich machen sollte, innerhalb weniger Wochen 5—600,000 Ma über die Grenzen zu werfen. Doch stand diese Reform vor Hand noch auf dem Papier und mußte von den Kammern genehmigt werden. So unfertig alles dies auch aussah, so unw kommen damals auch für Frankreich ein Krieg war, so hatte d alles das Ansehen, als ob schon am nächsten Tage der Rhein üb schritten werden sollte. Alle Officiere und Unterofficiere, welche im Urlaub befanden, wurden auf den 30. April zurückberufen, u die Presse ergieng sich in Wuthausbrüchen gegen Preußen, wel deutlich verriethen, daß es sich weniger um Luxemburg handle, um die entsetzliche Wahrnehmung, daß es mit der französisc Suprematie in Mitteleuropa zu Ende sei.

Gegenüber diesen Auslassungen einer zügellosen Presse u diesen fortdauernden Rüstungen der Land- und Seemacht beob tete Preußen eine stolze, sichere Haltung. Es hatte zwei unzu felhaft gute Bundesgenossen für sich, seine trefliche Armee und

Was die Organisation des Heeres, die Raschheit der Mobi-
[illegible]ng, die Güte der Bewaffnung, die Ausbildung der größeren
[illegible]körper und der einzelnen Mannschaft, die intelligente Lei-
[illegible] und den nationalen Geist betrifft, so war die preußische Armee
[illegible]e in ganz Europa. Wären die süddeutschen Heereseinrich-
[illegible] von der gleichen Beschaffenheit gewesen und dadurch zu der
[illegible]tischen Armee ein Zuwachs von etwa 200,000 Mann gekom-
[illegible] fragt es sich, ob die Kriegspartei in Berlin nicht Siegerin
[illegible] wäre. Aber diese altbundestäglichen Zustände und viel-
[illegible] auch die Erwägung, daß auch in Norddeutschland noch nicht
[illegible] zusammengewachsen sei, daß auch hier ein Aufschub nicht
[illegible]rankreich, sondern auch Preußen zu gut komme, gab der Di-
[illegible] so lange die Oberhand, als es möglich war, die nationale
[illegible] unbefleckt zu erhalten. Auch die Rechtsfrage, über welche
[illegible]zösische Regierung so leicht hinweggieng, gab der preußischen
[illegible] guten Halt. Zwei Momente sind hier zu unterscheiden: das
[illegible] Deutschlands auf Luxemburg als einen deutschen Staat und
[illegible] Recht Preußens, in der Festung eine Besatzung zu halten.

Das Großherzogthum Luxemburg hat nur 47 Quadratmeilen
[illegible]00,000 Einwohnern. Diese sind meist katholisch, von deutscher
[illegible]mmung, nur wenige Wallonen. Im zehnten Jahrhundert, zur
[illegible] des Kaisers Heinrich I, machte die Grafschaft Luxemburg einen
[illegible] des Herzogthums Lothringen aus. Als Gründer der Grafschaft
[illegible] ein in jenen Gegenden begüterter Siegfried genannt, welcher
[illegible]ahr 963 von der Abtei St. Maximin bei Trier das Schloß
[illegible]burg d. h. Lützelburg (lützel = klein), welches der altdeutsche
[illegible] statt Luxemburg war, nebst dem umliegenden Gebiet durch
[illegible] erwarb. Aus seinem Geschlechte giengen mehrere deutsche
[illegible] hervor. Graf Hermann von Luxemburg, 1081 zum Gegen-
[illegible] Heinrichs IV erwählt, spottweise der Knoblauchkönig genannt;
[illegible] kräftige Heinrich VII 1308—1313, welcher durch Vermäh-
[illegible] eines Sohnes Johann mit Elisabeth von Böhmen die Krone
[illegible] Landes an sein Haus brachte; sein Enkel Karl IV und dessen
[illegible] Wenzel und Sigismund 1346—1437. Kaiser Karl IV
[illegible] sein Stammland 1354 zu einem Herzogthum. Nach dem
[illegible] seiner männlichen Nachkommenschaft kam dasselbe, wie
[illegible]ang Holland und Belgien, 1444 an den Herzog Philipp von
[illegible], unter dessen Nachkommen die Verbindung des Landes mit

dem deutschen Reich nahezu aufgehoben war. Durch die Verm
lung Maximilians mit Maria von Burgund (1477) wurden
Habsburger Besitzer des Landes, und als Kaiser brachte Maximil
1512 die burgundischen Länder durch ihre Aufnahme in die n
Kreiseintheilung wieder in nähere Verbindung mit Deutschla
Durch seinen Sohn Philipp, welcher eine spanische Prinzessin l
ratete, kam die ganze burgundische Erbschaft an den spanisc
Zweig des habsburgischen Hauses, in dessen Besitz sie bis zu d
Jahre 1714 blieb, der Begehrlichkeit des französischen Königs L
wig XIV ausgesetzt, welcher zweimal, 1684—1697 und 1701—1'
die Festung mit seinen Truppen besetzt hielt und durch seinen
stungsbauer Vauban zu einem fast uneinnehmbaren Bollwerk mac
In den Friedensschlüssen von Utrecht und Rastadt (1713 und 17
welche dem spanischen Erbfolgekrieg ein Ende machten, wurde
Herzogthum Luxemburg nebst den spanischen Niederlanden (dem l
tigen Belgien) dem Hause Oestreich zugesprochen, welches seine H
schaft über dasselbe bis zur Zeit der französischen Revolution
hauptete. Nach der Ueberschwemmung Belgiens durch die Rev
tionsheere wurde auch das Herzogthum, dessen Bewohner e
blutigen Guerillakrieg mit den Jakobinern führten, von den F
zosen besetzt (1794), die Festung aber ergab sich erst im folge
Jahre in Folge der darin ausgebrochenen Hungersnoth. Di
Raub gaben die Friedensschlüsse von Campo Formio (1797)
von Lüneville (1801) die Form der Abtretung. Von 1795—1
war ganz Luxemburg mit dem französischen Kaiserreich verei
Wenn diese vorübergehende Herrschaft ein besserer Rechtstitel
sollte als die fast achthundertjährige Verbindung mit Deutschl
so müßten folgerichtig die französischen Grenzpfähle bis Ham
vorgerückt werden, um die lieblichen Zeiten des Wütherichs Da
wieder zurückzurufen.

Durch den ersten Pariser Frieden (30. Mai 1814) wurd
Festung Luxemburg von französischer Besatzung befreit. Der
England und Rußland sehr begünstigte Prinz von Oranien, we
Holland und Belgien als Königreich der Niederlande zugesichert
zeigte gleich anfangs starken Appetit nach Luxemburg und begrü
denselben durch dessen frühere Verbindung mit Belgien. D
Herrn war somit nicht gut etwas abzutreten, da er auf eine
liche Art handelte wie einst Ludwig XIV mit seinen Reün

… Wenn er als weiteren Grund für die Vereinigung …burgs mit seinem Königreiche den Umstand angab, daß er … assau-oranischen Stammlande, die Fürstenthümer Dietz, Sie- … Dillenburg und Hadamar, an Preußen abgetreten habe und Ersatz hiefür, zugleich um mit dem deutschen Reiche in Ver- …ung zu bleiben, Luxemburg beanspruche, so hätte ihm füglich …t werden können, daß Belgien ein mehr als hinlänglicher Ersatz …ab daß man von einer besonderen Sentimentalität Hollands …eines Statthalters für Deutschland zu wenig wisse, um daraus …ie Zukunft günstige Schlüsse ziehen zu können. Jedenfalls …hätten die politischen und strategischen Gründe alles Andere …wiegen sollen. Aber die Schöpfungen des Pariser Friedens …des Wiener Kongresses waren bekanntlich keine Meisterstücke. …debütirte mit der Verweisung Napoleons auf die in der Nähe Italien und Frankreich gelegene Insel Elba und schloß mit …lossalsten Ländermarkt, den die Geschichte kennt. Da machte …denn auch die große Weisheit geltend, daß man im Norden …kreichs, zum Schutz gegen neue Eroberungsgelüste, einen starken …Staat schaffen müsse, der mächtig genug sei, um den ersten …auszuhalten, d. h. um gleich bei dem ersten Stoß über den …n geworfen zu werden. Als ob nicht auch Preußen im Nor- …rankreichs läge! als ob nicht Preußen für seine unverhältniß- … großen Anstrengungen in den zwei letzten Feldzügen eine größere Belohnung verdient hätte als ihm gewährt wurde, …indesten eine größere als der Prinz von Oranien, welcher …einer Vertreibung durch die Franzosen, 1795—1813, sich hinter …nglischen Oefen gewärmt hatte! als ob nicht Preußen der ein- …Staat wäre, welcher die französische Grenze überwachen und …Interesse Deutschlands wahren könnte. Aber das aufstrebende …en hatte im Grunde nirgends, selbst nicht an Rußland, einen …wollenden Freund, und Fürst Hardenberg war kein Graf Bis- … So drang der Unverstand und der Neid durch, und Luxem- …burg, statt an Preußen, an Holland. Durch den Vertrag vom Mai 1815 zwischen dem König der Niederlande und Rußland, …reich, Preußen, England wurde Luxemburg als ein selbständiger …t, als ein besonderes „Großherzogthum" dem König der Nie- …ande übergeben, das vom übrigen Königreich ganz abgesondert …altet werden und ein Glied des zu schließenden deutschen

Bundes sein sollte. Die Stadt Luxemburg war zur deutschen Bu desfestung ausersehen.

Wenige Tage darauf, als Napoleon nach seiner Rückkehr v Elba mit seinem Heere bis in das Herz von Belgien eindra konnte man die Widerstandsfähigkeit des neuen Königreichs erprob Wäre nicht Blücher und Wellington dort gestanden, so hätte Oranier zum zweitenmal Muße gefunden, eine Spazierfahrt n England zu machen. Aber man war auch jetzt noch nicht gewitzi Zwar fanden neue Verhandlungen statt, bei welchen Preußen, na dem ihm die sächsische Beute zur Hälfte entgangen war, das Gr herzogthum Luxemburg, sei es das ganze oder einen Theil desselb ernstlich ins Auge faßte. Wenn es die Blöße seiner westlich Grenze betrachtete, so mußte es schon aus militärischen Grün den Besitz Luxemburgs mit aller Macht erstreben. Selbst Met nich, der doch gewiß Preußens Vergrößerung nicht wollte, un stützte einen Augenblick dessen Wünsche, freilich nur in der Hoffnu daß es sich, wie er sagte, „durch die vielfachen Berührungspu Frankreich gegenüber gründlich kompromittire." Aber auch dies siegte die Zähigkeit des Holländers. In dem Protokoll vom 3. vember 1815 wurde ihm aufs neue Luxemburg von den Mäch zugesprochen, zugleich aber der Beschluß gefaßt, daß der König Preußen gemeinschaftlich mit ihm die Besetzung der Festung ü nehmen und das Recht, den Gouverneur zu ernennen, haben s Es war dies eine vermittelnde Maßregel, welche beide Theile bef digen und dem obersten Zweck, dem Schutze der deutschen Gren genügen sollte. Mit welchem Erfolg alles dies erreicht wurde, man im Jahre 1867 deutlich gesehen. Wohl zu beachten aber daß dieses Protokoll nicht vom deutschen Bunde ausgieng, son von den vier alliirten Mächten und Holland, also ein rein in nationaler Vertrag war, an dessen Giltigkeit seine nachherige nahme oder Nichtannahme durch den deutschen Bund durchaus ni änderte. Auch wenn der deutsche Bund, welcher erst am 5. vember 1816 eröffnet wurde, gar nicht zu Stande gekommen w wäre jener Vertrag doch geschlossen und ausgeführt worden, d sich hier um eine Festung handelte, deren Besetzung durch die p ßische Großmacht nicht bloß im holländischen, auch nicht bloß preußischen und deutschen, sondern im europäischen Interesse Auf dieses Protokoll hin, welches am 20. November unterzeic

…ck, schloß Holland am 8. November 1816 mit Preußen einen
…vertrag, wonach die Besatzung zu drei Viertheilen aus preu-
…ßen und zu einem Viertheil aus niederländischen Truppen be-
… und Preußen den Gouverneur und den Kommandanten er-
… sollte. Die beiden Staaten wollten dadurch „für die verei-
… Vertheidigung ihrer respektiven Staaten auf die wirksamste
… und Weise Sorge tragen." Auch dieser Vertrag ist ein inter-
…naler, welcher auch ohne den deutschen Bund, Preußen und
…and für sich allein gedacht, nach dem Willen der vier Mächte
…schlossen werden mußte. Diese Bestimmungen wurden dann in
… Separatverträgen von 1817 zwischen den Niederlanden einer-
… Oestreich, Rußland, England andererseits und in dem Frank-
…er Territorialreceß vom 20. Juli 1819 wiederholt. Erst nach-
… das preußische Besatzungsrecht seine europäische und private
…bindung hatte, beschloß der deutsche Bundestag am 5. Oktober
… Luxemburg als Bundesfestung zu übernehmen, kam aber in
… gewohnten Schneckenmanier erst nach fünf Jahren dazu, die
…nöthige förmliche Uebernahme der Bundesfestung zu beschließen
… Juli 1825). So war also bei der Uebernahme der Festung
… den Bund das preußische Besatzungsrecht längst festgestellt
… in Ausübung und hatte, wie oben angeführt, neben dem euro-
…päischen noch den besondern Zweck, Preußen und den Niederlanden
… gemeinschaftliche Vertheidigung ihrer Grenzen zu erleichtern.
… Recht blieb somit in Kraft, so lange Frankreich der gefähr-
… Gegner beider Staaten war, so lange es ein Deutschland gab,
… der schmachvollen Hingabe des Elsaß und Lothringens nicht
… Auflage veranstalten wollte. Ob dieses Deutschland deut-
… Bund oder norddeutscher Bund hieß, von Frankfurt oder von
… aus geleitet wurde, that nichts zur Sache.

König Wilhelm von den Niederlanden regierte in den nächsten
… Jahren Belgien und Luxemburg mit gleich „väterlicher
…," so daß im August 1830 die Belgier eine Revolution an-
…, von Holland sich lossagten und ein besonderes Königreich
… und die Luxemburger sich an sie anschloßen mit Aus-
… der Festung, deren Einwohner durch die preußische Besatzung
…halten wurden. Die Londoner Konferenz, welche dieses Fa-
…zerwürfniß vor ihre Gerichtsbarkeit zog, entschied in den 24
… ihres Protokolls vom 15. November 1831, daß der west-

image
not
available

War es aber auch von Deutschland gelöst? Limburg wird, das ja auch früher nicht dazu gehörte, wie dies auch am 4. April 1867 dem holländischen Gesandten, Luxemburg aber nie und nimmermehr, so wenig als die Staaten. Ist auch der norddeutsche Bund nicht der Nachfolger des deutschen Bundes, so repräsentirt er doch nebst Staaten das, was man Deutschland heißt, und es in ganz anderer Weise als der alte Bundestag, und Deutschland wird nie vergessen, daß an dem Flüßchen alte Lützelburg liegt, daß die dortige Bevölkerung, mit weniger Renegaten aus der höheren Gesellschaft, deutsch denkt, und daß der Holländer das Land entweder zu oder an Deutschland zurückzugeben hat. Findet hier nicht soll wie mit Baden, Württemberg und den anderen süddeutschen Staaten statt? Auch diese sind durch die Folgen des 14. frei und ledig geworden, sind in den norddeutschen Bund eingetreten, und doch, wenn der Großherzog von Baden an Frankreich verkaufte, wenn Rastadt und Ulm einer Besatzung geöffnet würde, sollte wirklich der norddeutsche und das übrige Süddeutschland mit verschränkten Armen Schauspiele zusehen? Würden sie nicht mit Worten und dagegen protestiren und erklären, daß die Souveränetät von Volk in den Beziehungen zur ganzen deutschen Nation Beschränkung erleide?

sind die historischen, rechtlichen und militärischen Verhältnisse, welche bei Lösung der Luxemburger Frage Rücksicht zu war. Indem Graf Bismarck von Anfang an erklärte, daß nicht zwischen Preußen und Frankreich allein abzumachen daß die Unterzeichner des Londoner Vertrags von 1839 werden müssen, gab er denjenigen Weg an, auf dem es möglich war, den Streit ohne Krieg beizulegen. Hatte im Jahre 1815 von Europa den Auftrag erhalten, die zu besetzen, so konnte es im Jahr 1867 das nämliche fragen, ob diese Besetzung fortdauern oder unter Garantie welchen Schaden für Deutschland aufhören solle. Und Napoleon meinte, daß die französische Eitelkeit vor einer Einmischung Preußens sich nicht zurückziehen könne, so konnte beschränkt vor einem europäischen Areopag. Der östreichische

Minister Freiherr von Beust, bot alles auf, um bei dieser Gelege heit den gedemüthigten Kaiserstaat eine wichtige Vermittlerrolle, vi leicht gar wie im Juni 1813, spielen zu lassen. Ja schon dam sprach man von einer französisch-östreichischen Allianz als von ein ausgemachten Sache. Als ob die Finanzen und Ungarn nicht a ein Wort mitzusprechen hätten! Zuerst machte Herr von Beust d Vorschlag, daß ganz Luxemburg, wie dies ja im Jahr 1830 wünscht und erstrebt wurde, in Belgien einverleibt werde und die dafür einige belgische Gebietstheile, welche im zweiten Pariser Fr den 1815 Frankreich genommen worden waren, an dasselbe zurü geben solle. Dieser Antrag, über welchen sich Frankreich jedenfa nicht zu beklagen hatte, scheiterte, auch wenn ihm die anderen Gro mächte zugestimmt hätten, an dem edlen Worte des Königs Le pold II. von Belgien: „Ich kann nicht einen meiner Landsle austauschen." Nun machte Herr von Beust einen zweiten Vorschl welcher dahin gieng, daß Luxemburg für neutral erklärt werde, welcher Bestimmung die Räumung und Beseitigung der Festu schon inbegriffen war. Auf dieser Grundlage beantragte Rußla eine Konferenz der Unterzeichner des Londoner Vertrags von 183 und der König von Holland hatte nun die Ehre, die auswärtig Mächte zu einer Konferenz in London einzuladen. Auch Preuß stimmte bei, erklärte jedoch in den Vorverhandlungen, daß es se gutes Recht nur gegen eine europäische Garantie der Neutr lität Luxemburgs aufgeben könne, und daß daher Mittel und Ma regeln ausfindig zu machen seien, damit diese Garantie nicht ill sorisch sei und eines schönen Morgens die rothen Hosen in d Festung Luxemburg einziehen. Wenn Preußen diesen offenkundig Beweis von Versöhnlichkeit und Friedensliebe gebe, daß es auf se vertragsmäßiges Recht verzichte, so könne es dies nur unter d Bedingung thun, daß Europa künftig auf irgend eine Weise de selben Schutz für das Grenzland leiste, welchen bisher Preuße im Auftrag Europas geleistet habe.

Der Anfang der Konferenz wurde auf den 7. Mai bestimm Die Augen von ganz Europa waren auf die diplomatischen Größ gerichtet, welche in London Krieg und Frieden in ihrer Toga hatte Es waren die Gesandten oder Minister von England, Preuße Frankreich, Oestreich, Rußland, Italien (welches als sechste Gro macht zugezogen wurde), Holland, Belgien, Luxemburg. Die Ko tagte in demselben Lokal wie die von 1864 während des dänischen Krieges. Dies war, da diese letztere resultatlos, ein schlimmes Omen. Den Vorsitz führte Lord Stanley, sekretär des Auswärtigen im englischen Ministerium. Die nz dauerte nur fünf Tage und einigte sich über alle Punkte. d machte eine Zeit lang Schwierigkeiten, eine Garantie für tralität Luxemburgs zu übernehmen, wodurch es sich ver- machen würde, denjenigen Staat, welcher diese Neutralität in Gemeinschaft mit den anderen Garanten mit den Waffen mpfen. Da aber der preußische Gesandte auf der Garantie er Mächte bestand als der einzigen Bedingung, unter welcher n sein Besatzungsrecht aufgebe, so gab England nach. Auch bleiben Luxemburgs im Zollverein, mit welchem es am 20. Ok- 865 einen Vertrag auf 12 Jahre abgeschlossen hatte, kam zur e. Es wurde von dem luxemburgischen Minister Tornaco die ufgeworfen, ob die Neutralität Luxemburg es zulasse, nach jener Frist einen neuen Vertrag mit dem Zollverein zu n. So sehr Tornaco anfangs für die Abtretung an Frank- n, so mußte er doch, nachdem davon keine Rede mehr sein für das Verbleiben Luxemburgs im Zollverein sich interessiren, Ausscheiden den Ruin des Landes nach sich zöge. Zum Mißvergnügen des französischen Gesandten, welcher auch tzte Band, wodurch Luxemburg an Deutschland geknüpft ist, itten wissen wollte, wurde Herrn Tornaco geantwortet, daß tralität nur die militärische Unabhängigkeit von einem an- Staat gehöre, daß daher den Verträgen mit dem Zollverein ner nichts im Wege stehe. Dieser Sache hatte sich der he Gesandte hauptsächlich angenommen, aus dem nämlichen aus welchem Preußen den östreichischen Vorschlag, Luxem- it Belgien zu vereinigen, abgewiesen hatte, weil dadurch d von Deutschland für immer abgelöst worden wäre.

lich waren alle Schwierigkeiten geebnet und der Londoner vom 11. Mai 1867 wurde von sämtlichen Theilnehmern net. In demselben wurde bestimmt, daß Luxemburg bei se Nassau-Oranien, dessen Haupt der König von Holland leiben, daß es für immer einen neutralen Staat bilden und tralität unter die Garantie der Unterzeichner dieses Ver- mit Ausnahme des gleichfalls neutralen Belgiens) gestellt, daß die Festung von den preußischen Truppen geräumt und v dem Könige von Holland geschleift und nie wiederhergestellt werd und daß Limburg, von Deutschland abgetrennt, einen integrirent Theil des Königreichs Holland bilden solle. Die Ratifikationen i Vertrags sollten innerhalb 4 Wochen erfolgen, worauf Preußen 1 der Räumung zu beginnen versprach.

Wer hatte nun bei diesem so muthwillig heraufbeschworei Luxemburger Handel etwas gewonnen? Von allen Staaten, wel darein verwickelt waren, auch kein einziger. Frankreich nicht, welc ja ursprünglich nicht bloß die Räumung, sondern die Abtretung wünscht, also, was die Kompensationsforderungen betrifft, jedenf eine zweite Abweisung, eine neue Niederlage von Preußen erlit hatte, wofür man es auch in Frankreich ansah; König Wilhelm 1 Holland nicht, welcher durch den Verkauf ein gutes Gesch zu machen gedacht und nun statt dessen die Kosten der Sch fung selbst zu tragen hatte; Luxemburg nicht, welches offenbar der ganzen Sache entschiedener für sein Deutschthum hätte eintre sollen, aber größtentheils nur Sinn zeigte für die hübsche Sum von Thalern und Silbergroschen, welche die preußische Garnison i einbrachte, und eben diese verlor es; auch Preußen nicht, denn n mag über die Kollektivgarantie der Mächte noch so sehr erh sein, so muß man doch zugeben, daß eine preußische Besatzung der durch Natur und Kunst so starken Festung ein sichererer S war. Um so mehr muß ganz Europa der preußischen Regier Dank wissen, daß es durch seine Mäßigung dem Erdtheil die Lei eines Krieges von unberechenbarer Größe und Ausdehnung ersp hat. Es hat in Wahrheit ein ungeheures Opfer gebracht, und jenigen waren nun sehr kleinlaut, welche immer von dem „tol verzweifelten Spieler" Bismarck sprachen, der immer nur K haben wolle und müsse. Was Preußen zu diesem Opfer veranl hat, ob der unfertige militärische Zustand Süddeutschlands und noch nicht vollzogene Verschmelzung der neuen Provinzen mit l Königreich eine genügende Erklärung abgeben oder noch wei Motive vorliegen, ist bis jetzt noch nicht aufgehellt. Eins e scheint sicher zu sein, daß Preußen entschlossen war, einmal dann nie mehr auch nur ein Titelchen von seinen Rechten Fr reich gegenüber aufzugeben. Die Gelegenheit, dies zu bethäti kam bald.

Merkwürdig ist die Enthüllung, welche die „Schlesische Zeitung" nach einem Brief aus Berlin gab. Man sieht daraus, theils warum die Konferenz so rasch verlief, theils warum England und alle anderen Mächte vom 8. auf den 9. Mai zur Uebernahme der Garantie sich entschloßen. Das Schreiben lautet: „Am 8. Mai in der Abendstunde ließ sich der französische Gesandte Benedetti beim Graf Bismarck melden und ergieng sich bei diesem in ziemlich drohenden Phrasen über die Situation. Nachdem ihn der Graf ganz ruhig angehört, erwiderte dieser, daß, wenn die Konferenz für die Erhaltung des Friedens nicht günstig ausfallen sollte, Preußen an Frankreich sofort ein Ultimatum richten würde, und daß, wenn Frankreich nicht genügende Zusicherungen wegen der Abrüstung geben würde, eine allerhöchste Kabinetsordre sofort 900,000 Mann und zwar von Preußen 650,000, Norddeutsche 150,000, Süddeutsche 100,000 ins Feld rufen würde. Hierauf schlug Herr Benedetti einen anderen Ton an. Erst nach Mitternacht verließ er den Grafen Bismarck. Der Telegraph arbeitete die ganze Nacht nach Paris und nach London, und der gestrige Ausfall der Konferenz ergab sich von selbst. Auch erzählt man, daß Baiern aus freien Stücken […] zwei vollständige Armeecorps zu unserer Disposition gestellt hat."

Einen häßlichen Mißton in das Finale dieses Friedensconcerts […]derte Lord Stanley, welcher von den englischen Musikern die erste Violine zu spielen hatte. Im Unterhaus darüber interpellirt, warum er, trotz der Politik der Nichtintervention, durch die Garantie der Neutralität Luxemburgs Verpflichtungen für England übernommen habe, erwiderte er am 14. Juni, „eine Kollektivgarantie fasse […]e auf, daß für den Fall einer Verletzung der Neutralität sämtliche Traktatmächte zur Kollektivaktion aufgefordert werden könnten, nicht daß eine derselben allein einzuschreiten verpflichtet wäre. Eine derartige Garantie besitze mehr den Charakter einer moralischen Sanktion des Vereinbarten, als den einer eventuellen Verbindlichkeit zur bewaffneten Einmischung. Aus ihr entspringe für jeden Theilnehmer das Recht, aber nicht die Verpflichtung zum Kriegführen. Schließlich habe ja das Parlament, welches die erforderlichen Geldmittel bewilligen oder verweigern könne, es ganz in der Hand, über Krieg und Frieden in letzter Instanz zu entscheiden." Im Oberhaus pflichtete am 20. Juni und am 5. Juli Graf Derby der Ansicht seines „edlen Anverwandten" (Lord Stanley ist sein Sohn) vol ständig bei, brachte den Unterschied zwischen einer Kollektiv- un Separatgarantie auf und erklärte unumwunden, „daß, wenn Fran reich, mit Verletzung des Vertrags, Besitz von Luxemburg ergreif sollte, England, wenn gleich von Preußen zum Beistand aufgefo dert, nicht verpflichtet wäre, diesen zu gewähren." Weder im Unte haus noch im Oberhaus und nur in wenigen englischen Blätte fand diese schamlose Schaustellung einer selbstsüchtigen Krämerpoli erheblichen Widerspruch. In Berlin aber erregten diese advokatisch Unterscheiduugen der Firma „Vater und Sohn" den entschiedenst Unwillen. „So weit also," rief die Kreuzzeitung aus, „ist das En land Chathams und Pitts heruntergekommen! Die Erklärung Lord Stanleys stehen im internationalen Verkehr vielleicht ein da. Zu allen Zeiten sind Verträge gemacht und gebrochen worde und wir sehen die Luxemburger Kollektivgarantie nicht als ei Schöpfung an, die sich von anderen Schöpfungen derart untersche den wird. Aber im Moment einer feierlich eingegangenen Zusa unbefangen zu erklären, diese Zusage bedeutet nichts und ist n Hilfe des landesüblichen Parlamentarismus jeden Augenblick zu un gehen: dies zeigt einen politischen Bankerott, eine Kleinheit d Gesinnung, die nur noch von der dahinter steckenden, wie es schei völlig naiven Flausenmacherei und gleichzeitigen diplomatisch Rücksichtslosigkeit übertroffen wird. Bindet euch Besen vom Ginste busch der Plantagenets und verkaufet euren Shakespeare an d Käsekrämer, wenn ihr die Enkel eurer Ahnen zu sein nicht me gewillt seid."

Während diese luxemburgische Frage ihre verschiedenen Phas durchlief, wurden in den einander so schroff gegenüberstehend Staaten, in Frankreich und Preußen, Werke des Friedens begonn und vollendet. Am 1. April wurde die Weltindustrieausstellu in Paris eröffnet, und am 17. April das norddeutsche Parlament Berlin geschlossen. Die Specialdebatte über den Verfassungsen wurf begann im norddeutschen Reichstag am 18. März und daue bis zum 10. April. Es liegt in der Natur einer solchen Vorla daß die Regierungen dabei nicht zu kurz kommen wollen, daß sich bemühen, in einem von ihnen paragraphirten Vertrag ihre Befu nisse möglichst weit auszudehnen und dadurch eine starke Centralg walt zu schaffen; andererseits wird jedes Parlament den Namen ein zigen, selbständigen Körpers zu tragen und sein Recht der Frag und Verwilligung eher zu weit als zu wenig auszudehnen n. Kommen beide Theile nicht mit versöhnlichem Sinn und Patriotismus einander entgegen, sind sie nicht beide über- daß höher als dieser oder jener Paragraph der zu schließende stehe, daß lieber zehn Paragraphen als dieser selbst in gestellt werden dürfe, und daß Verfassungsparagraphen nig unsterblich sind als diejenigen, welche sie machen, so er- man das widerwärtige Schauspiel, daß vor lauter Liebe Vaterland das Vaterland selbst nicht zu Athem kommt. In Fällen hilft nichts als ein anständiger Kompromiß. Man es beiden Theilen zum Ruhme nachsagen, daß sie diesen Weg aller Loyalität betreten und in unglaublich kurzer Zeit ein Werk det haben, das, eben weil es praktisch angelegt und durchge- wurde, auf lange Zeit hin die Grundlage unserer politischen icklung, der Grundstein der deutschen Einheit sein wird. Wenn eine unbedeutende Minderheit, die unverbesserlichen Partiku- en und Radikalen, an welchen die Erfahrungen des Jahres 48 und die Erschütterungen des Jahres 1866 spurlos vorüberge- gen sind, von Anfang bis zu Ende den Entwurf bekämpfte und ohnmächtige Splitter, „Kantönli,“ mit Freiheitsphrasen über- den, gesehen hätte als die stolze deutsche Eiche, so hat man hinwiederum auch Männer, welche mit ihrer Ueberzeugung nicht spielen und nicht spielen lassen, Minister wie Abgeord- lieber auf die Konsequenzen derselben als auf den Ruhm ver- sehen, zum Bau deutscher Größe einen Stein herbeigetragen haben.

Unter den verschiedenen Veränderungen, welche der Reichstag dem Entwurf vornahm und der Bundesrath zuließ, möge nur „Wählbarkeit“ der Beamten, die „geheime Abstimmung“ neben meinen und direkten Wahlen, die „Straflosigkeit wahrheitsge- der Parlamentsberichte“ hervorgehoben werden. Vor der Schluß- ung, welche am 15. und 16. April stattfand, erklärte Graf marck im Namen der verbündeten Regierungen, daß sie in den Reichstag beschlossenen Abänderungen, deren es gegen 40 zum Theil zweifellose Verbesserungen ihres Entwurfes gefun- einige aber als solche erkannt haben, deren Annahme ihnen leicht geworden sei. Dennoch werden sie, dem Reichstage mit gutem Beispiele vorangehend, diesen Abänderungen ihre Zustimmur nicht versagen, wenn der Reichstag in zwei Punkten, welche d Sicherstellung der Heereseinrichtungen und die Frage über die B willigung von Diäten betreffe, von seinem früheren Votum abgeh Nach dem Regierungsentwurf sollten nämlich die „Reichstagsa geordneten als solche keine Besoldung oder Entschädigung beziehen Der Reichstag aber verwarf am 30. März diesen Antrag und beschl mit 136 gegen 130 Stimmen, daß sie „aus der Bundeskasse Reisekost und Diäten nach Maßgabe des Gesetzes" erhalten sollten. Es ist kei Frage, daß mancher tüchtigen Kraft, manchem intelligenten Kopf d Thüren des Reichstages auf immer verschlossen sind, wenn kei Diäten bezahlt werden; es ist aber ebenso wahr, daß in dem groß und gebildeten Deutschland es, auch ohne Diäten, nie an brau baren Reichstagsmitgliedern fehlen wird. Und wenn die Regieru sagte, daß sie die Diätenlosigkeit als das einzige Korrektiv des a gemeinen direkten und geheimen Wahlrechts ansehe, ohne welch Korrektiv sie diese demokratische Institution für äußerst gefährl und gewagt erachte, wer wollte ihr, zumal wenn er an Zeiten dach wo die Wogen der Volksaufregung alle staatliche Ordnung um stürzen drohten, wo gewandte Volksführer mit wenigen Schlagw tern eine Revolution entzündeten, zu widersprechen vermögen? U kann sich die Regierung nicht auf England, wo man sich doch a ein bischen auf Freiheit versteht, und auf Italien berufen, wo Parlamentsmitglieder gleichfalls keine Diäten erhalten? Fragt m welche Kammer in der Achtung nach oben und nach unten hö stehe, eine besoldete, wie die französische, oder eine unbesoldete, kann die Antwort nicht zweifelhaft sein. All diese Gründe w digend beschloß der Reichstag am 15. April mit 178 gegen Stimmen, seinen früheren, zum Theil noch jetzigen, Standpunkt verleugnen und die Frage über die Diäten im Sinn der Regier zu entscheiden.

Hatte der Reichstag auf diese Weise dafür gesorgt, daß e Terrorisirung dieser Versammlung durch „katilinarische Existenz nicht zu befürchten war, so glaubte er in dem zweiten Punkt, wel die Friedenspräsenzstärke der Armee und die hiefür ausgesetzte A salsumme betraf, nicht nachgeben zu dürfen, da es sich hier um Wahrung des verfassungsmäßigen Budgetrechts handelte. Währ der Entwurf verlangte, daß „jeder wehrfähige Norddeutsche sie lang dem stehenden Heere und die folgenden fünf Lebens- hindurch der Landwehr angehören, daß die Friedenspräsens- des Bundesheeres auf ein Procent der Bevölkerung von 1867 und bei wachsender Bevölkerung je nach zehn Jahren ein zeitiger Procentsatz festgesetzt werden, daß endlich zur Bestrei- des Aufwandes für das gesamte Bundesheer dem Bundesfeld- jährlich so viel mal 225 Thaler, als die Kopfzahl der Frie- stärke beträgt, zur Verfügung gestellt werden sollen," gieng der tag von der Ansicht aus, daß diese Bestimmung über die stärke nur als Uebergangsstadium zu betrachten und später festzustellen sei. Er gieng daher von seinem früheren Beschluß ab und präcisirte ihn bei der nochmaligen Berathung am April dahin, daß von den „sieben Dienstjahren der Soldat drei bei den Fahnen, vier in der Reserve zu dienen habe, daß die Friedenspräsensstärke von einem Procent der Bevölkerung die hiefür bestimmte Summe nur „bis zum 31. December 1871" und dann im Wege der Bundesgesetzgebung neu festgestellt solle. Es half nichts, daß Graf Bismarck statt „des 31. De- 1871" gesetzt wissen wollte: „bis zum Erlaß eines Bundes- ." Die Kammer blieb, nachdem sie in der Diätenfrage sich tiv und nachgiebig gezeigt hatte, bei Festsetzung des Mili- unerbittlich und nahm obige Bestimmungen mit 202 gegen Stimmen, den ganzen Verfassungsentwurf mit 230 gegen 53 an. Da selbst Prinz Friedrich Karl und die Generale stimmten, so hoffte man auf eine nachgiebige Haltung der . So war es auch. Am 17. April erklärte Graf Bis- , daß die Bundesregierungen der Verfassung des norddeutschen , wie sie aus der Berathung des Reichstages schließlich her- gangen sei, ihre Zustimmung ertheilen. Am Nachmittag des Tages wurde der Reichstag vom König mit einer Thron- geschlossen, welche sich mit Befriedigung über das gelungene , über die Grundlage der Einigung Norddeutschlands aussprach. , in welchem sie gehalten war, geht aus dem einen Satze : „Die Zeit ist herbeigekommen, wo unser deutsches Vater- durch seine Gesamtkraft seinen Frieden, sein Recht und seine zu vertreten im Stande ist." Sofort wurde die Verfassung Einzellandtagen der verbündeten Staaten vorgelegt und mit Majoritäten angenommen, so von dem preußischen Landtag *image not available*

daher von dem unglücklichen
:hr entzückt und sahen sich ver-
die Eröffnung wirklich stattfand,
ten und auch das bekannte Orakel
:ß, sondern der Kaiser mit der
: durch die Säle der einzelnen
Kommissionen sich vorstellen ließ,
ungen einnahm und unter den
iagen bestieg und in die Tuilerien
fang entsprach der Fortgang bis
nz. Die Zahl der auswärtigen
rthe; von fremden Fürsten hatten
m aber war das Protokoll vom
ıus allen Weltgegenden und nicht
eine industrielle Wallfahrt nach
e sich, die fremden Herrscher ein-
Besuch der fremden Souveräne,
der Ausstellung galt, seine eigene
hein zu umgeben und die vor-
ı Besuchen verbundenen Festlich-
: und durch das viele Geld, das
in eine gelinde Betäubung zu
Luxemburg, Königgrätz und die
ls russische Uniformen und Gold-
chische Kellnermädchen in einem

der Kaiser von Rußland am
bewegen. Die moralische Unter-
stand im Jahre 1863 von Seiten
:il geworden war, die gleichlau-
t bloß Frankreich, sondern auf
b Oestreich nach Petersburg ge-
ußland auf das gleiche Niveau
tten in dem Herzen des Zaren
en. Doch überwand er endlich
,ugleich mit seinem Oheim, dem
nzutreten. Dieser Plan mißfiel
ı längst ärgerte man sich ja in

Frankreich darüber, daß Preußen und Rußland so innig befreun um nicht zu sagen, so eng verbündet seien; sollte man durch gleichzeitigen Besuch der beiden Fürsten dieses Bündniß gleich leibhaftig auf den Boulevards spazieren gehen sehen? Hink nicht die Furcht vor dieser preußisch-russischen Allianz jede Al des isolirt stehenden Frankreichs gegen Deutschland? War es weit angenehmer, wenn diese Fürsten nach, statt mit einander ka damit man auch ein vertrauliches Stündchen haben konnte, wo alte Napoleonische Grundsatz l'un après l'autre zu seiner Gel kam? War denn diese nordische Allianz schlechterdings nich brechen? Gab es nicht ein Zauberwort, das auf diese Eiskrysi sation mit der Kraft eines Sirocco einwirkte? Wie jeder M seine Schwäche hat, so auch jeder Staat, und die Schwäche R lands ist Konstantinopel. Wenn Napoleon mit dem Zaren seinem Minister die orientalische Frage besprach, längst ersehnte cessionen machte und die Revision des für Rußland so demüth den Pariser Friedens von 1856 in Aussicht stellte, konnte da Alex widerstehen? Mußte er da nicht Preußen fahren lassen und mit Frankreich eine Allianz schließen? Und dann gute Nacht Deu land! gute Nacht Nordbund! Und was sollte dann vollend Süddeutschland werden!

Napoleon eröffnete also dem preußischen Gesandten, daß es lieber wäre, wenn sein König erst nach der Abreise des Kaiser Rußland nach Paris käme, da er jenem besondere Ehre ern möchte, bei einem gleichzeitigen Besuch aber doch dem Kaiser Vortritt lassen müßte. Diese gesuchte Höflichkeit und ceremo Aengstlichkeit, welcher man in Berlin und St. Petersburg leich den Grund schaute, brachte eine sehr unerwünschte Wirkung h Kaiser Alexander wollte von der ganzen Reise nichts mehr n wenn er nicht einmal über die Zeit derselben selbst sollte ver konnen. Nun lenkte Napoleon wieder ein und sagte, so sei es j nicht gemeint gewesen; er habe nur jedem der beiden Fürsten lichst viel Ehre anthun wollen; sie möchten doch reisen, w ihnen am angenehmsten sei. Auf dies hin wurde ausgemacht der König von Preußen ein paar Tage nach seinem kaiser Neffen in Paris eintreffen solle, so daß Beide doch einige Tag einander zubringen konnten.

Kaiser Alexander kam mit zwei seiner Söhne am 1. Ju

an und hatte schon bei der Fahrt durch die Straßen an Punkten der Boulevards den Ruf zu hören: vive la Pologne! Dieser Ruf, welcher offenbar auf einer malitiösen Verabredung beruhte, verfolgte den hohen Gast, wohin er nur zur Besichtigung der Sehenswürdigkeiten sich wandte, besonders im Justizpalast und in der Ausstellung. Aber auch die Gelegenheit zu Verhandlungen über die orientalische Frage wurde nicht versäumt. Nicht bloß um die Revision des Pariser Friedens, dessen drückendste, die Seearsenale und die Kriegsschiffe betreffende Bestimmungen Rußland thatsächlich schon umgangen hatte, handelte es sich hier, sondern darum, daß die Pforte allen ihren christlichen Unterthanen möglichst viel Selbständigkeit verleihen, all ihre christlichen Provinzen in die Stellung der heutigen Donaufürstenthümer bringen solle, die bekanntlich, abgesehen von der Entrichtung eines Tributs, vollständig souverän sind. War dies erreicht, so war für Rußland die Zeit der Ernte da. Denn diese Bevölkerungen, welche fast alle mit Rußland den griechisch-katholischen Glauben, zum großen Theil auch die slavische Nationalität gemein haben, sehen in Rußland ihren Befreier und wollen mit diesem lieber ein großes Slavenreich bilden als beständig zu helotenmäßiger Unterthänigkeit unter ein türkisches Barbarenvolk verurtheilt sein. Diese Schmach und dieser Haß waren es auch, welche den Aufstand auf der Insel Kandia entzündet hatten, deren Verhältniß zur Türkei eben damals die Kabinette sehr beschäftigte, keines mehr als die von Rußland und von Griechenland. Wie der Wiener Kongreß bei Luxemburg, so hatten die Londoner Konferenzen von 1832 bei Kandia wenig Staatskunst bewiesen. Diese Insel war in dem neunjährigen Unabhängigkeitskrieg von 1821—1830 immer treu zu Griechenland gestanden, hatte die Leiden jenes mit so blutigen Unthaten dicht besäten Kampfes mitgemacht, und die sphakiotischen Häuptlinge zeigten sich damals so heldenmüthig wie heute. Trotz all dem wurde Kandia nicht mit Griechenland vereinigt, sondern der Türkei zurückgegeben und unter ägyptische Verwaltung gestellt. Die Motive waren damals die ähnlichen wie heutzutag, wo es sich um Abtretung der Insel von Seiten der Türkei an Griechenland handelt. Alle Großmächte hatten im März 1867 der Türkei zu diesem Schritte gerathen, nur nicht England. Auch 1832 war es England, dessen maritime Eifersucht fürchtete, das mit Griechenland vereinigte Kandia möchte ein russischer Vasallenstaat werden und Rußland dadurch im östlich Mittelmeer eine den englischen Interessen gefährliche Position halten, und dieser fremden Politik zu Lieb wurde das arme Kand mit 200,000 hellenischen Einwohnern gegen kaum 10,000 türkis in widernatürliche und unerträgliche Bande geschmiedet. Die A lehnung Mehemed Alis von Aegypten und dessen Unterwerfu durch die Quadrupelallianz im Jahre 1840 brachte Kandia von ägyptischen Hoheit wieder unmittelbar unter die türkische, das he vom Regen unter die Traufe.

Zwar gibt sich die türkische Regierung zuweilen das Anseh als ob sie zeitgemäßen Reformen durchaus nicht abgeneigt sei, dies aus der Depesche des englischen Gesandten in Konstantino vom 6. März 1867 hervorgeht. Die sonst so skeptische engli Regierung erheuchelt dann jedesmal, wie dies Graf Derby in sei Rede im Oberhaus am 8. März bewiesen hat, eine blinde Gl bigkeit und kann keinen Grund für Abtretungen finden. Als ob türkischen Pascha's glimpflicher mit den Christen umgiengen als einst von der englischen Presse so angefeindete König Bomba Neapel! Als ob das Nationalitätsprincip nur in Italien zur G tung kommen dürfte, nicht auch in Griechenland! Was haben d jene hauptsächlich auf englische Veranlassung gegebenen türkisc Gesetze, der Hattischerif von Gülhane (3. Nov. 1839) und der Humayun (18. Febr. 1856) genützt? Versprochen wurde da daß die Christen künftig die gleichen bürgerlichen Rechte wie Türken haben sollen; aber bis auf den heutigen Tag sind diese lasse nicht mehr werth als das Papier, auf dem sie verzeichnet si Noch heute dürfen die Fremden in der Türkei keinen Grundbe erwerben, die Christen nicht überall, noch heute ist das Zeug eines Christen gegen einen Moslem ungiltig. Dies sind bar rische Zustände, und eben nur durch solche kann sich die Türk herrschaft halten, da bei vollständiger Gleichheit schon die numeri Ueberlegenheit der türkischen Christen das Verhältniß zwischen ih und den Muhamedanern bald umkehren würde.

Der Aufstand der Kandioten begann im April 1866 mit ei Bittschrift an die Pforte um Abhilfe ihrer Beschwerden. Da d abschlägig beschieden wurde, so erfolgte die allgemeine Erheb der Insel und der Beschluß der Generalversammlung vom 2. Se daß die osmanische Herrschaft auf der Insel abgeschafft sei u

…ia mit Griechenland sich vereinige. Sofort langte Mustapha …a mit türkischen und ägyptischen Truppen an, es entspann sich …zweifelter Kampf, in welchem die Kandioten von Griechen…aus mit Freiwilligen, Waffen und Geld unterstützt wurden, Jahr näherte sich seinem Ende, und noch war Kandia nicht …worfen. In einer Depesche, welche die Pforte am 26. Dec. …an die drei Schutzmächte Griechenlands (Rußland, England, …reich) richtete, beklagte sie sich bitter über Griechenland, das … die Pacifikation Kandias verhindere, auch nach Thessalien und … die Fackel des Aufstandes schleudere, und stellte, wofern … Treiben nicht abgeholfen würde, einen offenen Bruch mit …enland in Aussicht. Die Antwort Griechenlands auf diese …ng war die am 29. Januar 1867 auf den Antrag des Kriegs…ers Botzaris beschlossene Vermehrung der Armee. Und kann …nland anders handeln? Niemand, weder König noch Mi…um, kann sich der nationalen Strömung entziehen, welche da…ht, alle hellenischen Stämme in der nämlichen Weise mit Königreich Griechenland zu vereinigen wie im Jahre 1859 die …chen mit dem Königreich Sardinien, und so die Fehler der …er Konferenzen, welche die hellenischen Stämme von einander …n und das junge Königreich zu groß zum Sterben und zu …um Leben schufen, wieder gut zu machen. Will König Geor… nicht den Ausgang seines Vorgängers haben, so muß er sich … Spitze dieser großgriechischen Bewegung stellen; denn eben hauptsächlich hat König Otto seinen Thron gekostet, daß er während des Krimkrieges noch nach dem italienischen Krieg …se Lieblingsidee seiner neuen Heimat Verständniß und guten … zeigte. Daher kehrte sich die griechische Regierung so wenig …ßlich an die Vorstellungen Englands und schloß sich haupt… an Rußland an, in dessen Interesse es liegt, daß Kandia, auch Thessalien und Epirus, von der Türkei sich losreiße mit Griechenland sich vereinige. Denn die Türkei wird da…schwächer, den anderen christlichen Provinzen, welche gleich…trennungsgelüste haben, wird ein ermunterndes Beispiel ge… und Griechenland wird doch nicht so stark, daß es nicht den …d Rußlands stets bedürfte. So könnte der russische Plan, …kei mit lauter ganz oder halb selbständigen Staaten zu um… verwirklicht werden. Ist dies geschehen, so braucht es wenig

Sprengpulver mehr, um die türkische Herrschaft selbst an die S zu setzen.

Im Jahr 1866 war es den Türken nicht gelungen, den A stand auf der Insel Kandia zu unterdrücken. Nicht glücklicher wa sie im folgenden Jahre; vielmehr zeigte es sich, daß, so oft erklärten, der Aufstand sei erloschen, er um so heftiger entbrann Vom 11. bis zum 14. Februar fanden neue Kämpfe statt, wel ein Zurückgehen der türkischen Truppen zur Folge hatten. Die la Dauer dieses Streites war für diejenigen europäischen Mächte unbequem, welche ein Interesse daran hatten, daß die Lösung orientalischen Frage immer und immer wieder verschoben we Denn es war zu fürchten, daß durch diesen kandiotischen Aufst ein Krieg entstehe, in welchen alle Großmächte verwickelt würd Daher gaben zu Anfang des März die Gesandten von Frankre Rußland, Preußen und Italien der Pforte den Rath, die Sa dadurch beizulegen, daß sie Kandia an Griechenland abtrete. aber England, welches vermöge seiner Ueberlegenheit zur See dieser Sache ein kräftiges Wort zu sprechen vermag, der Türkei entgegengesetzten Rath gab, so lehnte diese, der englischen H vertrauend, den Vorschlag der anderen Großmächte ab. Um ih die Gelegenheit zu weiteren Zudringlichkeiten abzuschneiden, schi sie statt Mustapha den berühmten General Omer Pascha nach Insel, welcher die Kandioten in wenigen Wochen unterwerfen und theilnehmenden Europa berichten sollte, daß die Ruhe vollkomn wieder hergestellt sei. Aber am 23. April bei Kalikrati zurück schlagen, mußte er sich nach Rethymno zurückziehen, und seine bitterten Soldaten begiengen auf dem Rückzug Greuelthaten a Art. Dies hatte neue Erbitterung und neuen Zuzug von griechisc Freiwilligen, gegen 3000, zur Folge.

So standen die Verhältnisse, als Kaiser Alexander nach Pa kam. Die türkische Abweisung hatte sicherlich den schlimmsten E druck auf ihn gemacht. Es fragte sich, ob Napoleon ebenso gesi und bereit war, von nun an den Kandioten durch mittelbare o unmittelbare Unterstützung mehr Theilnahme zu schenken. Die V handlungen scheinen nicht am besten gegangen zu sein; denn einzige Maßregel, welche daraus hervorgieng, war eine am 15. J von Frankreich, Rußland, Preußen und Italien in Konstantinopel üb reichte Kollektivnote, an welche sich am 16. eine Separatnote Oestrei

...lich von gleichem Inhalt, anschloß. Jene Kollektivnote war ...erkennbarer Rückschritt gegen den früheren Rath, die Insel ...en; denn sie enthielt nur den Vorschlag, daß die Pforte die ...en von Kandia berufen und diese über die Wünsche der Be... ...ung, so weit sie die Herstellung eines besseren Einvernehmens ...en der türkischen Regierung und den Kandioten betreffen, be... ...en sollte. Aber auch diesen Kollektivvorschlag wagte die Pforte, ...England sich wiederum nicht dabei betheiligte, zurückzuweisen und ...Antwort zu geben, daß sie vorerst abwarten wolle, was Omer ... durch seine aufs neue aufgenommenen kriegerischen Opera... ...ausrichte. Derselbe habe die Zusicherung gegeben, binnen ... Monats den Aufstand zu bewältigen. Erst wenn nach Ablauf ...Frist, bis zum 24. Juli, Omer nicht zum Ziele gelangt sei, ... die Pforte Einleitung zur Berufung der christlichen Notabeln ...en.

Wenn diese Kollektivnote und die nochmalige Abweisung von ... der Pforte das einzige positive Resultat der Monarchen-Zu...sammenkunft in Paris war, so mag es sehr frostig dabei zugegangen ... und es hat sehr viel Wahrscheinlichkeit, wenn behauptet wird, ... Alexander sei über das Tuilerienkabinet erbitterter als je. ... dieses von ihm als Gegenleistung für etwaige Koncessionen in ...orientalischen Frage verlangte, das Aufgeben des engen Verhält... ...zu Preußen, konnte er durchaus nicht gewähren. Auch ohne ...en besonders beruhigt worden zu sein, konnte der König ... Preußen seinen Neffen nach der Seine vorausreisen lassen. ... die Intimität, welche zwischen beiden Fürsten besteht, beruht ... bloß auf verwandtschaftlichen oder überhaupt persönlichen ...den, sondern noch mehr auf dem Charakter ihrer Politik, ... es ihren Staaten erlaubt, trotz vielfacher Berührung ruhig ... verschiedenen Zielen nachzugehen, ohne daß der eine jeden ...blick gewärtig sein muß, dem anderen das Wort des syra...kusischen Archimedes zuzurufen: „bringe mir meine Kreise nicht in ...Unordnung!" Eine russisch-französische Allianz, soviel man auch schon ... gesprochen hat, ist ein Ding der Unmöglichkeit. Polen und ... sind zwei Punkte, über welche die Regierungen Rußlands ... Frankreichs sich nicht so bald verständigen werden. Frankreich ... nie aufhören, mit den Polen zu kokettiren, nie aufhören, den ... zu unterstützen, wie wenigstens Staatsminister Rouher versichert; Rußland wird Polen zu einer russischen Provinz mach und Italien in der Untergrabung der päpstlichen Herrschaft unt stützen. Im Orient freilich, sollte man glauben, berühren sich Interessen beider Staaten nicht; Frankreich, von der Aufmerksa keit auf Deutschland und Italien ganz hingenommen, habe an Donau und am schwarzen Meere gar wenig greifbare Interess So richtig diese Ansicht an sich ist, so unrichtig, so bald sie sich litisch geltend machen will. Abgesehen davon, daß das heut Frankreich, wie das Napoleonenthum und sein Geschichtschrei Thiers mit Stolz verkündigen, in der Rolle des europäischen Ne weis sich gefällt und in allem seine Hände haben will, handelt sich in dieser Frage auch darum, wie sie von anderen Großmäch aufgefaßt wird, und da zeigt es sich, daß gerade diejenigen, welchen es Frankreich am wenigsten verderben will, England Oestreich, den russischen Planen schnurstracks entgegenarbeiten. Motive Englands wurden schon besprochen; von Oestreich w weiter unten die Rede sein. Wollte Frankreich die orientali Politik Rußlands unterstützen, so würde es sich England und O reich zu Gegnern machen. Und was könnte Rußland der fran sischen Regierung als Ersatz für diese Gegnerschaft, welche sich deutschen und italienischen Fragen bald bemerklich machen wü nennenswerthes bieten?

Preußen dagegen, welches nicht die Anmaßung eines europäisc Schiedsrichters, aber den Ehrgeiz und das praktische Geschick sich in seinem deutschen Hause wohnlich einzurichten und darin gute Ordnung zu halten, interessirt sich nicht stark für orientali Bilder und kann Rußland in diesem Genre weit größere Kon sionen machen als jeder andere Staat. Auch im westlichen Eur laufen die preußischen und russischen Interessen friedlich neben ander her, und in Polen sind sie so eng mit einander verflocht daß im Jahr 1863, während Frankreich, England und Oestreich dringliche Noten nach Rußland schickten, Preußen den geheimen V trag vom 8. Februar mit ihm schloß, welcher die gemeinschaftl Unterdrückung des polnischen Aufstandes zum Zweck hatte. Es daher sehr richtig, wenn gesagt wird, daß Rußland Preußens m bedürfe als Preußen Rußlands. Diesen Satz kann keine Par Reise, keine Liebenswürdigkeit der französischen Kaiserfamilie, ke Gefälligkeiten ihrer Diplomatie umstoßen. Nur eine Frage kön er Zeit das freundschaftliche Verhältniß Preußens und Ruß- s lockern, und das ist eine deutsche. Je mehr Preußen in ßland aufgeht, sich mit diesem identificirt, desto mehr wird es ach zur Pflicht gemacht, die deutschen Interessen überall, an Ostsee wie an der Königsau, zu wahren und für jeden Schmer- schrei eines unterdrückten deutschen Volksstammes ein empfäng- s Ohr zu haben. Wenn Rußland fortfährt, in den deutschen provinzen Sprache und Religion unserer Stammesbrüder so einträchtigen, wie die fanatische altrussische Partei, welche auf Vernichtung aller fremdartigen Elemente und auf vollständige rung aller fremden Nationalitäten ausgeht, bereits begonnen e wird die Kameradschaft nimmer lange eine herzliche sein. erseits haben auch die panslavistischen Tendenzen Rußlands s Bedenkliches für Deutschland. Hält Rußland sich für be- alle slavischen Stämme unter seiner Herrschaft zu vereinigen, rde es in denjenigen östreichischen Provinzen, wo Deutsche und n gemischt sind, an Preußen einen Nebenbuhler finden. Ob Befürchtung früher oder später praktisch wird, hängt mit der von der Lebensfähigkeit des auf neuen Principien gegrün- östreichischen Kaiserstaates zusammen.

Vorerst hat es mit solchen Besorgnissen noch seine guten Wege. n konnten sich die Pariser bei der gleichzeitigen Anwesenheit beiden Monarchen in ihrer schönen Hauptstadt überzeugen. bevor der König von Preußen, welchem das kronprinzliche herausgereist war, Berlin verließ, war noch ein kleines Ge- abzumachen. Da die Pariser sehr neugierig sind und neuer- namentlich für deutsche Verhältnisse ungemein viel Interesse n Tag legen, so glaubte Graf Bismarck, durch nichts sich besser ken zu empfehlen und eine günstige Aufnahme sich bei ihnen erschaffen, als wenn er ihnen eine politische Neuigkeit ganz aus seinem geheimen Kabinet mitbringe und zwar ihnen zuerst, schon aus schuldiger Revanche dafür, daß auch sie ihm Bamberger Geheimniß, wenn auch nicht zuerst anvertraut, och nicht lange vorenthalten haben. Er schrieb daher am Mai sogleich an seine Kollegen in Süddeutschland und that zu wissen, daß er etwas auf dem Herzen habe. Diese sich so etwas nicht zweimal sagen. Am 3. Juni waren sie in Berlin und klopften bei dem Herrn Minister an. Es war der Fürst von Hohenlohe, welcher zum Schrecken der bairische Reichsräthe und der Ultramontanen den weiten Weg nicht gesche hatte, Herr von Varnbüler, über dessen Abreise die württembergi schen Demokraten die Hände über dem Kopf zusammenschluge Herr von Freydorf, welchen die besten Wünsche des badischen Volke nur nicht des erzbischöflichen Palastes in Freiburg begleiteten, un Herr von Dalwigk, immer bereit, in Berlin sich angenehm zu mache wenn er schlechterdings nicht anders konnte.

Als diese vier Minister mit dem Grafen Bismarck beisamm waren, erklärte ihnen der Letztere, daß bekanntlich der auf zwö Jahre geschlossene Zollvereinsvertrag vom 16. Mai 1865 durch d Bestimmung vom 24. August 1866 denjenigen Regierungen gege über, welche sich mit Preußen im Krieg befanden, nur unter d Bedingung einer sechsmonatlichen Kündigungsfrist fortbestehe. E werde aber im Interesse des Südens wie des Nordens liegen, we ein für das wirthschaftliche Leben ganz Deutschlands so nothwe diges Institut eine gesichertere Existenz habe. Aber mehr noch a diese den Bestand des Vereins betreffenden Bestimmungen zeig sich andere Verhältnisse, durch welche die Entwicklung und d Fortschritt desselben bedingt sei, schlechterdings unerträglich. Na dem der norddeutsche Bund gegründet und in Artikel IV sei Verfassung die Zoll- und Handelsgesetzgebung vor das Forum d Bundesraths und Reichstags verwiesen sei, könne man doch d Beschlüsse dieser eine Bevölkerung von 30 Millionen repräsentire den Körperschaften nicht von der Zustimmung der Regierungen u Landtage der vier süddeutschen Staaten abhängig machen. Ander seits könne man aber auch den süddeutschen Regierungen nicht z muthen, die Beschlüsse des norddeutschen Bundesrathes und Reic tags ohne weiteres zu den ihrigen zu machen. Es bleibe da nichts anders übrig, als daß die Gesetzgebung in Zollvereinsange genheiten einem gemeinschaftlichen Organe der betheiligten Reg rungen und einer Vertretung der Bevölkerungen übertragen wer Darauf legte er einen Entwurf vor, wonach der obengenannte V trag dahin abzuändern sei, daß von nun an die Gesetzgebung ü das gesamte Zollwesen, über die Besteurung des einheimisc Zuckers, Salzes und Tabaks und über die Maßregeln, welche Sicherung der gemeinschaftlichen Zollgrenze erforderlich seien, d die Mehrheitsbeschlüsse des verstärkten Bundesraths und des r

Reichsraths festgestellt werden solle, Preußen die Stellung
tenden Präsidialmacht einnehme und nur für den Fall, daß
sich für Aufrechthaltung bestehender Einrichtungen erkläre, ein
beanspruche, in allen übrigen Fällen sich wie jede andere Re-
rung den Mehrheitsbeschlüssen der beiden berathenden Körper zu
werfen habe. Der Vertrag solle bis zum letzten December des
res 1877 gelten.

Diese Ministerkonferenz, welche am 3. und 4. Juni stattfand,
besonders durch das entgegenkommende Verhalten des würt-
bergischen und des badischen Ministers einen sehr günstigen Ver-
. Beide erklärten sich sogleich einverstanden mit der beabsich-
en Uebereinkunft, während Hessen-Darmstadt am 7., Baiern erst
18. Juni seine Zustimmung gab. Ja die Stellung des Fürsten
welche schien eine Zeit lang der Festigkeit sehr zu ermangeln.
hier zeigte es sich wieder, wie schwer es Baiern fiel, seine
machtspolitik aufzugeben und von einer nationalen Gesamtheit,
der es selbst ein Glied ausmachte, sich etwas vorschreiben zu
. Man hielt es dort für einen gewaltigen Eingriff in die
veränetätsrechte, für einen weiteren Schritt (den Allianzvertrag
ersten angesehen) zur Mediatisirung des Hauses Wittelsbach,
das alte Recht der Zollvereinsglieder, daß jedes einzelne der-
gegen die Beschlüsse der Mehrheit protestiren und sie dadurch
tig machen könne, aufgegeben werde. Als ob dieses liberum
nicht überall, wo es in staatlichen Konföderationen stattgefun-
aufs übelste gewirkt und zum Ruin derselben ausgeschlagen
! Als ob nicht dadurch bei jeder Neuerung eine gefährliche
entstehen und die Existenz der Konföderation in Frage ge-
werden müßte! Dies hatte sich bei dem Handelsvertrag ge-
welchen Preußen im Namen des Zollvereins 1862 mit Frank-
abgeschlossen hat. Da einzelne Bestimmungen desselben nicht
Regierungen genehm waren, so wurde von dem Recht des
vielfach Gebrauch gemacht, worauf Preußen erklärte, daß es
dem Handelsvertrag festhalte, denjenigen Staaten, welche den-
verwerfen, den Zollverein kündigen und mit den anderen
neuen schließen werde. Wie stand es nun mit dem liberum
? Es blieb bestehen, aber es half nichts. Sämtliche Zoll-
staaten, wenn sie nicht industriell ruinirt sein wollten, mußten
Jahre 1864 dem französischen Handelsvertrag beitreten. Mit

Recht hat daher Preußen in der Uebereinkunft vom 4. Juni an d
Stelle dieses Veto den Mehrheitsbeschluß des Bundesraths u
Reichstags gesetzt. Da für alle Berathungen über Zoll- und Ha
delsangelegenheiten eine bestimmte Anzahl Bevollmächtigter der sü
deutschen Regierungen in den norddeutschen Bundesrath eintr
und ebenso süddeutsche Abgeordnete, welche aus allgemeinen u
direkten Wahlen mit geheimer Abstimmung hervorgehen und kei
Diäten erhalten, an den Sitzungen des norddeutschen Reichsta
theilnehmen, so ist ja eben hiemit Regierung und Volk Gelegenh
genug gegeben, ihre Stimme zu erheben, und gerade so viel Einfl
gegönnt, als ihnen vermöge ihrer realen Machtverhältnisse zukomn
Es ist immer wohl zu beachten, daß nicht bloß über Preußen, n
man neuerdings so vielfach betont hat, sondern auch über Baie
das ganze Deutschland steht, und daß nur der seinem Deutschla
im wahren Sinne dient, welcher auch in Fragen, die nicht na
seinem Geschmack beantwortet werden, den Mehrheitsbeschlüssen ei
Versammlung sich unterwirft, welche der gesetzliche und natürli
Repräsentant Deutschlands ist.

Die Partei der Ultramontanen und der Reichsräthe in Baie
fand diese Uebereinkunft sehr bedenklich, weniger wegen dessen, w
darin stand, als wegen dessen, was nicht darin stand. Dieses ne
Verbindungsmittel mit dem Norden war ihnen natürlich an s
schon äußerst zuwider. Nun sollten sie sich auch noch der Gefahr a
setzen, von den preußischen Bundesräthen und Reichstagsabgeordnet
nebst deren Kollegen sich überstimmen zu lassen, und solche auf
drungene Beschlüsse gerade so bereitwillig annehmen, wie we
ihre Abgeordneten und Reichsräthe in München die Sa
unter sich abgemacht hätten, die doch kein Wort hiezu sprec
durften. Wo bleibe da eine Souveränetät? wo bleibe die Se
ständigkeit des Staates? wo Baiern und seine Nation? Doch al
dies wäre noch angegangen, wenn nur nicht das Bedenklichste
noch zu fürchten gewesen wäre. Oder konnte jemand glauben, d
die 48 Abgeordneten, welche von Baiern nach Berlin in den Reic
tag geschickt werden, zehn volle Jahre lang, bis zum 31. Decem
1877, sich mit der Aufgabe begnügen werden, über Zollangeleg
heiten und über Zucker, Salz und Tabak zu debattiren, dann
fremde Gäste sich zu entfernen, während die näheren Bekannten
Hauses sich jetzt erst zusammensetzen und Dinge zur Sprache br

auf deren Besprechung man in allen Theilen Europas und an Gestaden der Union mit Begierde lauscht? War nicht zu ..., daß diese neu eintretenden Reichstagsmitglieder, wie aus ... vor ihren norddeutschen Kollegen über ihre beschränkte ...ung, selbst darauf dringen werden, daß ihre Wirksamkeit er... ..., zum mindesten auf alle diejenigen Gegenstände ausgedehnt ..., welche nach dem 4. Artikel der norddeutschen Verfassung der ...gesetzgebung vorbehalten sind, um auf diese Weise das ganze ...schaftliche Leben des deutschen Volkes in den Kreis ihrer Thä... hereinzuziehen? Wenn ihnen zunächst bloß obengenannte ... zur Mitberathung zugewiesen werden, ist es nicht ein sehr ...licher Gedanke, den man bei jeder größeren öffentlichen Ver...ung wiederkehren sieht, daß sie vom Theil auf das Ganze ...ßen und auch an den Berathungen über Freizügigkeit, Hei... und Niederlassungsverhältnisse, Maß-, Münz- und Gewichts..., Papiergeld und Bankwesen, Erfindungspatente und Schutz ...istigen Eigenthums, Eisenbahnen, Post- und Telegraphenwesen, ... und Wechselrecht, Civilproceß und dergleichen theilnehmen ..., welche Gegenstände größtentheils ebensogut unter die Rubrik ...wesen" gehören, wie die in die Uebereinkunft vom 4. Juni ...ommenen Punkte? Ueberhaupt, mußte man nicht fürchten, ... Abgeordneten aus Berlin als vollendete „Preußen" zu...men und in der alten Heimat Propaganda für den Norden ..., so daß endlich die Erweiterung ihres Wirkungskreises nicht ... mehr genüge, sondern auch die letzte Konsequenz gezogen ... müsse, der Eintritt in den norddeutschen Bund, wodurch ... die Konsolidirung Deutschlands eine Wahrheit ist?

... all diese Konsequenzen als „schwarze Punkte" am Hori... ...fstiegen, wie dies bei den bairischen Ultramontanen der Fall ... mußte allerdings mit ängstlichem Gefühl dem Abschluß einer ...kunft entgegensehen, welche so Großes in ihrem Schoße barg. ... aber auch andere, welche die naturgemäße Entwicklung der ...hig abwarteten, noch andere, welche diesem Ziele mit der ... Hoffnung freudig zusteuerten. Aber schon bei jenen ...ungen in den ersten Tagen des Juni zeigte sich eine ge... ...ngstlichkeit. Wenigstens wird erzählt, Graf Bismarck habe ...deutschen Ministern vorgeschlagen, neben der Gesetzgebung ... gesamte Zollwesen noch andere Punkte in die Kompetenz des gemeinsamen Reichstags aufzunehmen. Aber darauf seien Minister nicht eingegangen und haben, um ganz sicher zu geh darauf gedrungen, daß in den Wortlaut der Uebereinkunft die a drückliche Bestimmung aufgenommen werde, die Zuständigkeit gemeinsamen Parlaments habe sich auf andere als die im § 2 zeichneten Punkte nicht zu erstrecken. Eine Berliner Korrespond äußerte sich hierüber: „Diesen Akt der Vorsicht kann man in That nur belächeln. Die Konsequenzen werden schon ganz von se kommen und den Herren über den Kopf wachsen. Ganz gewiß w bevor die jetzt abgeschlossenen Verträge (bis 1877) ablaufen, deutsche Volk in einem Parlament, nicht bloß für Zollsachen, s dern für alle seine Angelegenheiten vertreten sein."

Damit diese Prophetenstimme zu den falschen gerechnet we glaubte die bairische Regierung noch besondere Mittelchen anwen zu müssen. Die klerikalen Einflüsse, welche aus verwandtschaftli und anderen Kreisen auf den jungen König eindrangen, kon denn doch ihre Plane nicht durchsetzen. Bei einem Fürsten, wel nicht durch die Traditionen einer langjährigen Regierung mit Vo theilen befangen war und sich nicht schon sein bestimmtes, unal derliches Regierungsprincip zurechtgeschnitten hatte, war es am sten möglich, daß er mit der ganzen neuen Generation sich in Neue hineinlebte, was auch den Nachbarstaaten zu gut kam. S wollte es mit der Annahme der Uebereinkunft so wenig vorw gehen, daß Fürst Hohenlohe für den Fall, daß sie die könig Ratifikation nicht erhalte, seine Entlassung anbot. Wenn Aenderungen in einigen Punkten wünschenswerth seien, habe e seinem Bericht an den König gesagt, so nöthige doch die Unm lichkeit einer Zolleinigung mit Oestreich Baiern zur Annahme preußischen Vorschläge. Darauf wurde Graf Taufkirchen nach B geschickt, welcher am 17. und 18. Juni aufs neue unterhan Er äußerte unter anderem den Wunsch, daß die Vertreter der deutschen Staaten im Reichstag nicht bloß als Anhängsel dess aufgefaßt werden, sondern daß sämtliche Vertreter in Zollsachen besonderes Zollparlament sich konstituiren sollten, welches se Geschäftsgang und seine Disciplin selbständig durch eine Gesch ordnung zu regeln und seinen Präsidenten, seine Vicepräside und Schriftführer selbständig zu wählen habe. Zu dieser Umw lung des Namens „Reichstag" in den Namen „Zollparlament" dem übrigen Formalismus, hinter dem sich die Furcht vor den Konsequenzen einer, wenn auch nur temporären, Reichstags-herrschaft nicht gut verbergen konnte, gab Graf Bismarck, im Hinblick auf das Wesen der Sache, am 18. Juni seine Zustim-mung. Es blieb nun noch übrig, daß auf der Basis dieser Ueber-einkunft vom 4. Juni als eines bloßen Entwurfs ein detailirter förmlicher Zollvertrag neu abgeschlossen wurde. Zu diesem Behufe wurden am 26. Juni im Finanzministerium in Berlin Zollkonfe-renzen, zu welchen als die Bevollmächtigten der einzelnen Staaten Fachmänner eingetroffen waren, eröffnet, und schon am 8. Juli war, der Uebereinkunft entsprechend, der neue Zollvertrag fertig. Es war ein neuer Sieg, dessen sich Graf Bismarck rühmen konnte. Denn diese Zollübereinkunft mit dem nachherigen Vertrag bedeutet mehr als die Allianzverträge vom August 1866. Diese sind, wie alle politischen Verträge, dem Wechsel der politischen Konstella-tionen nur zu sehr unterworfen und könnten, ohne eine fühlbare Lücke im Volksleben zurückzulassen, leicht wieder zerrissen werden; der wirthschaftliche Vertrag aber, welcher den Eintritt des Südens in den Organismus des norddeutschen Bundes für die Angelegen-heiten des Zollvereins festsetzt, macht eben dadurch das Band zwischen Nord- und Süddeutschland unzerreißbar und gibt die festeste Bürg-schaft eines immer innigeren Zusammenwachsens von Süd und Nord. Die Jahre, in welchen die Vertreter von Nord- und Süddeutsch-land gemeinschaftlich im Zollparlament zu berathen haben werden, sind geradezu als die Lehrjahre zu bezeichnen, in welchen Nord und Süd einander kennen zu lernen, zu achten und zu lieben haben, in denen Gegensätze auszugleichen, Vorurtheile abzustreifen, Eifer-süchteleien abzulegen sind. Sind nur erst diese Lehrjahre vorüber, an den Meisterjahren wird es dann nicht fehlen.

Kaum war die Uebereinkunft vom 4. Juni unterzeichnet, so trat der König von Preußen die Reise nach Paris an. Unter sei-nem Gefolge befanden sich als die Repräsentanten der preußischen Staats- und Kriegskunst Graf Bismarck und General von Moltke. Die Ankunft in Paris erfolgte am 5. Juni Nachmittags vier Uhr, und der Empfang des Königs von Seiten des Publikums war weit wohlwollender als der des russischen Kaisers. Das heitere, freund-liche Wesen des durch seine hohe, männliche Gestalt imponirenden würdigen Herrschers trug nicht wenig dazu bei. Die Sympathie für ihn wuchs von Tag zu Tag und äußerte sich in vielfachen Rufe[n]. Von feindseligen Kundgebungen, wie sie dem Zaren zu Theil wu[r]den, war keine Rede. Einen fast komischen Eindruck machte e[s] als am 5. Juni in den Ruf eines kräftigen Deutschen: „Vive l'empereur d'Allemagne!" einige Pariser Gamins aus Leibeskräfte[n] einstimmten, wohl weniger von der Regierung oder von Her[rn] Thiers hiezu aufgestellt, als von sinnloser Schreiwuth erfüllt. Mi[t] dem Grafen Bismarck, welcher eine mehr zugeknöpfte Haltung a[n]nahm, war man weniger zufrieden. Man äußerte, nach Pari[ser] Weise spöttelnd, den Wunsch, „la tête de Bismarck" zu sehe[n], suchte ihn aber gewöhnlich da nicht, wo er sich befand, nämlich [in] der weißen Uniform eines Kürassier-Generals.

Gleich am folgenden Tage, am 6. Juni, war große Revue i[m] Boulogner Wald. Die Sache lief gut ab. Napoleon und sei[ne] Gäste stiegen von den Pferden und fuhren in den bereitgehalten[en] Wagen nach Paris zurück. Im ersten Wagen saß jener mit Kai[ser] Alexander und dessen beiden Söhnen, im zweiten der König u[nd] der Kronprinz von Preußen, der Prinz von Hessen und Graf Bi[s]marck. Die Wagen waren gerade am großen Wasserfall vorüb[er]gekommen und lenkten in die große Allee von Longchamps e[in], wegen des Gedränges im Schritt fahrend. Man hörte ganz in [der] Nähe mehrere Personen „vive la Pologne!" rufen und zugleich d[en] Knall einer Feuerwaffe. Die Uniformen Napoleons und des Gro[ß]fürsten Wladimir waren mit Blut bespritzt, aber niemand verwund[et]. Der Thäter war ein Pole aus Volhynien, welcher die Absicht hat[te], den Kaiser Alexander zu erschießen. Bei der Biegung der Stra[ße] war er aus der Menschenmenge hervorgetreten und hatte mit ein[em] doppelläufigen Terzerol nach dem ersten Wagen gezielt. Dies [be]merkte der kaiserliche Stallmeister, Herr Raimbeaux, welcher hin[ter] dem Wagen ritt, warf sich mit einem mächtigen Satz seines Pferd[es] zwischen den Wagen und das Terzerol, und die zwei Kugeln, wel[che] für den Zaren bestimmt waren, drangen in die Nüstern des Pferd[es] ein, welches sich bäumte und die Fürsten mit seinem Blute bespritz[te]. Diese erhoben sich in dem Wagen, um dem Volke zu zeigen, d[aß] sie unverwundet seien, und fuhren dann nach den Tuilerien zur[ück]. Die Menge aber stürzte sich auf den Thäter, um Lynchjustiz [an] ihm zu üben, bis es endlich der Gensdarmerie gelang, ihn d[en] Wüthenden zu entreißen, in einen Wagen zu bringen und un[ter]

Bedeckung nach der Polizeipräfektur zu geleiten. Hier wurde ...äter, dessen linke Hand durch das Zersprengen eines der Läufe ...et worden war, sofort verhört. Man erfuhr, daß derselbe ...wski heiße, 22 Jahre alt sei, im Jahre 1863 unter den ...en in Polen gekämpft und seit 2 Jahren in Paris in ...denen Fabriken sich herumgetrieben und theils von solchem ...nst, theils von einer Geldunterstützung der französischen Re... gelebt habe. Wegen des Attentats wurde er vor das ...gericht des Seinedepartements gestellt und von demselben ...7. Juli für schuldig mit mildernden Umständen erklärt, worauf ...richtshof ihn zu lebenslänglicher Zwangsarbeit verurtheilte, ...as nachsichtige Urtheil der Geschworenen, worin man eine ...mmung der russischen Politik in Polen sah, wieder gut zu ... Er wurde am 11. September nach Toulon gebracht und ...ert die Kette der Bagnosträflinge angeschmiedet.

Niemand war entrüsteter über dieses Attentat als Kaiser Na... Wie konnte er künftig fürstlichen Personen seine Gastfreund...anbieten, wenn dieselben bei jeder Biegung einer Straße auf ...ugel gefaßt sein mußten! Sagte er auch halb scherzend zu ...ren: „So sind wir denn mit einander im Feuer gestanden!" ... er auch wieder, wenn er unter den Seinigen war, voll Er...ng einmal ums anderemal aus: „Das ist eine Schmach!" ...och durfte man nicht zu viel Wesen aus der Sache machen, ...e daher auch nichts an dem Programm der weiteren Festlich... Doch machten diese glänzenden Ballgestalten bei so düsterer ...ung einen unheimlichen Eindruck. Am 11. Juni reiste Kaiser ...der von Paris ab, um am 16. Juni noch einmal mit dem ...von Preußen in Berlin zusammenzukommen und seine Reise...ke mit ihm auszutauschen. Er mochte beim Abschied von ...ebleau an die Worte Napoleons denken, wie er im Oktober ...nach dem Attentat des Friedrich Staps in Schönbrunn, seiner ...ung zurief: „Fort aus diesem unheimlichen Lande!"

Der König von Preußen reiste erst am 14. Juni ab und mußte ...ben, daß während seiner Anwesenheit in der französischen ...adt ein officiöser Journalist, der bekannte Granier von ...ac, in einem Artikel, dessen Unverschämtheit mit seiner ...haftigkeit wetteiferte, die „natürlichen Grenzen" zur Sprache ... Das Journal „Pays" war unanständig genug, in diesem

Artikel, bis auf Tiberius und Cäsar zurückgreifend, beweisen wollen, daß auf das linke Rheinufer keine Deutsche gehören ol nur solche, welche es sich zur Ehre anrechnen, als Franzosen a gesehen zu werden und mit diesen die Rheingrenze gegen die Ei fälle der deutschen Völkerschaften zu beschützen. Auch dieses Attent für welches die allmächtige kaiserliche Regierung eher verantwortl gemacht werden konnte als für die Kugel Berezowskis, war g: dazu angethan, in den auswärtigen Monarchen den Gedanken erwecken, daß Kaiser Napoleon entweder in seiner gerühmten D ciplin nachlasse oder mit zweierlei Karten spiele.

Mit solchen Preß- und Polen-Attentaten seinen unschuldi Namen in Verbindung gebracht zu sehen, durfte Kaiser Napol bei der Ankunft eines dritten Gastes, wohl des ersehntesten, n befürchten. Schon traf die Fürstin Metternich die glänzendsten V bereitungen zu einem Feste, welches bei der Anwesenheit des Kai und der Kaiserin von Oestreich gefeiert werden und alles, was früheren Gästen geboten worden war, hinter sich lassen sollte. gleich wurde hervorgehoben, daß, während die Monarchen von Preu und Rußland mit ausgesuchter Höflichkeit in den Tuilerien empfan worden seien, die Aufnahme der östreichischen Majestäten den C rakter der Intimität und Herzlichkeit haben werde, was in a Schichten der Gesellschaft sich bemerklich machen werde. Dies f freilich eine Raschheit des Temperaturwechsels voraus, wie er in diesen höheren Kreisen, wo neben dem Gletscher die Alpen blüht, vor sich gehen kann, und erinnert an ein ähnliches Phäno aus den Jahren 1809 und 1810. Kaum hatte damals der „g Oheim" in seinem vierten östreichischen Feldzug den Kaiserstaat Wagram auf's neue niedergeworfen und im Wiener Frieden (14. 1809) um 2000 Quadratmeilen leichter gemacht, so fühlte er, ehe die ersten Veilchen kamen, sich unwiderstehlich zu dem Besie hingezogen und erklärte schon am 7. Febr. 1810 dem östreichis Gesandten, Fürsten von Schwarzenberg, daß er sich mit der herzogin Marie Luise zu vermählen wünsche. Wie man damals unmittelbar vom Krieg zur Verwandtschaft und bald darauf Allianz übergieng, so sollte auch jetzt der Begegnung auf den Schl felbern der warme Händedruck folgen. Oder hat nicht Oestreich die schweren Schläge, die es seit einem Jahrzehnt erlitten hat, nächst allerdings der Unfähigkeit seiner eigenen Staatsmänner

...mern, sodann aber in erster Linie dem Napoleonischen Neu...gung von 1859 zu verdanken? Napoleon wollte, hierin den ...den des Oheims und der früheren Könige bis hinauf zu Franz I. ...end, Oestreich all seine italienischen Provinzen entreißen, seinen ...fluß auf der Halbinsel vernichten, um dafür sich selbst zum un...mächlichen Hausfreund Italiens zu machen. Nachdem dies er...cht und Oestreich gegen Napoleons Hoffnung und Wunsch sogar ... Deutschland hinaus gedrängt ist, hat sich auf einmal das Ver...niß beider Staaten zu einander geändert, und Frankreich spielt ...reich gegenüber den zärtlichen Liebhaber. Das Wohl dieses ...tes ist ihm nun Herzenssache geworden, wenn gleich diese Em...dung aus einer sehr eigennützigen Berechnung hervorgieng.

Der Schlüssel hiezu liegt einfach darin, daß Oestreich und ...kreich von nun an für gegenseitige Eifersucht keinen Gegen...d mehr haben, daß es aber auf dem europäischen Theater zwei ...kte gibt, wo auch in tiefster Nacht ihre Blicke sich verstehen. ...se Punkte sind Deutschland und der Orient. Nur verhalten sich ...e Staaten gegen jeden dieser Punkte nicht auf gleiche Weise ...pathisch oder antipathisch. Oestreich, das seinen Schwerpunkt ...ch Osten verlegt hat, sind die Dinge an der unteren Donau von ...rer Wichtigkeit. Wenn Rußland dort zugreifen will, so wird ... eine weit energischere Politik gegen dasselbe verfolgen als ... während des Krimkrieges, und wird hierin Frankreich, natür...auch England zu seinen Bundesgenossen haben. Frankreich da...gen liegt der Rhein näher als die Donau, und wenn es auf das ...gen seiner chauvinistischen Presse hören will, so muß es, sobald ...e Armeereorganisation vollendet, alle Soldaten mit Chassepot, ...e Regimenter mit tragbaren Kanonen versehen sind und der Kriegs...nister Marschall Niel sein zuversichtliches „Je suis prêt“ ausspricht, ...Preußen die Alternative stellen, entweder seine alte Suprematie in ...den europäischen Angelegenheiten anzuerkennen und die Mainlinie ...s einen ehernen Schlagbaum anzusehen oder mit ihm einen Gang ...f Leben und Tod zu machen. Da aber in diesem Fall Preußen ...t allein stände, sondern über sämtliche Streitkräfte Nord- und ...deutschlands zu gebieten hätte, es also ein Kampf zwischen ...tschland und Frankreich wäre, so fragt es sich, ob dieses dann ...n Oestreich einen Bundesgenossen hätte. Etwa zur Revanche für ...Königgrätz? Auch dies wäre möglich, wenn es gleich Oestreichs tollster Streich, wenn es gleich das Signal zu seiner Zertrümmerun wäre, nichts anders hieße, als für das habgierige und herrschsüchtig Frankreich die Kastanien aus der Asche holen. Daß es aber nic möglich wird, dafür werden die 8 Millionen Deutsche in Oestreic die Selbständigkeit des ungarischen Königreichs und die trostlose Zustände der Staatskasse sorgen. Und selbst wenn all diese Hinder nisse nicht beachtet oder beseitigt würden, so könnte dennoch Oes reich auch mit keinem einzigen Bataillon gegen Preußen marschire da es durch Rußland vollständig gelähmt wäre. Denn dieses, se dem Krimkrieg und den polnischen Noten von 1863 mit Oestrei tief verfeindet, wäre bei einer solchen Kombination der natürlic Bundesgenosse Preußens, würde die slavischen Elemente Oestreich die ohnedies schon rebellisch sind, durch das Wunderbild des Pa slavismus zu offener Empörung reizen und zur Lösung der orie talischen Frage an der unteren Donau ein Feuer anzünden, an we chem sich Oestreich mehr als bloß die Finger verbrennen könnte. F Frankreich stände in einem Kriege mit Deutschland nicht gerade viel auf dem Spiele, wenn gleich auch von deutscher Seite d Wünsche von 1815 wiederholt und Arndt's Buch: „Der Rhe Deutschlands Strom, nicht Deutschlands Grenze" neu studirt werd könnte, für Oestreich aber nicht weiter als alles. Es wird sich dah zehn und zwanzigmal besinnen, ehe es der Sirenenstimme von d Seine folgt, und jedenfalls besser daran thun, wenn es die nächst Jahre dazu benützt, um seine neue, etwas komplicirte Staatsmaschi immer in gehörigem Gang zu erhalten, durch Vereinfachung sein Militärwesens seinen Finanzen aufzuhelfen und nach Abstreifung d mittelalterlichen Fesseln sich in das neunzehnte Jahrhundert hine zuleben.

Es läßt sich nicht verkennen, daß das heutige Oestreich, we wir seine staatlichen Einrichtungen betrachten, eine ganz neue Ph siognomie hat. Ob es mit derselben mehr Glück hat als mit d Schmerling'schen Experimenten, läßt sich noch nicht sagen. Vor Hand ist alles noch zu sehr auf dem Papier, noch zu wenig Fleisch und Blut des Volkes eingedrungen. Erst bei der nächs Krisis wird man sich ein Urtheil darüber bilden können. Jedenfa darf als Prüfstein für eine aufrichtige Reform die Behandlung Konkordatsfrage angesehen werden, und diese ist bis zum Sch

ahres von den leitenden Kreisen nur sehr zart berührt, ge-
ige denn gelöst worden.

Was neuerdings in Oestreich vorgegangen ist, ist Folge seines
ältnisses zu den Ungarn, und wenn diese endlich ihre For-
ungen alle durchgesetzt haben, so können sie sich dafür am mei-
ei den Siegern von Königgrätz bedanken, welche den Kaiserin eine Lage versetzten, aus welcher er schlechterdings nicht
zu retten war, wenn er nicht mit Ungarn Frieden machte und
ch seine gefährlichste Wunde schloß. Freilich benützten die Un-
diese Verlegenheit Habsburgs, um ihm möglichst viel auszu-
n und den lange gesuchten Ausgleich mehr nach ihren Inter-
als nach denen der westlichen Reichshälfte zu gestalten. Der
n, welcher diesen langwierigen Proceß in rascheren Fluß brachte,
Freiherr von Beust, bis zur Katastrophe von 1866 sächsischer
ter, als Reaktionär verschrieen, in der Kunst, Gegenminen an-
en, dem Grafen Bismarck wohl bekannt. In den letzten Tagen
ctobers 1866 übernahm er, als Nachfolger des Grafen Mens-
das Ministerium der auswärtigen Angelegenheiten in Oest-
Als solcher hatte er den Grafen Belcredi, einen geborenen
en, seit 1865 Staatsminister, zum Kollegen. Dieser Mann
te die Sonderbundsgelüste seiner Landsleute in hohem Grade,
te für die „historisch-politischen Individualitäten" und wollte
äß den Kaiserstaat in fünf neben einander stehende, von
der ganz unabhängige Königreiche zerlegen, welche nur durch
on des Kaisers mit einander verbunden seien, damit zu dem
ellen Mittelalter auch noch ein politisches hinzukomme und
heit des Staates kaum noch dem Namen nach bestehe. Für
ch, das dadurch zu politischer Ohnmacht verurtheilt worden
wäre dies der Anfang vom Ende gewesen. In konsequenter
verlangte nun Graf Belcredi, daß der Ausgleich mit Ungarn
außerordentlichen Reichsrath der deutsch-slavischen Länder zur
ung vorgelegt werden solle, auf welchem die Slaven Gelegen-
habt hätten, ihre Zustimmung nur unter der Bedingung zu
, daß ihnen die gleichen Rechte, die nämliche Selbständigkeit
Ungarn zugestanden, daß der heiligen Wenzelskrone von
und Mähren der nämliche Apparat von Krönung, eigenem
ium und Verfassung zugestanden werde, wie dies den Län-
er Stephanskrone bereits versprochen war.

Die Frage über die Berufung eines außerordentlichen Reich raths war zwar officiell schon entschieden. Denn der Kaiser Fra Josef hatte in seinem Patent vom 3. Januar 1867 die bisherig Landtage der deutsch-slavischen Länder aufgelöst, neue Landtag wahlen angeordnet und befohlen, daß diese neuen Landtage die M glieder zu jenem Reichsrath wählen sollten. Da es sich aber zeig daß die Deutsch-Oestreicher diesen Reichsrath gar nicht beschick die Slaven ihn nur zu ihren Sonderbundsgelüsten benützen wollt und daß, wenn die unter dem vorwiegenden Einfluß des ungarisch Parteiführers Franz Deak getroffenen Vereinbarungen nicht sa und sonders, wie ein Ultimatum, angenommen würden, die radik Partei im ungarischen Reichstag, deren Programm auf eine e fache Personalunion hinauslief, die Oberhand bekommen werde, sanken im kaiserlichen Rathe die Aktien des Reichsraths und Grafen Belcredi. Der Kaiser stimmte der Ansicht des Herrn v Beust bei, welcher vorschlug, das ungarische Ministerium sofort ernennen, durch dasselbe die Zustimmung des ungarischen Reic tags zu dem Entwurf einzuholen, von einem außerordentlichen Reic rath für die Länder diesseits der Leitha (Cisleithanien) ganz ab sehen, dagegen der Februarverfassung von 1861 gemäß den enge Reichsrath einzuberufen, demselben den Vertrag mit Ungarn schon vollendete Thatsache einfach zu notificiren und ihm die änderung der Februarverfassung mit Rücksicht auf die Zugestä nisse an Ungarn vorzuschlagen. Nun merkte der czechische G Belcredi, daß er selbst nur noch eine „historisch-politische Ind dualität" sei, gab seine Entlassung ein und erhielt sie.

Am 7. Februar wurde Herr von Beust zum Ministerpräsiden ernannt und zugleich Graf Julius Andrassy beauftragt, ein ung sches Ministerium zu bilden. Dasselbe wurde aus den Männ der Partei Deak gewählt und legte am 15. März in dem Schl zu Ofen seinen Eid in die Hände des Kaisers ab. Den Sch des Einigungswerks bildete die mit allem Pomp des reich kostür ten Magnatenthums und mit aller Begeisterung des leicht entzü baren Volkes gefeierte Königskrönung vom 8. Juni, wobei Fr Josef selbst jene mehr asiatische als europäische Scene nicht erla wurde, wonach er den Krönungshügel, welcher aus der Erde verschiedenen merkwürdigen Orten gebildet war, hinansprengen das Schwert des heiligen Stephan nach den vier Weltgegen

... mußte. Dieses Fest der Versöhnung zwischen Fürst und ... erhielt dadurch noch eine besondere Illustration, daß Franz ... und seine Gemahlin die Summe von 100,000 Dukaten, welche ... dem ungarischen Landtage der Sitte gemäß als Krönungs... dargebracht worden war, den Witwen und Waisen der in ... Jahren 1848 und 1849 gefallenen, sowie den verkrüppelten ... schenkten, eben jenen, welche selbst oder deren Angehörige ... gegen die Heere Habsburgs im Felde gestanden waren. Ein ... Aktenstück enthielt eine Amnestie für alle politisch Verur... und Kompromittirten Ungarns, denen ihre konfiscirten Güter ...gegeben wurden und, falls sie sich im Exil befanden, die Rück... freistand, sobald sie dem gekrönten König und den Gesetzen ...schwuren, eine Einschränkung, welche lediglich auf Ludwig ...th, den ehemaligen Präsidenten der ungarischen Republik, ge... war, welcher denn auch von der Amnestie keinen Gebrauch ...te.

Hinsichtlich der ungarischen Nebenländer, Siebenbürgen und ...ien, verordnete die kaiserliche Regierung, daß beide mit Un... verbunden und dem ungarischen Ministerium untergeordnet ... sollten. Der südliche Theil Siebenbürgens, wo Sachsen ... Walachen wohnen, widerstrebte dieser Einverleibung; der kroa... Landtag schickte einen Protest an den Kaiser ein und sprach, ... Czechen in Böhmen und Mähren nacheifernd, von der Selb...digkeit des dreieinigen Königreichs Kroatien, Dalmatien und ...nien. Aber die Regierung bestand auf der Einverleibung ... löste den kroatischen Landtag auf, womit freilich noch keine ... dieser Frage erzielt war.

So waren die Wünsche der östlichen Reichshälfte erfüllt. Durch ...herstellung der Verfassung von 1848 und Ernennung eines ...digen Ministeriums hatte sich der Kaiser mit den Ungarn ...ständig versöhnt. Eben dies bezeichnete Beust als die erste Be... für die Hebung der Macht und des Kredits Oestreichs. ... war gegenüber den früheren Experimenten eines Gesamt... und einer Gesamtstaatsverfassung der entschiedene Dualis... eingeführt, und es fragte sich, inwieweit dieses selbständige ... Lust habe, Hand in Hand mit Cisleithanien zu gehen und ... des Kaisers zu folgen. Das Verlangen einer Truppen...ung von 48,000 Mann gieng zwar im ungarischen Abgeord...

netenhaus durch. Wenn aber diese Versammlung irgend einen Kri welchen das Haus Habsburg beabsichtigt, für einen dem ungarisch Interesse widerstreitenden erklärt, was dann? Dann wird sie Trupp und Geld verweigern, und der Kaiser kann sehen, ob er mit sein Slaven gegen Rußland oder mit seinen Deutschen gegen Deuts land marschiren kann. Zeigte es sich ja schon im März dieses Jahr daß, als das kaiserliche Militärkommando in Pesth den Trupp die Einheit der Armee einzuschärfen suchte, ganz Ungarn darin ei war, daß die ungarischen Regimenter zu keinem nicht im Inter Ungarns liegenden Zwecke verwendet werden dürfen. Und bald d auf wurde im Abgeordnetenhause von dem früheren Honvedgene Perczel der Antrag auf Errichtung einer selbständigen national Armee gestellt. Daß mit einer solchen bloß ungarische Nation kriege, keine habsburgische Hauskriege geführt werden können, li auf der Hand. Daher haben Manche in diesem Ausgleich e Schwächung, keine Stärkung der östreichischen Macht gefunden u denselben für keine schwierige Aufgabe erklärt, da es sich ja b darum gehandelt habe, der einen von zwei streitenden Parteien ih Willen ganz zu erfüllen.

Nach dem Grundsatz: „Was dem einen recht ist, ist dem a dern billig“, mußten nun auch in Cisleithanien verfassungsmäß Zustände und ein besonderes Ministerium hergestellt werden. W dies geschehen, so blieb als die Krönung des Gebäudes die E setzung eines Reichsministeriums übrig, welches die den beiden Rei hälften gemeinsamen Reichsangelegenheiten zu verwalten hatten. solche wurden das Auswärtige, das Heerwesen und die Finan bezeichnet. Nicht weniger als dreierlei Ministerien sollte künf (und diese Organisation trat mit Beginn des Jahres 1868 i Leben) der östreichische Kaiserstaat haben: ein aus drei Mitglied bestehendes Reichsministerium für die gemeinsamen Angelegenhei ein vollständiges Ministerium für die deutsch-slavischen und ein dri für die ungarischen Länder. Es kam nun alles darauf an, ob zwei untergeordneten Ministerien mit einander in der Förderung Ganzen oder bloß darin wetteifern, welches von ihnen die mei Rechte und die wenigsten Lasten erhalte. In letzterem Falle das Reichsministerium nicht auf Rosen gebettet. Und da auf einen Seite hartnäckige, begehrliche Ungarn, auf der anderen duldige Deutsche sind, so läßt sich die Art und das Ende

reits recht wohl voraussehen. Er muß sich bei dem Zusam-
ten der auf den Januar 1868 berufenen Delegationen, einer Art
sse des cisleithanischen und ungarischen Parlaments, entschei-
Denn erst diese Delegationen haben den Auftrag, mit dem
ministerium über die Ordnung und Verwaltung der gemein-
Angelegenheiten zu berathen, wobei es sich namentlich auch
handelt, wie viel Ungarn von den Staatsschulden Gesamt-
s übernimmt. In solchen Sachen hört aber bekanntlich die
tlichkeit auf.

er deutsch-slavische Reichsrath wurde am 22. Mai von dem
eröffnet. Die Adresse des Abgeordnetenhauses nahm die
che des ungarischen Ausgleichs als eine Sache der politischen
endigkeit auf, begrüßte mit Freuden die Zusage der Gesetzes-
e über die Ministerverantwortlichkeit, wies auf die Reform
amten Gesetzgebung und Verwaltung im Sinne der Freiheit
s Fortschritts als auf ein dringendes Bedürfniß hin und be-
te es als eine unabweisbare Nothwendigkeit, „daß im Wege
fassungsmäßigen Gesetzgebung an die Revision des Kon-
ts in jenen Beziehungen geschritten werde, welche in den
der Staatsgesetzgebung fallen.“ Schon die Adreßdebatte
der Regierung zeigen, daß das Volk nicht mehr Willens sei,
25. Sept. 1853 abgeschlossene Konkordat als giltiges Staats-
anzuerkennen und sich fernerhin noch wie eine Herde Schafe
n Trägern des Krummstabs leiten zu lassen. Der protestan-
Generalsuperintendent Schneider hielt diesem Brutsystem aller
samkeit sein ganzes Sündenregister vor, zählte auf, wie das
Volksschulen zu gründen, durch büreaukratische Mittel illuso-
emacht sei, wie der Errichtung eines zeitentsprechenden Lehrer-
s immer noch Hindernisse in den Weg gelegt, die armen
antischen Gemeinden nach wie vor zu Beitragleistungen für
sche Kultuszwecke beigezogen, in den aus den öffentlichen Fonds
nen Mittelschulen evangelische Lehrer nicht zugelassen, die
gen der Generalsynode entweder gar nicht oder abschlägig oder
seite der protestantischen Kirche ganz entgegen erledigt, das
antenpatent der Willkür der Landtage (Tirol) untergeord-
Beziehung auf das Reverswesen der gemischten Ehen eine
beliebt werde, die an die schlimmsten Tage der sogenannten
ngsepoche erinnere, und schloß damit, daß er verlangte, die

Protestanten in Oestreich sollen nicht auf den Aussterbe-Etat ges[illegible] werden. Die Worte Mühlfelds: „Das Konkordat muß aufgehol[illegible] werden! so hallt es in ganz Oestreich wieder, im ganzen Vol[illegible] Es muß diese Fessel fallen, sonst gibt es kein Heil" riefen ei[illegible] außerordentlichen Beifallssturm hervor. Wie in Ungarn der V[illegible] fassungskampf in der Forderung eines selbständigen ungarischen M[illegible] nisteriums gipfelte, so drehte sich in Deutsch-Oestreich alles um [illegible] Vernichtung des Konkordats. Das Protestantenpatent, welches [illegible] hierarchischen Willkürherrschaft steuern sollte, war, so weit es sich [illegible] die Praxis handelt, nichts anderes als eine kolossale Heuchelei, [illegible] mit diesem geduldigen Blatt Papier wagte die Regierung se[illegible] Jahre lang den Versuch, ihr eigenes Gewissen und den Scharfb[illegible] des entrüsteten Europa zu täuschen. Der einfachste Weg, welc[illegible] das Abgeordnetenhaus einschlagen konnte, war der, sich um die Ki[illegible] und den mit ihr geschlossenen Vertrag, der vom Reichsrath n[illegible] genehmigt war, nicht im geringsten zu kümmern und all diese k[illegible] fessionellen und interkonfessionellen Verhältnisse von sich aus zu [illegible] geln. Ließ man sich dagegen auf Unterhandlungen ein, so kam [illegible] langer, langer Zeit nichts oder etwas Schlechtes heraus.

Wenn hier die Regierung nur dadurch, daß sie sich rückha[illegible] los an die Vertreter des Volkes anschloß, ihren Kredit verbess[illegible] konnte, so gab ihr die czechische Partei Gelegenheit, über den [illegible] kannten Satz: principiis obsta! sich ihre Gedanken zu mac[illegible] Die altrussische Partei hatte unter dem unschuldigen Namen e[illegible] „ethnographischen Ausstellung" einen Slavenkongreß nach Mo[illegible] berufen, um für etwaige Eventualitäten die Mannschaft, auf di[illegible] sich verlassen könne, zu überzählen und im Stillen schon die Gr[illegible] pfähle des großen Slavenreiches auszustecken. Mehrere czech[illegible] Führer in Böhmen entsprachen der Einladung und pilgerten [illegible] Wonnemonat nach Moskau. Da sie keine Aussicht hatten, in O[illegible] reich unter der neuen Aera für etwas Größeres als für aufgebla[illegible] Frösche angesehen zu werden, so that es ihnen so wohl, wenn [illegible] russische Koloß sie als seine kleinen Geschwisterchen liebkoste. [illegible] Kroaten, wegen der Einverleibung in Ungarn grollend, fanden [illegible] in Verbindung mit Serben ein, von einem südslavischen R[illegible] träumend, das Kroatien, Slavonien, Serbien, Bosnien, Herz[illegible] wina und Montenegro umfasse und seine Befehle in Petersb[illegible] hole. Weder in Moskau noch in Petersburg fehlte es an gehei[illegible]

...ſamen Verſchwörungen, an Aufmunterungen und Hätſcheleien, ... aufrichtigſten Herzensergießungen. Die Slavendeputation ... ſogar von dem Kaiſer, der Kaiſerin und den Großfürſten, ... von dem Fürſten Gortſchakow und anderen Miniſtern em... In Banketten und begeiſterten Trinkſprüchen wurde das ... geleiſtet. Herr Rieger aus Prag rief aus, „die Slaven ... die zerſtreuten Glieder eines Körpers, welche mit geſchworenen ... den Deutſchen, Magyaren, Italienern und Tataren, kämpfen. ... Sonne der ſlaviſchen Gemeinſchaftlichkeit ſei nun aufgegangen; ... werden bei gegenſeitiger Unterſtützung ein großes Volk, ... nur an Zahlen, ſondern auch an Thaten ſein.“ Was würde ... in Frankreich denjenigen Elſäßern geſchehen, welche, ihres ... ſchen Urſprungs ſich erinnernd, in Berlin von den Franzoſen ... geſchworenen Feinden ſprächen?

Das äußerſte in Aufrichtigkeit leiſtete ein Mitglied des ſer... Landtags, welches unter anderem äußerte: „Die Befreiung ... opäiſchen Oſtens iſt die große Aufgabe Rußlands. Man ... ſich der Herrſchaft einer Nationalität über die andere ein ... machen, gleichviel ob dieſe Herrſchaft ſich eine türkiſche, ma... oder öſtreichiſch-deutſche nennt. Die Schlacht bei Sa... hat das Schickſal des europäiſchen Oſtens entſchieden. Die ... iſche Welt hat ſich von der ſlaviſchen getrennt. Die Frage ... Schickſal des Slaventhums können jetzt wir allein, die ... entſcheiden, und in dieſem Falle fällt die erſte Rolle Ruß... Rußland iſt nicht nur eine ruſſiſche, ſondern eine ſla... eine panſlaviſtiſche Macht. Es bereitet in Europa die Ver... ... der ſlaviſchen Familie vor. Der erſte Schritt zu dieſer That iſt die Löſung der orientaliſchen Frage.“ Klarer und ... als dieſes ſerbiſche enfant terrible konnte man die großen ... ruſſiſchen Politik nicht ausſprechen. Es wird zwar noch ... Waſſer die Donau hinablaufen, bis auch nur die Hälfte dieſer ... chereien in Wirklichkeit umgeſetzt iſt; die öſtreichiſche Re... aber konnte ſehen, daß ſie nach Erledigung der ungariſchen ... mit einer ſlaviſchen zu rechnen habe. Ihre Wahl kann nicht ... ſein. Sie muß ſich in dem Hauptherd dieſer Bewe... ... Böhmen, auf Seiten der Deutſchen ſtellen und den Czechen ... des Grafen Bismarck zurufen: „Sie werden einer Ener... gegnen, der Sie nicht gewachſen ſind.“ Denn dieſe czechiſchen

Wallfahrer kamen wie besessen in die Heimat zurück und hatten dem Volke, das auf einer sehr niedrigen Stufe der Bildung steht gar kein politisches Urtheil besitzt, leichtes Spiel, wenn sie ihm der Glückseligkeit eines großen Slavenreiches, wo die Bäume in den Himmel hineinwachsen, in allen Tonarten vorsangen. R sische Sprache und russische Volkslieder wurden auf einmal belie und gangbare Artikel. Der russische Buchhandel hob sich rasch du massenhafte Verbreitung von russischen Grammatiken und Konr sationsbüchern. Denn man hatte auf dem Moskauer Kong die unangenehme Erfahrung gemacht, daß man sich nur dann stand, wenn man das verhaßte Deutsch sprach, und daher schlossen, daß die russische Sprache die Schriftsprache aller Sla sein solle.

Bis zu diesem Punkte waren die Verhältnisse in Oestreich diehen, als von Paris aus der Wunsch immer dringender kund geben wurde, die habsburgischen Majestäten möchten doch, nachd die Monarchen von Preußen und Rußland abgereist seien einem intimen tête à tête nichts mehr im Wege stehe, ihren such in der französischen Hauptstadt nicht länger hinausschiel Die Neigung hiezu war vorhanden, aber jedesmal wenn Franz sef den Termin seiner Abreise bestimmen wollte, war es ihm, sehe er aus den Wellen des atlantischen Oceans eine bekannte stalt emportauchen, welche ihn mit der vorgehaltenen Hand dieser Reise warnte. Sie wurde von Woche zu Woche hinau schoben. Die Unruhe wurde immer heftiger, die Luft im schwüler. Herrschte in der Wiener Hofburg peinliche Beklomn heit, so regte sich in den Tuilerien etwas wie ein Gewissen. ganz Europa nahm an dieser transatlantischen Tragödie theil überflog neugierig die Telegramme der Tagesblätter. Franz J reiste mit seiner Gemahlin nach München, kam am Nachmittag 30. Juni auf dem dortigen Bahnhof an und beabsichtigte, der zoglichen Familie im Schloß Possenhofen einen kurzen Besuch machen. Noch auf dem Bahnhof wurden ihm zwei Telegramme ü geben. Tief erschüttert vergoß er bittere Thränen, ließ die Kais Elisabeth allein zu ihren Eltern weiter reisen und kehrte Ab 5 Uhr mit einem Extrazug nach Wien zurück, um seinen Sch über den neuen furchtbaren Schlag, der sein Haus betroffen, in Einsamkeit seines Schlosses zu verbergen.

ie beiden Telegramme waren von dem kaiserlichen General-
a New-York und von dem kaiserlichen Gesandten bei den
igten Staaten, Freiherrn von Wydenbruck, am 29. Juni in
rk aufgegeben und von Wien aus nach München dem Kaiser
chickt worden. Sie enthielten beide die Nachricht, daß Kaiser
milian von Mexiko am 19. Juni, Morgens 7 Uhr, in
ro erschossen worden sei. Auf eine telegraphische Erkundi-
ch die nordamerikanische Regierung officielle Kenntniß davon
ri am 4. Juli die Antwort ein, daß Staatssekretär Seward
n Konsuln in Veracruz und Matamoros die officielle Anzeige
r Erschießung erhalten habe. Es konnte kein Zweifel mehr
n. Auch in Paris hatte man ein Telegramm aus Washing-
halten, und unter dem frischen Eindruck desselben hielt Na-
, von hohen Gästen umgeben, am 1. Juli bei der Austheilung
stellungspreise eine friedlich klingende Rede. Der Sultan
ei, Abdul-Aziz war am 30. Juni in Paris eingetroffen.
seiner Vorgänger hatte je den Occident bereist, und er ver-
icht, von Paris aus seinen besten Verbündeten, England, zu
n, worauf die Heimreise über Koblenz, Nürnberg und Wien
. Sein Pariser Aufenthalt wurde durch die Nachrichten aus
getrübt, da Napoleon auf diese hin alle weiteren Festlich-
abbestellen mußte. Man war allgemein sehr besorgt um das
l der französischen Staatsangehörigen, welche nebst dem Ge-
Dano sich noch in Mexiko befanden, und fürchtete mit dem
Telegramm die Nachricht von einer mexikanischen Vesper
ten, was Frankreich zu einer zweiten Expedition in dieses
e Land gezwungen hätte. Sehr verwundert war man über
reiben des Moniteur vom 5. Juli, welcher, über die Er-
g Maximilians sich aussprechend, sagte: „Die Ermordung
ers Maximilian wird die ganze Welt mit Entsetzen erfüllen.
niederträchtige, durch Juarez angeordnete Maßregel drückt der
mer Männer, welche sich als die Vertreter der mexikanischen
ausgeben, ein unauslöschliches Mal der Schande auf.
chen aller Nationen wird die erste Züchtigung dafür sein."
fand diese Sprache theils zu stark gegenüber den Re-
en von Mexiko, welche besonders durch das von Maximi-
erzeichnete Dekret vom 3. Oktober 1865 und durch die in
selben vollzogene Erschießung der wackeren Generale Arsnaga

und Salazar und vieler Anderer aufs höchste erbittert waren, theils '
unangemessen für eine Regierung, welche nach dem Staatsstreich ı
2. December 1851 sich Grausamkeiten hatte zu Schulden kom
lassen, neben welchen der Racheakt des Präsidenten Juarez im
der Mäßigung erscheinen muß, zumal er Männer traf, welche
Fremde in sein Vaterland eindrangen und es mit fremden Tru
wie eine eroberte Provinz besetzten. So sehr man auch das Sc
sal des unglücklichen Fürsten bedauerte, so sehr man auch seine
schießung vom Standpunkt der Moral und der Politik verdam
so erinnerte man doch auch daran, daß weder Moral noch P
es verlangten, daß Maximilian jene zwei Generale, welche kein
deres Verbrechen begangen, als daß sie ihr republikanisches V
land vertheidigt hatten, als vogelfreie Banditen behandelte.
wenn man von dem „niederträchtigen" Juarez sprach, welchen N
sollte man demjenigen geben, der dem Kaiser Maximilian verspr
hatte, ihn unter keiner Bedingung im Stich zu lassen, ihm
Schutz der französischen Fahnen zu gewähren, so lange er ders
benöthigt sei, und der diesen Vertrag von Miramar, ohne we
Maximilian die Reise nach Mexiko niemals angetreten hätte
Folge von veränderten Umständen plötzlich brach und seinem S
ling keine andere Wahl ließ, als entweder die Ehre oder das
aufs Spiel zu setzen? Auch in Frankreich brachte man die N
Napoleons und Juarez' vielfach mit einander in Verbindung
nicht immer zum Vortheil des ersteren.

Selbst in Wien, wo man doch sicherlich dem Prinzen
übelwollte, äußerte sich ein mit den Verhältnissen wohl vert
Mann folgendermaßen: „Die allem Recht hohnsprechende
vention Louis Napoleons in Mexiko und seine offenbare Absic
Hilfe der Sklavenbarone auf den Trümmern der Union eine
narchie zu gründen, vermochten die Sympathien für europ
Herrscher unmöglich zu steigern, und waren daher wenig daz
gethan, um, selbst bei einer Verwendung aller Potentaten u
Welttheils, bei den indignirten Mexikanern, die hierin von d
waltigen nordamerikanischen Republik unterstützt wurden,
einen Erfolg zu erzielen. Man wollte den europäischen Fürst
für allemal jede weitere Lust verleiden, sich mit bewaffneter
in die Angelegenheiten des amerikanischen Erdtheils zu m
Der edle, ehrgeizige, von einem ans Abenteuerliche grenzender

ng erfüllte Prinz, büßte in furchtbarer Weise für die doppelte ndung, daß er mit Hilfe der sogenannten schwarzen oder kle- n Partei und unter dem Protektorat eines Louis Napoleon in einen Thron aufrichten wollte und dadurch das Reich einer eren Zukunft entgegen führen zu können wähnte. Von beiden, amontanen und dem Franzosenkaiser, wurde er verrathen n Stich gelassen, und sein tragisches Ende ist um so trost- als er bei den glänzenden Eigenschaften seines Geistes und seinem Vaterlande unvergängliche Dienste zu leisten be- war. Für Oestreich aber ist das grauenvolle Geschick eines begabtesten Fürsten eine neue Warnung, wohin eine vertrauens- Verbindung mit der ultramontanen Partei und mit dem Be- der Franzosen zu führen vermag.“

iese Stimme eines patriotischen Oestreichers hat das Richtige en. So viel man auch von den Bemühungen des Staats- s Seward, Maximilian zu retten, so viel man auch von der ämlichen Lage Juarez' gesprochen hat, welcher, wie man urch die Begnadigung Maximilians dessen Leben bei der des Volkes doch nicht hätte retten können, sein eigenes aber verloren hätte, so entspricht doch weder das eine noch das den thatsächlichen Verhältnissen. Sowohl Seward als wollten durch die Erschießung Maximilians der bekannten roe-Doctrin“, wonach jede Einmischung der europäischen in die inneren Angelegenheiten des amerikanischen Kontinents unrechtmäßige betrachtet wird, eine blutige Weihe geben. Kugeln, welche von dem Soldatenpiquet in Queretaro am 19. abgefeuert wurden, sollten nicht bloß das Herz Maximilians , sie waren vielmehr an die Adresse von ganz Europa ge- Ist es nicht, als ob man die befriedigte Miene der beiden anischen Herren sähe und sie zu einander sagen hörte: „So! ird so bald kein europäischer Prinz mehr zu uns kommen“? Niemand fühlte den Schlag, so weit es sich um seine politische ung handelte, so sehr als Kaiser Napoleon. Es war nicht stemal, daß man in diesem Jahrhundert in Frankreich ame- sche Geschäfte machen wollte. Als Napoleon I. seinem Bruder die Krone von Spanien schenkte, glaubte er auch das ungeheure der spanisch-amerikanischen Kolonien an sein Haus fesseln zu und erließ daher an dieselben die Aufforderung, sich der

Napoleonischen Herrschaft in Madrid zu unterwerfen. Allein die dachten an ganz andere Sachen und hielten, Mexiko voran, dies f eine sehr gute Gelegenheit, sich von Spanien loszumachen und u abhängige Staaten zu gründen. Einige Jahre später, als Lu wig XVIII. im Jahre 1823 im Auftrag der heiligen Allianz d spanische Revolution niederwarf und den Absolutismus Ferdinan wieder einsetzte, glaubten die Väter der Allianz, ihr Polizeiregl ment auch auf Amerika ausdehnen zu müssen, und die französis Regierung zeigte sich bereit, ein paar bourbonische Königreiche der anderen Hemisphäre zu gründen. Damals war es Engla und sein großer Minister George Canning, welche die Freiheit Am rikas retteten und die englischen Handelsinteressen dabei nicht ve gaßen. Diesen Plan griff Napoleon III. wieder auf. Man spra in den Tuilerien von Wiederbelebung der lateinischen Race, v einem Damm gegenüber dem Umsichgreifen der Anglosachsen, v der Erstarkung des Katholicismus, was besonders die Kaiserin b tonte, und nannte die mexikanische Expedition „die große Idee d Kaiserreichs“. Nachdem Napoleon für diese Idee über 600 Milli nen Franks ausgegegeben hatte, konnte er nicht einmal wie Kön Franz I. nach der Schlacht bei Pavia sagen: „Madame, alles verloren, nur die Ehre nicht!“ Denn gerade diese hatte bedeute Schiffbruch gelitten. Nichts hat in den beiden letzten Jahrzehnt dem viel citirten Prestige des Kaiserreichs so sehr geschadet n diese mexikanische Schlappe, dieser Rückzug des kaiserlichen Adle vor dem Sternenbanner der Union.

Schon 1864 schrieb der Präsident Abraham Lincoln an Juare „Wir befinden uns nicht im offenen Krieg mit Frankreich, ab rechnen Sie auf Geld, Kanonen und Freiwillige, deren Absendu wir begünstigen werden.“ Und nach Paris ließ er schreiben, d „die Stimme des amerikanischen Volkes einmüthig der Anerkennu einer Monarchie in Mexiko sich widersetze.“ Lautete die Spra so, während die Union noch im Kampf mit den Konföderirten w so mochte sie einen stark hinterwäldlerischen Accent annehmen, we diese besiegt waren. Die amerikanischen Noten vom 6. Decemb 1865 und noch mehr vom 12. Februar 1866 ließen an Deutlichk nichts zu wünschen übrig. Dem französischen Kabinet wurde e klärt, daß diese sogenannte Volksabstimmung, durch welche a Mexiko ein Kaiserreich gemacht worden sei, nicht für die wah

Äußerung des mexikanischen Volkes angesehen werden kön-
… sie unter dem Druck der französischen Invasionsarmee er-
… „Die Union erkennt in Mexiko nur die ehemalige Re-
… und wird dieselbe fernerhin anerkennen, und sie kann in
… Falle einwilligen, direkt oder indirekt in Verbindung mit
… Prinzen Maximilian zu treten oder diesen Prinzen anzuerken-
… Nach der Ansicht des Präsidenten darf Frankreich die ver-
… Abberufung seiner Truppen aus Mexiko keinen Augen-
… verzögern. Wir werden uns höchlich freuen, wenn der Kaiser
… definitiv die Zeit angibt, in welcher die militärischen Opera-
… Frankreichs in Mexiko enden werden.“

Drei Gründe waren es, welche die französische Regierung be-
… einer so zudringlichen Sprache die Segel zu streichen:
… Unmöglichkeit, sich mit den Vereinigten Staaten in einen Krieg
… die ungeheuren Summen, welche der mexikanische Schlund
… der Wunsch, die 30,000 Mann kriegsgewohnter Truppen,
… im fernen Westen für eine bereits verlorene Sache kämpften,
… die Eventualitäten des deutschen Konflikts bereit zu haben.
… konnte ihr, da einmal der Fehler gemacht war, nicht zumuthen,
… in demselben zu beharren und in unabsehbare Gefahren
… zu stürzen; nur durfte man erwarten, daß sie durch eine wohl-
… und offene Auseinandersetzung mit Maximilian diesem
… ehrenvollen Ausweg eröffne und ihn nicht zwinge, „in den
…wagen der französischen Armee nach Europa zurückzukehren.“
… sie doch selbst in einem Schreiben vom 31. December 1866:
… für Maximilian nicht leicht, einen Rückzug zu machen, der
… ein Makel für sein politisches Leben ist.“ Statt dessen ließ
… französische Regierung Maximilian in gänzlicher Unkenntniß
… ihre Beziehungen zu der Union, wollte ihrer Verpflichtungen
… Miramar los sein und benützte dazu die durch die finanzielle
… herbeigeführte Nichtausführung eines Vertragsartikels von
… Mexikos. Eine neue Konvention, der Vertrag vom 30. Juli
… sollte geschlossen werden, wonach Maximilian von seinen letzten
… den Zolleinnahmen der Hafenstädte Veracruz und Tam-
… noch die eine Hälfte behalten, die andere an Frankreich
… sollte. Eben dadurch aber wurde er wehrlos seinen
… überliefert; denn mit welchem Gelde sollte er eine eigene
… unterhalten? Falls er den neuen Vertrag annehme, so soll-

ten die französischen Truppen in drei Terminen, vom Novem 1866 bis Herbst 1867, Mexiko räumen, wodurch Maximilian n über ein Jahr Frist bekam. Wenn er ihn aber nicht annehme, sollte Marschall Bazaine sogleich abziehen und Maximilian sein Schicksal überlassen.

Bei Ankunft dieser Botschaft, welche vom 21. Mai 1866 tirt war, soll Maximilian ausgerufen haben: „Ich bin betro; Es bestand ein förmlicher Vertrag zwischen dem Kaiser Napol und mir, ohne welchen ich den Thron nie angenommen haben wü und der mir die Unterstützung der französischen Truppen bis Ende des Jahres 1868 absolut verbürgte." Die in England terlegten Papiere Maximilians werden über die Existenz e solchen Abkommens mit der Zeit Aufschluß geben. Schon dan wollte Maximilian, die Konsequenzen eines solchen Verfahrens : aussehend, abdanken. Seine Gemahlin hielt ihn zurück, eilte : Paris und Rom, sprach von Verträgen und Konkordaten, fand ı nirgends Gehör und fiel in Wahnsinn. Daß Maximilian den n Vertrag annahm, statt denselben samt dem von Miramar dem K Napoleon vor die Füße zu werfen, dem Throne zu entsagen seiner Gemahlin zu folgen, war ein politischer Fehler, der sich aus seinem Hang zum Abenteuerlichen und aus seiner Leidens für einen Kaiserthron erklären läßt. Napoleon aber, welche eben die alten Verträge zerrissen hatte, respectirte, nach der gereizten Unterredung zwischen ihm und der Kaiserin Charlott St. Cloud, nicht einmal den frisch geschlossenen und beschloß, Truppen in kürzester Frist und auf einmal zurückzuziehen. Um Wortbruch zu bemänteln, sollte Maximilian, sei's durch Güte, durch Gewalt, zur Abdankung gebracht und zur Einschiffung Europa veranlaßt werden. War dies erreicht, so wollte man e Kongreß versammeln, mit den Generalen der republikanischen A unterhandeln und demjenigen die Präsidentschaft der Republik i tragen, welcher Frankreich am meisten Genugthuung und Ent digung anbieten würde.

Die Lösung dieser weder leichten noch ehrenvollen Auf wurde dem General Castelnau, einem Adjutanten Napoleons, vertraut. Dieser kam am 21. Oktober 1866 in der Stadt M an und bildete mit dem Marschall Bazaine und dem Gesar Dano eine Art Triumvirat. Am nämlichen Tage reiste Ma dem Fieber geplagt, von dem Schicksal seiner Gemahlin in ...tniß gesetzt, schon Morgens 2 Uhr von Mexiko ab, begegnete ...nem Dorfe dem Zuge des Generals Castelnau, gewährte diesem keine Audienz, hielt sich eine Woche in Orizaba auf und zog dann auf die unter Kaffee- und Zuckerplantagen versteckte Villa ...pilla zurück, in seinen Entschlüssen, ob abdanken oder aushar-...schwankend. Aber die Partei, mit welcher er sich seit dem 26. ...ngegeben hatte, war nicht für das Erstere. Nach Entlassung ...s liberalen Ministeriums hatte er sich den Ultramontanen in ...Arme geworfen, aus diesen Kreisen seine Minister genommen, Abbé Augustin Fischer, einen von protestantischen Eltern ...enen Württemberger, zum Chef des kaiserlichen Kabinets ge-...t. Diesen Leuten war der Abzug der Franzosen nicht uner-...cht, weil sie dann die Herren im Lande zu sein und die durch Gesetz vom Jahre 1859 eingezogenen Kirchengüter, im Werthe ...00 Millionen Franks, wieder an sich zu ziehen hofften. Aber Abdankung war nicht in ihrem Interesse, weil auf sie die Re-...d und die gänzliche Niederlage des Klerus folgte. Wie aber Monarchie, nur durch mexikanische Streitkräfte vertheidigt, nach-die von der Union unterstützten Republikaner bereits bis in Innere des Reiches vorgedrungen waren, sich auch nur einige ...te lang halten könne, darüber täuschten sie sich selbst und ...Kaiser. Zu allem Unglück kam noch ein Brief des belgischen ...sraths Eloin, welcher früher dem Dienst der Kaiserin Char-beigegeben war, aus Brüssel vom 17. September 1866 datirt, ...apilla an. Darin klärte Eloin den Kaiser über den wahren ... der Sendung Castelnaus auf und gab ihm den Rath, er solle Partie nicht vor Rückkehr der französischen Armee aufgeben, ...n dies als Schwäche ausgelegt würde, sondern an das vom ... fremder Intervention erlöste mexikanische Volk von neuem ...ung einlegen. Bleibe dieser Aufruf ungehört, dann erst solle ...it demselben Glanze zurückkehren, mit welchem er gekommen ...m inmitten der wichtigen Ereignisse, welche sicher nicht aus-...en werden, die Stelle einzunehmen, welche ihm in jeder Hin-...kommme. Denn in Oestreich herrsche seit dem Tage von Kö-...tz allgemeines Mißvergnügen, der Kaiser sei entmuthigt, das ...werde ungeduldig und fordere öffentlich seine Abdankung, wäh-...alle Blicke nur auf Maximilian gerichtet seien.“

Diese Zeilen eines Mannes, welcher die Lage Oestreichs s
schlecht beurtheilte und in Folge dessen Maximilian einen schlimm
Rath gab, wirkten sehr belebend auf die ritterliche Gesinnung u
den ehrgeizigen Charakter des Prinzen. Er beschloß, von einer
fortigen Abdankung und Abreise ganz abzusehen und so lange
möglich auszuhalten, ließ sich aber über die Möglichkeit täusch
Die beiden Generale Miramon und Marquez, welche eben dam
aus Europa, wohin sie vor zwei Jahren verbannt worden waren,
rückkehrten, sagten ihre Mitwirkung zu. Die Minister und
Staatsrath wurden aus der Hauptstadt nach Jalapilla beschied
um über die Monarchie zu entscheiden. Sie beschworen Maxi
lian, auf dem Thron auszuharren, und sicherten ihm eine schlag
tige Armee und 20 Millionen Franks zu. Der Kriegsplan wurde
sprochen. Marquez sollte die Hauptstadt besetzen und gegen Porfi
Diaz schützen, Miramon, von dem tapferen Mejia unterstützt, in
nördlichen Provinzen sich begeben und den Truppen Escobedo's
entgegenstellen. Maximilian war mit allem einverstanden, sch
sich damit unbedingt an die klerikale Partei an und hatte ihr nat
lich für den Fall des Gelingens bedeutende Konzessionen zu mach
Als Hauptbedingung, unter welcher er die Regierung fortführe, ste
er die Einberufung eines Nationalkongresses auf, welcher entschei
solle, ob das Kaiserreich fortbestehen oder durch eine andere
gierungsform ersetzt werden solle. Von den 22 Mitgliedern
Konferenz, welche drei Tage verhandelte, stimmten 20 dem Ka
bei. Sofort erließ dieser am 1. December 1866 ein Manifest
die Mexikaner und kündigte ihnen den Kongreß und den Zweck sei
Berufung an. Eine Note des Ministerpräsidenten Larès, v
3. December, theilte dem französischen Triumvirat, Dano, Baza
und Castelnau, die Entschließung des Kaisers mit, sich von nun
nur auf seine eigenen Streitkräfte zu stützen.

Dies war freilich nicht Wasser auf die Mühle der Tuileri
politik, und ihr einziges Bestreben war nun darauf gerichtet,
Throne Maximilians den Boden zu entziehen. Nachdem Baza
bereits Befehl erhalten hatte, die Räumung Mexiko's im Fr
jahr 1867 zu veranstalten, und dieser Vertragsbruch damit begrün
war, daß eine der Bedingungen des Vertrages vom 30. Juli, we
die französischen Zolleinnahmen von Tampico betrifft, durch W
nahme dieses Hafens nicht erfüllt sei, so verlangte ein Brief Napole

13. December, „die Fremdenlegion, die östreichische und belgische [illegible], wenn sie es verlangen, seien in die Heimat zurückzuschicken." [illegible] setzte der Vertrag von Miramar fest, daß diese „8000 [illegible] starke Fremdenlegion noch sechs Jahre nach dem Abzug der [illegible]sischen Armee in Mexiko, im Dienst und Sold der dortigen [illegible] bleiben solle." Während Frankreich so den Vertrag zerriß, [illegible] es von Maximilian, daß er die Konvention vom 30. Juli [illegible] halte und die Zolleinnahmen von Veracruz, seine einzige [illegible], zur Hälfte ihm zur Verfügung stelle. Die dortige Zoll[illegible] wurde mit Beschlag belegt und die Ausbezahlung von Geldern [illegible] mexikanische Regierung verweigert. Es sollte damit ein [illegible] gemacht werden, ob Maximilian nicht zur Abdankung zu [illegible] sei.

Andererseits wurden auch dem Tuilerienkabinet Schrauben an[illegible]. Die Regierung der Vereinigten Staaten konnte es kaum [illegible], bis sie die erste Ladung Franzosen von Veracruz aus nach [illegible] absegeln sah. Sie traute den Zusagen Napoleons so lange [illegible] bis sie sich durch den Augenschein davon überzeugte. Schon [illegible]vember hatte sie als ihren Gesandten bei dem Präsidenten [illegible] Herrn Campbell nach Mexiko abgesandt und ihm den General [illegible] beigegeben, welcher das Oberkommando über die an der [illegible]ischen Grenze befindlichen amerikanischen Truppen hatte und [illegible] war, den Republikanern seine Unterstützung zukommen zu [illegible]. Diese Bevollmächtigten waren sehr erstaunt, bei ihrer An[illegible] im Hafen von Veracruz hören zu müssen, daß Maximilian nicht abgereist sei, daß das Kaiserreich sich auf seine eigenen [illegible] stellen wolle, und daß die Franzosen noch alle da seien. Ueber [illegible] Punkt verbreitete sich eine Note Sewards vom 23. No[illegible], welche, weil sie gar zu entschieden lautete, vom französischen [illegible] abgeleugnet wurde. Darin zeigt sich die Regierung von [illegible] „erstaunt und gekränkt, daß die auf den November 1866 [illegible] Zurückführung einer Abtheilung der französischen Truppen [illegible] Kaiser aufgeschoben worden sei, ohne Rücksprache mit den [illegible] Staaten, ja sogar ohne irgend welche Mittheilung. Der [illegible] wünsche und erwarte ernstlich, daß die Räumung Mexiko's [illegible] der bestehenden Uebereinkunft, so weit dies jetzt noch geschehen [illegible], ausgeführt werde". Je schärfer Herr Seward dem Kaiser [illegible] zusetzte, desto heftigere Schläge brachte dieser in seinem üblen Humor seinem Schützling Maximilian bei, nahm ihm Trupp und Geld und wartete ruhig ab, durch welche Mittel jener e nationale Armee aufbringen oder auch nur den Kongreß zusamm berufen wolle.

Auf seiner Rückreise nach Mexiko hatte Maximilian am 25. D cember in Puebla eine Unterredung mit Castelnau und Dano, k unter dem Geläute aller Glocken am 5. Januar in der Hauptst an und nahm in einem nahen Landhaus, la Teja, seine Wohnu Am 10. Januar 1867 hatte er noch eine Zusammenkunft mit Bazai Als dieser ihn, mit Hinweisung auf die Haltung der Vereinig Staaten, aufs neue zur Abdankung drängte, so erwiderte er ih „Ich werde auf den 14. Januar eine Junta in das Schloß z Mexiko berufen und bitte Sie, derselben anzuwohnen und dort I Ansichten zu wiederholen. Wenn die Majorität Ihnen zustimm so werde ich abreisen; wenn sie verlangen, daß ich bleibe, so w darüber kein Wort weiter zu verlieren sein; ich werde bleiben, n ich nicht einem Soldaten gleichen will, der sein Gewehr wegwi um rascher vom Schlachtfeld entfliehen zu können." In die Junta, an welcher 40 Personen theilnahmen, Maximilian se nicht, stellte der Kriegs- und der Finanzminister die Lage der kai lichen Regierung weit rosiger dar, als sie anderen vorkam. S ließen gar keinen Zweifel darüber aufkommen, daß man zur B endigung des Krieges Geld und Mannschaft genug habe. Und d war die Wahrheit die, daß es ihnen schlechterdings nicht gelun war, die versprochenen 20 Millionen Franks aufzubringen, daß republikanischen Truppen schon bis Potosi vorgedrungen waren, täglich neue Scharen ihnen zuströmten, daß die Anführer der kai lichen Heerestheile die ihnen von den abziehenden Franzosen üb gebenen Plätze oft kaum einen Tag gegen die Republikaner zu h ten vermochten, zuweilen auch, bei dem allgemeinen Verrath, n halten wollten, und daß es daher für die Vertreter des mexikanisc Volkes eine physische Unmöglichkeit war, durch die feindlichen Lin hindurch zu einem Nationalkongreß den Weg nach der Hauptst zu finden. Es war dem Marschall Bazaine leicht, den klerika Schwindel aufzudecken und der Junta durch Darlegung militärischen, finanziellen und politischen Verhältnisse zu bewei daß Maximilian, wenn er nicht „zum Parteigänger herabsink und sein Leben aufs Spiel setzen wolle, nichts anderes als die

Thronentsagung übrig bleibe. Da aber jene Leute durch Fortsetzung des Kampfes nur gewinnen, nichts mehr verlieren und das Interesse ihrer Partei ihnen weit mehr am Herzen das Wohl Maximilians, so beschloß eine Mehrheit von 36 4 Stimmen, daß die Monarchie den Entscheidungskampf mit Republik aufnehmen solle. Von einem Nationalkongreß war Rede mehr. Das Urtheil dieser Junta konnte dafür gelten.

Das französische Triumvirat bedachte nun, daß seine Mission ..ende sei, daß es, von Maximilian verachtet, von den republi..schen Führern, mit welchen es sich in Unterhandlungen eingelassen theils zurückgestoßen, theils hingehalten, gut daran thun werde, einen Rückzug zu denken. Statt aber das überflüssige Kriegs..al der Regierung Maximilians übergeben zu lassen, hatte befohlen, sämtliche Kanonen und die besseren Pferde ..nehmen, die minder brauchbaren um jeden Preis zu verkaufen. ..um 100 Franks wurden diese Thiere verkauft und trugen, die Verkäufer recht wohl wußten, wenige Tage darauf die repu..ischen Reiter zum Angriff auf Maximilians Truppen. Vor der ..ung der Hauptstadt, welche zu Ende Januars begann und am ..bruar vollendet war, wurden die Geschosse zerschlagen und das in die Sequia geworfen. Die Auswechslung der Gefangenen keinen Anstand, da die Republikaner froh waren, dadurch die ..zen schneller vom Hals zu bekommen. Alles jubelte, als die abzogen, und Castelnau war naiv genug, seinem Herrn zu ..ten, daß die Räumung der Hauptstadt nur sympathische ..mungen hervorgerufen habe. Als Bazaine mit den letzten ..en abzog und auf dem Weg nach Veracruz erfuhr, daß ..men von Escobedo gänzlich geschlagen worden sei, schrieb er Maximilian und bat ihn noch einmal, im Geleite des französischen nach Europa zurückzukehren. Aber dieser hatte als Mann Ehre sehr Recht, wenn er sich nicht von den Truppen eines ..chen beschützen lassen wollte, welcher alle Verträge zerrissen und bis zum letzten Augenblick der Occupation von dem Zoll.. von Veracruz noch den letzten Piaster herauspreßte. Die ..osen mußten abziehen, ohne sagen zu können, daß durch die ..ung Maximilians ihre Anwesenheit nicht mehr nöthig sei; mußten sich vielmehr sagen lassen, daß sie den Mann im Stiche haben, der ohne die Garantie ihres Schutzes gar nicht nach

Mexiko gekommen wäre. Am 11. März 1867 wurde Veracruz d
kaiserlichen General Gomez von den Franzosen übergeben, und
letzten Regimenter schifften sich ein. Die französische Expediti
war zu Ende. Wie stand es nun mit der Wiederbelebung
lateinischen Race? mit dem Damm gegen das Vordringen der Ang
sachsen? mit der Erstarkung des Katholicismus? mit der gro
Idee des Kaiserreichs? Nichts von all diesem war Wirklichkeit
worden; alles war in's Gegentheil umgeschlagen; Napoleon h
einen Rechnungsfehler gemacht, den er schwerlich wieder gut mac
kann.

Maximilian hatte sich einstweilen am 19. Februar an
Spitze von 3000 Mann, welche kaum nothdürftig bekleidet war
nach Queretaro begeben und wurde dort von Escobedo eingeschloss
General Marquez blieb in der Hauptstadt zurück, wurde, als er z
Entsatz Puebla's auszog, von Porfirio Diaz geschlagen, diese St
am 2. April von Diaz erstürmt, darauf Mexiko selbst von ihm
lagert. Am 15. Mai fiel Queretaro durch den Verrath des Ob
Lopez, welcher gegen eine Geldsumme das Fort und Kloster La C
dem Feinde überlieferte, in Escobedo's Hände, und Maximil
mußte sich ergeben. Mehrere Generale wurden mit ihm gefang
darunter Miramon und Mejia. Die Belagerung hatte 70 T
gedauert, in welcher Zeit sich Maximilian durch seine persönl
Tapferkeit und sein edles Benehmen die allgemeine Achtung erwa
Da man allen Grund hatte zu fürchten, daß die Republikaner
Leben nicht schonen werden, so verwandten sich die Gesandten a
europäischen Mächte für ihn und erboten sich, die Garantie da
zu übernehmen, daß er, wenn er freigelassen werde, nie mehr
Fuß auf mexikanischen Boden setzen werde. Selbst das Washingto
Kabinet that, von Oestreich darum angegangen, vermittelnde Schri
Wenn irgend jemand Maximilian retten konnte, so waren es
Staatsmänner der Union. Man hat aber, wie bereits beme
allen Grund zu der Annahme, daß zwischen ihren officiellen Sch
ben und ihren privaten Gedanken eine kleine Verschiedenheit stattfa
Die Dinge nahmen, unbekümmert um die Mahnungen und Warn
gen der Diplomatie, in Queretaro ihren raschen Lauf. Die Unter
dung, welche Maximilian mit dem „Präsidenten" Juarez zu hal
wünschte, wurde von letzterem nicht zugegeben, die Zulassung von A
vokaten zu seinem Prozesse gestattet. Das Kriegsgericht begann

seine Thätigkeit. Unter den vier Anklagepunkten, welche gegen ...milian vorgebracht wurden, spielte der Erlaß des Dekrets vom ...ober 1865, wonach alle Republikaner, welche mit den Waffen ... Hand ergriffen wurden, binnen 24 Stunden erschossen wer... sollten, eine Hauptrolle. Sein Vertheidiger hob dagegen her..., daß Maximilian dieses Dekret nur auf Andrängen Bazaines ...zeichnet habe, als dieser ihm fälschlicher Weise die Meinung ...te, Juarez habe sich nach den Vereinigten Staaten geflüch... ...und die bewaffneten Scharen seien nur noch eine Art Räuber... Auch habe er vor seiner Abreise nach Jalapilla in einem ...Bazaine gerichteten Schreiben vom 21. Oktober 1866 jenes ...aufgehoben. Allein weder dieser Vertheidigung wurde Gehör ... noch dem Protest Maximilians, welcher erklärte, daß er ... von allen Nationen der civilisirten Welt, mit Ausnahme der ...nigten Staaten, anerkannter Souverän nicht von einem Kriegs..., nur von einem Nationalkongreß gerichtet werden könne.

Der ganze Prozeß war eine reine Komödie. Juarez und ...bedo verfuhren dabei geradeso, wie Napoleon I. bei dem Herzog ... Enghien, dem Buchhändler Palm und anderen. Das Todes...theil war zum voraus gefällt; das Gericht sollte der Sache nur ... einen legalen Anstrich geben. Zugleich mit Maximilian wur... auch die Generale Miramon und Mejia abgeurtheilt. Am ... des 14. Juni war die Untersuchung zu Ende, das Kriegs... sprach das Todesurtheil aus, und Escobedo bestätigte es am ...den Tage. Maximilian hatte zur Ordnung seiner Privat...angelegenheiten noch drei volle Tage Zeit. Erst am 19. Juni ... 7 Uhr wurde er nebst Miramon und Mejia aus dem ...nisse abgeholt und zur Richtstätte geführt. Alle drei wurden ...licher Zeit erschossen. Maximilian hatte sich von dem Unter..., welcher die Wache befehligte, die Gunst erbeten, daß die ... nicht nach seinem Haupt, sondern nach seinem Herzen ... Fünf Kugeln trafen ihn in die Brust, tödteten ihn aber ...sogleich; zwei Soldaten mußten aus der Reihe treten und ihn ... Seite schießen, um ihn vollends zu tödten. Seine letzten ... waren: „Arme Charlotte!“ Der Leichnam wurde sofort ein...balsamirt und in einer Kapelle aufbewahrt. Zwei Tage darauf, ...21. Juni, ergab sich die Hauptstadt dem General Diaz, nach... Marquez mit seinen Anhängern am 19. daraus entflohen war.

Am 27. Juni wurde auch Veracruz von den Republikanern beset und am 15. Juli hielt Juarez seinen Einzug in Mexiko und übe nahm wieder die Regierung des ganzen Landes. Daß er, obgle Indianer von Geburt, nicht so „niederträchtig" war, als m in Paris aussagte, geht daraus hervor, daß viele hervorragen Personen der Gegenpartei wenn auch gefangen genommen, d wieder frei gelassen wurden, darunter auch der Abbé Fisch welcher als Fremder und als Ultramontaner den Republikanern g wiß sehr verhaßt war.

Nach dieser Katastrophe von Queretaro blieb nur noch ei zu erledigen übrig, soweit es sich um „Maximilian von Habsbur handelte. Der Kaiser Franz Josef schickte den Viceadmiral Tege hoff, den Sieger von Lissa, nach Mexiko ab, um sich von der d tigen Regierung den Leichnam seines Bruders zu erbitten. Jua empfieng ihn gut und versprach ihm die Auslieferung des Leichnar sobald der Kaiser von Oestreich ein förmliches Gesuch an die R gierung der mexikanischen Republik stelle. Als auch diese Förmli keit abgemacht war, wurde die Leiche Maximilians am 26. Novem in einem dreifachen Sarg nach Veracruz geführt und Tegettl übergeben. Am andern Tage wurde sie auf die Fregatte Nova welche im Jahre 1864 das Kaiserpaar nach Mexiko gebracht ha übergeschafft, und fort gieng es über den atlantischen Ocean, du das mittelländische und adriatische Meer nach dem Hafen von Tri wo am 15. Januar 1868 gelandet wurde. Am Abend des 17. J nuar kam die Leiche in Wien an und wurde am folgenden T unter Betheiligung einer ungeheuren Volksmenge in der Kaisergı der Kapuzinerkirche feierlich beigesetzt. Noch beklagenswerther ist Schicksal der Kaiserin Charlotte, welche sich von ihrem Irrsinn n mehr erholte. Sie wurde von ihrer Schwägerin, der Königin Belgien, in Miramar abgeholt und am 31. Juli 1867 nach l Schlosse Tervuren, in der Nähe von Brüssel, gebracht. Daß Nachricht von dem Tode ihres Gemahls, welche ihr erst im Jan 1868 mitgetheilt wurde, keine größere Aufregung in ihr bewi als es der Fall war, läßt für ihre Genesung wenig Hoffnung üb

Sehr unangenehm war es für Napoleon, daß er gewisse, und seine Regierung kompromittirende, Papiere von Maximi nicht hatte herausbekommen und unter dem Gepäck der Kais Charlotte nicht hatte finden können. Sie sind von der letzteren

Herzog von Aumale, welcher bekanntlich kein Freund Napoleons niedergelegt und ihm für gewisse Eventualitäten sehr bestimmte Weisungen hinsichtlich ihrer Veröffentlichung gegeben worden. Die Kaiserin Eugenie mußte Ende Juli's eigens nach der Insel Wight und der Königin Viktoria in Osborne einen zweitägigen Besuch machen, um mit ihrer feinen, zarten Hand zu sondiren. Sollte die Königin Viktoria etwas davon wissen? den Inhalt der Papiere kennen? oder gar Mittel und Wege angeben können, wie dem unbequemen Aumale beizukommen wäre? Aber die „fragliche Dame", wie der amerikanische Geschäftsträger in Paris in seiner Depesche vom 10. August 1866 von der Kaiserin Charlotte gesprochen hatte, kam mit leeren Taschen und ohne irgend welchen Erfolg ihrer Mission nach den Tuilerien zurück. Ihr Herr Gemahl, dessen Politik so wenig befriedigt war, war nun boshaft genug, auch den Andern ihre Freude verderben zu wollen, und ließ daher officiell erklären, daß die Papiere des Kaisers Max sehr unschuldiger Natur seien und für Frankreich durchaus nichts Kompromittirendes enthielten. Zum Unglück für ihn erinnerte man sich dabei an die Fabel vom Fuchs und den sauren Trauben und hofft steif und fest, daß der andere Orleans bald etwas Pikantes zum Besten geben werde.

Während in Folge der Schlußscene der mexikanischen Tragödie ein schwerer Druck auf der kaiserlichen Hofburg lag, suchten die Männer des Abgeordnetenhauses eines anderen, vielleicht noch schwereren Druckes sich zu entledigen. Noch lastete der Alp des Konkordats auf dem Kaiserstaat. Mit Recht sagte eine freie Stimme in Wien: „Wir haben Verfassung und Amnestie, aber wir haben das Konkordat, und darum haben wir noch nichts. Die Beseitigung desselben wird der Probirstein des heutigen Konstitutionalismus sein, und bevor das Ministerium nicht eine Probe davon abgelegt hat, daß die Umgestaltung auch diese Sphäre ergreift, darf es sich des Erfolges seiner Politik nicht sicher wähnen." Gerade dieser Frage verhielt sich der am 30. Juni zum Reichskanzler ernannte Freiherr von Beust so passiv als möglich. Als Protestant, meinte er, könne er in dieser Sache am wenigsten thun und müsse die Initiative dem Reichsrath anheimstellen. Wenn dieser durch die Gesetzgebung das Konkordat umgehe, so werde man am leichtesten zum Ziele kommen. An Gelegenheit, zu zeigen, daß er sich nicht schieben lasse, sollte es dem Reichskanzler nicht fehlen.

Der Abgeordnete Dr. Mühlfeld stellte den Antrag auf Niedersetzu eines Ausschusses, welcher den Entwurf eines Religionsedikts au zuarbeiten habe, und hob in der Begründung seines Antrags c 10. Juli hervor, daß die Entfremdung Deutschlands von Oestrei welche nicht erst von heute, sondern von älterem Datum sei u bis zur Reformation zurückreiche, hauptsächlich die Folge jer religiösen Intoleranz sei, wonach man immer nur der einen Konfessi Rechte gewährte, der anderen nicht. Der Abgeordnete Profes Herbst und 70 Genossen brachten am 11. Juli einen Antrag (Abfassung und Berathung von drei Gesetzentwürfen ein, wonach l Eherecht des bürgerlichen Gesetzbuches wiederhergestellt und Jurisdiktion in Ehesachen wieder den weltlichen Gerichten überlass die Emancipation der Schule von der Kirche durchgeführt i die interkonfessionellen Verhältnisse, unter Berücksichtigung des Gru satzes der Gleichstellung der verschiedenen Konfessionen, geregelt w den sollten.

Dieser Antrag wurde in der Sitzung vom 20. Juli mit ei Mehrheit von 134 gegen 22 Stimmen genehmigt und damit l Konkordat der offene Krieg erklärt. Das Abgeordnetenhaus h dasselbe für ein Gesetz wie jedes andere. Was die absolutisti Gesetzgebung geschaffen habe, sei durch die konstitutionelle abzuänd oder zu beseitigen. Dagegen erklärte der provisorische Leiter Kultministeriums, Herr von Hye, im Namen der Regierung, diese zwar die „Nothwendigkeit einer Regelung der Konfessic verhältnisse anerkenne, daß sie aber, um selbst den Schein c Mißachtung bestehender Rechtsverhältnisse zu vermeiden, den 2 conciliatorischer Verhandlungen mit Rom einschlagen werde : daher an das Haus die angelegentliche Aufforderung richte, r auf einer sofortigen Lösung der angeregten Fragen zu besteh(Wenn darin alle Weisheit und aller guter Wille der Regier bestand, so war dies fürwahr nicht viel. In der allerwichtig Frage sollte das Abgeordnetenhaus, wie die alten Metternich'f Landtage, schweigen und alles Heil von der östreichischen Diplom welche in den letzten Jahren ihre Unfähigkeit auf's glänzendste urkundet hatte, und von der römischen Kurie erwarten, deren duldsamkeit und Herrschsucht doch hinlänglich bekannt war. Im noch hielt man in den leitenden Kreisen an der Anschauung daß das Konkordat ein Staatsvertrag zwischen den Souveränen

rich und dem Kirchenstaat sei, der nur in Uebereinstimmung
Paciscenten abgeändert werden dürfe. Allein abgesehen davon,
der ein zweites Königgrätz als diese Uebereinstimmung zu er-
n ist, muß noch hervorgehoben werden, daß das Konkordat sich
mit den Verhältnissen der Katholiken beschäftigt, daß es aber
Punkte gibt, wie die gemischten Ehen, Schulen und Fried-
wo beide Konfessionen an einander streifen. In solchen Fällen
über die Entscheidung ganz den katholischen geistlichen Ge-
anheimgestellt. Wie lange aber sollten sich die östreichischen
tanten eine solche Vergewaltigung gefallen lassen? Die drei
twürfe des Abgeordnetenhauses sollten dieser helotenmäßigen
heit auf legalem Wege abhelfen. Der Wiener Gemeinde-
rückte in einer Adresse an das Abgeordnetenhaus seine volle
instimmung damit aus. In der hierüber sich entspinnenden
e citirte ein Gemeinderathsmitglied die Worte des früheren
fis Milde, welcher, als ihm das Konkordat vorgelegt wurde,
habe: „Diesen Vertrag empfehle ich nicht; das wäre ein
an Kaiser und Vaterland."

elbst der erste östreichische Lehrertag, welcher gegen 2000 Lehrer
en Theilen der Monarchie in Wien vereinigte, sprach sich in
ten Tagen des Septembers mit aller Entschiedenheit gegen
nkordat und für die Trennung der Schule von der Kirche
gleich diese Lehrer alle von der Gnade des Klerus abhängen.
n kam, wie ein Blitzstrahl aus der mittelalterlichen Rüst-
des Vatikans, die Adresse der 25 Bischöfe vom 2. Oktober,
ie sich unmittelbar an den Kaiser wandten und diesem zu-
daß die „Angriffe auf das Konkordat nicht diesem, sondern
olischen Religion und nicht ihr allein, sondern dem ganzen
thum gelten. Man wolle eine Ehe ohne Festigkeit und
ng, eine Schule ohne Religion und sittlichen Ernst, in
neben dem Geistlichen ein gesinnungstüchtiger Lehrer stehe,
lt in die Grundsätze jener Wissenschaft, welche die Ver-
ng der Menschen mit den Thieren lehre. Um solche Werk-
n hinreichender Anzahl zur Verfügung zu haben, sollen
ldungsanstalten gegründet und darauf berechnet werden, ihre
e zur Geringschätzung alles Heiligen und Hohen einzuschulen.
üsse entweder den Rechten der katholischen Kirche die ge-
e Achtung schenken oder sich zu den Grundsätzen der Re-

volution bekennen. Sie, die für das Seelenheil von 17 Million Erlöster Rechenschaft ablegen müssen, erfüllen eine Pflicht geg Seine Majestät und das Vaterland, wenn sie hier ihre Stim erheben."

Wenn diese 25 Kirchenfürsten in das Feuer der Agitation gen das Konkordat noch einige Tonnen Oel hätten hineingieß wollen, so hätten sie es nicht praktischer anfangen können, als ind sie diese Adresse unterzeichneten. Gegen diese Verwechslung Konkordat und Religion, von geistiger Freiheit und Revoluti gegen diese Anmaßung, als ob sie im Namen von 17 Millio zu sprechen hätten, erhob sich in Oestreich alles, was nicht, um Wort Steins von Gentz zu gebrauchen, ein vertrocknetes Geh und ein verfaultes Herz hatte. Zunächst aber hob den Fehdeha schuh der Wiener Gemeinderath auf, gegen welchen die Bisch wegen der „Lehrerbildungsanstalt" zu Felde gezogen waren. war dies eine Sache, welche schon ein ganzes Jahr beim Ministeri anhängig war. Schon im Jahre 1866 hatte der Gemeinderath schlossen, zur Hebung des Volksunterrichtes eine Lehrerbildungsans (Schullehrerseminar) ohne Rücksicht auf die Konfession in Wien errichten. Auf die Einsprache des päpstlichen Nuntius verbot Regierung die Gründung derselben. Ein Jahr darauf, 4. Oktober 1867, wurde dem Gemeinderath die Antwort mitgeth welche der Unterrichtsminister, Ritter von Hye, der an ihn geschickten Deputation gegeben hatte. Dieser Ritter einer alten hatte erklärt, das Ministerium werde die Verhandlungen mit Gemeinderath wieder aufnehmen, wenn es Zeit dazu finde. wurde für eine „Demonstration" gegen den Gemeinderath angesel die man nur durch eine andere Demonstration beantworten kön Man beschloß, das Lehrerseminar, das man in Wien nicht grün durfte, in Deutschland zu suchen und dorthin sechs Wiener Le zu ihrer weiteren Ausbildung zu schicken. Dieser Sache kam nun bischöfliche Adresse sehr zu Statten. In gerechter Erregt erklärte ein Mitglied des Gemeinderaths in der Sitzung 4. Oktober, daß auf diesen Angriff nichts übrig bleibe, als Kaiser offen zu sagen, daß das, was die Bischöfe ihm über Gemeinderath mitgetheilt hätten, eine „dreiste Unwahrheit, eine leumdung" sei. Sofort wurde eine Adresse an den Kaiser bera und beschlossen, worin gesagt war, ob denn jemand glauben kö die Bürger Wiens „ihre Kinder Lehrern übergeben wollen, ..., der Religion und Sittlichkeit bar, dieselben entarten ließen. ... welche Anklage vermöge nur der verblendete Haß familienloser, ... Ideenkreise des eigenen Ich erstarrter Männer zu ersinnen."

Der Kaiser nahm beide Adressen, die der Bischöfe und des ...meinderaths, an, drückte dem letzteren sein volles Vertrauen aus, ... die Adressen dem Ministerium zur Beantwortung zu und ... am 16. Oktober ein Handschreiben an den Kardinal Rauscher, ... er bemerkte, er müsse es beklagen, daß die Bischöfe „durch ...ge und Veröffentlichung einer die Gemüther tief erregenden ...e die Aufgabe der Regierung erschweren, in einem Zeitpunkt, ...chem, wie die Bischöfe treffend bemerken, Eintracht so sehr ... thue. Er werde die Kirche zu schirmen und zu schützen wissen, ... aber sollten der Pflichten eingedenk sein, welche er als ...tutioneller Regent zu erfüllen habe." Und auch andere, Presse ... Gemeinden, waren ihrer Pflichten eingedenk. Es wurde in der ... mehrfach hervorgehoben, daß, so wichtig auch für Oestreich ...gleich mit Ungarn sei, doch die Aufhebung des Konkordats ...ch weit dringender erweise. Ob es sich denn bei einem ...regiment, das jede freie geistige Entwicklung im Keime zu ... drohe, überhaupt lohne, den Staat zu reorganisiren? Die ...rung habe geglaubt, mit dem Konkordat einen Kitt erfunden ...en, durch den sie die verschiedenen Nationalitäten zu einem ...lichen Ganzen verbinden könne. Aber Solferino und König... hätten gezeigt, daß die geistige Knechtschaft ein sehr schlechter ...ei. Wenn die Regierung nicht auf eine dritte Niederlage ...re, so müsse sie sich nach einem anderen Patent für staat... Kitt umsehen. Die Frage stehe einfach so: Konkordat oder ...ssung? Oestreich schwebe in der Gefahr eines dreifachen ...rotts: des finanziellen, des politischen und des geistigen. Der ... sei der schlimmste; denn er ziehe die zwei anderen nach sich, ...den dieser werde durch das Konkordat unwiderruflich besiegelt. Trotz aller Gegenbemühungen des Klerus liefen aus allen ...n des Kaiserstaats, selbst aus dem glaubenseifrigen und wohl ...nirten Tirol, Adressen der Gemeinden gegen das Konkordat ... In vielen derselben wurde hauptsächlich sein nachtheiliger ...ß auf die Volksbildung hervorgehoben und gesagt, daß ein ... Unterricht vor allem noth thue, damit „Oestreich in Wissenschaft und Industrie nicht hinter dem Ausland zurückbleibe und i den Stand gesetzt werde, die enormen Staatslasten zu tragen Der Gemeinderath von Hermannstadt in Mähren erlaubte sich, b dieser Gelegenheit die klerikale Unterrichtsmethode mit folgend Worten einer Kritik zu unterziehen: „Bei der jährlich einmal stat findenden Prüfung wissen wohl die bravsten Schüler, wie es i Himmel aussieht, kennen die hervorragendsten Engel, die Zahl d Heiligen, haben auch einen Begriff von der Hölle, vom Fegfeu und von den Leiden der Verdammten; aber was in dem eigen Kronland erzeugt wird, wie es billiger und besser erzeugt werd könnte, was exportirt und importirt wird, ja nur, wie viel Ei wohner in dem Kronlande sind, und wie die Hauptstadt desselb heißt, davon wissen sie nichts. Können die Schüler den Katechism und die biblische Geschichte papageienmäßig herplappern, so werd die Lehrer öffentlich belobt." Die mit mehr als 44,000 Unt schriften katholischer Männer Wiens versehene Volksadresse war jeder Hinsicht eine gewichtige Petition zu nennen. Eine Adre der Wiener Studenten an Dr. Mühlfeld protestirte gegen d „ultramontane Gängelband", erklärte, daß eine Vergleichung d östreichischen Universitäten mit der geringsten deutschen Universi zur Schmach der ersteren ausfalle, und mischte in den Ruf n Reform der Volksschule den nach Reform der Hochschule.

Dies waren die Früchte, welche die Bischöfe mit ihrer unzeiti Adresse einernteten. Im Abgeordnetenhaus war man über weitere Behandlung der Sache verschiedener Ansicht. Die e Partei verlangte die sofortige Aufhebung des Konkordats, und Mü feld stellte in diesem Sinne am 9. Oktober einen Antrag, die and Partei wollte vorläufig nur die Gesetze über Schule und Ehe du bringen, da hiemit der Kern des Konkordats beseitigt wür Dieser Ansicht war die Majorität. Die Gesetzentwürfe über und Schule wurden daher am 23. und 29. Oktober von dem geordnetenhaus angenommen. Sie giengen sofort an das Herr haus, wo freilich eine andere Atmosphäre herrschte. Meinte d in der Debatte des konfessionellen Ausschusses Fürst Sangu daß „Gott seine Verpflichtungen gegen Oestreich brechen we wenn dieses seine Verpflichtungen gegen den Statthalter Ch breche", worauf Fürst Auersperg ihn fragte, ob er etwa von einen persönlichen Auftrag habe, diese Drohung in seinem Na sprechen. Die Berathungen dieses Ausschusses dehnten sich den Schluß des Jahres 1867 hinaus, und die Regierung war ganz einverstanden. Denn sie wollte nicht eher zu einer Entscheidung schreiten, bis die Verhandlungen mit Rom Ende sein würden. Zunächst handelte es sich darum, daß sie begonnen werden. Die Aufgabe war eine sehr undankbare, man sich auf eine glänzende Zurückweisung gefaßt machen mußte. östreichische Gesandte in Rom, Baron von Hübner, welcher im 1859 auf dem Gesandtschaftsposten in Paris so viel Kurzsichtigkeit gezeigt hatte, wurde zu Anfang Novembers abberufen und Crivelli, bisher Gesandter in Madrid, mit dem Auftrag betraut, Kardinal Antonelli sich eine Vorlesung über das Non possumus zu lassen. So wurde die Lösung der Frage dem nächsten vorbehalten, und am 31. December konnte man noch so gut 1. Juli schreiben: „Wir haben Verfassung und Amnestie, wir haben auch das Konkordat, und darum haben wir noch es."

Nur in einer Beziehung wurde ein positives Resultat erzielt. die Drohung, daß eine Anzahl Lehrer zu ihrer weiteren Ausbildung nach Gotha, in den Bereich des norddeutschen Bundes, werde, gab Ritter von Hye am 3. November seine bedingungslose Erlaubniß zur Gründung einer Lehrerbildungsanstalt. dieselbe ein konfessionsloses, also für die Lehrer aller Bekenntnisse zugängliches Institut sein soll, so trat mit dieser Bewilligung Ministerium in Widerspruch mit einem der Grundprincipien Konkordats. Man konnte es vor der Hand für eine Abschlagszahlung ansehen.

Wie sich in Oestreich die Konkordatsfrage bis zum Schluß des hinschleppte, so in Preußen die Verhandlungen mit Dänemark Rückgabe der nördlichen Distrikte Schleswigs. Dort waren Bischöfe, welche einen allgemeinen Sturm veranlaßten und Zeichnung erschwerten, hier die französische Regierung und Was irgend mit dem Prager Frieden zusammenhieng und nicht glatt abgemacht war, hielt Frankreich für seine Domäne, es kaiserliche Befehle ertheilen dürfe. Man mußte von Leuten eine Sprache hören, als ob sie nicht so eben, aus der dem Sternenbanner Nordamerika's, einen schmachvollen bewerkstelligt hätten, sondern noch in frischer Siegesglorie

dieselben für überflüssig, ja bedenklich, und die bestehenden Gef
und Verträge für vollkommen ausreichend halte". Mit di
Ansicht war die preußische Regierung durchaus nicht einverstan
und ließ durch ihren Gesandten dem dänischen Minister eine n
Note vom 18. Juni übergeben, worin sie auf der präcisen Erledig
der beiden Vorfragen beharrte und den Minister daran erinne
daß „das gute Einvernehmen zwischen Dänemark und den Herz
thümern neuerdings bekanntlich gerade dadurch gestört worden
weil die dänische Regierung nach der Umgestaltung der älte
Verfassung der Monarchie nicht mehr im Stande war, den deutsc
Unterthanen denselben Schutz ihrer Nationalität und Sprache
gewähren, dessen sie sich ehemals erfreut hätten. Nicht dazu h
der Prager Friedensvertrag Preußen verpflichtet, daß es deut
Gemeinden wider ihren Willen und mit dem Verlust jedes Re
auf ihre nationalen Eigenthümlichkeiten an ein fremdes Land abt
und sie Gefahren preisgebe, deren Befürchtung in Erinnerung
die Vergangenheit unter ihnen selbst laut genug hervortrete.
Regierung möge sich also erklären, ob sie zur Sicherung di
nationalen Eigenthümlichkeiten Bürgschaften geben wolle, und wel
Art, in individueller, lokaler und kommunaler Beziehung, d
Garantien sein würden. Von der Beantwortung dieser Fra
„hänge der Umfang der beabsichtigten Abstimmung oder Abtret
ab". Die Erwiderung des dänischen Kabinets, welche gegen
20. Juli in Berlin eintraf, ließ sich auf eine Beantwortung
Vorfragen, namentlich der ersten, nicht ein, sondern verlangte
nächst eine nähere Erklärung über die Natur und Tragweite
von Preußen verlangten Bedingungen. Es war ihm, da es si
sein konnte, keine andere Auskunft als früher zu erhalten, offen
nur darum zu thun, die Sache einige Zeit in der Schwebe zu
halten, den Zeitpunkt, wo es ganz bestimmte Erklärungen abzuge
habe, möglichst hinauszuziehen und zunächst abzuwarten, was
„hohe Verbündete" für Geschäfte mache.

Fast gleichzeitig mit dieser dänischen Antwort traf in Be
eine französische Depesche ein, welche der Botschaftssekretär Lefe
der die Stelle des abwesenden Herrn Benedetti vertrat, dem Gr
Bismarck vorlesen sollte. Da sich dieser damals nicht in Be
befand, sondern auf seiner Dotationsbesitzung Varzin in Hin
pommern, um in dieser ländlichen Zurückgezogenheit sein angegriffe

...system wiederherzustellen, so hatte Unterstaatssekretär Thile die ...theilung am 23. Juli entgegenzunehmen. In dieser Depesche betonte ...französische Minister, Marquis de Moustier, das Recht Frank... sich in die schleswig'sche Sache zu mischen, insofern der viel... ...chene Artikel V. des Prager Friedensvertrages, „daß die Be... ...ungen der nördlichen Distrikte von Schleswig, wenn sie durch ... Abstimmung den Wunsch zu erkennen geben, mit Dänemark ...nigt zu werden, an Dänemark abgetreten werden sollten", nicht ...Oestreichs, sondern auf Frankreichs Einwirkung hin entstanden ... In Folge dessen erlaube sich der Minister die Bemerkung zu ...en, daß es Dänemark unmöglich sei, die von Preußen geforder... Garantien hinsichtlich des Schutzes der abzutretenden deutschen ...ölkerung zu geben. Diese Garantien würden der Keim ewigen ...es zwischen Preußen und Dänemark sein, da ersteres dadurch ...enheit bekäme, sich fortwährend in die inneren Angelegenheiten ...letzteren zu mischen.

So zurückhaltend und versöhnlich auch diese Depesche gehalten ... so enthielt sie doch eine Einmischung in bester Form. ...deutsche Nationalgefühl, für keinen Luftzug so empfindlich ...ür den westlichen, sträubte sich auf das entschiedenste gegen ... neuen Versuch Frankreichs, ein europäisches Aufsichtsrecht und ...speciell eine Kontrole der strikten Einhaltung des Prager ...ens für sich in Anspruch zu nehmen. In Versammlungen und ... Presse wurde gefragt, ob dies eine neue Auflage der luxem...ischen Angelegenheit sein solle. Man vertraute zu der preußi... Regierung, daß sie dieses Interventionsgelüste so zurückweisen ..., wie dasselbe es verdiene, und dem französischen Kabinet es ...lasse, mit der Abweisung anzufangen, was es wolle. Dabei ...hlte man sich nicht, daß die Lage eine sehr ernste sei, und ... sprachen schon von einem Herbstfeldzug, wozu die franzö... ... Heißsporne den Kaiser antrieben, indem sie ihm das Wort ... Abgeordneten: „innere Freiheit oder Krieg!" zu Gemüth ... Eine Nachgiebigkeit wie in der Luxemburger Frage sei ...um so weniger möglich, da es sich hier nicht um das, wenn ...deutsche, Gebiet eines fremden Souveräns, nicht um ein ... Besatzungsrecht handle, sondern um einen integrirenden Theil ...des deutschen Bundes. Daß dadurch die Unterhandlungen mit ...mark sehr erschwert werden, indem dieses auf seinem Eigensinn nur noch mehr beharren werde, und Preußen jetzt noch weni bieten könne, um dem Verdacht, einem äußeren Drucke gewichen sein, zu entgehen, liege auf der Hand.

Auch in dieser Sache stand Frankreich ganz allein. Oestr welchem allein Preußen das Recht der Einsprache vindicirte, h durchaus keinen Grund, den Dänen gefällig zu sein und sich Preußen auf's neue zu verfeinden. England, welches im Jahre 1 eine so zärtliche Zuneigung für Dänemark kundgab, sah end die Untugenden dieses enfant gâté ein, und Lord Stanley erkl im Unterhaus, das Ministerium habe jede Meinungsäußerung ı Nordschleswig in Berlin vermieden, eine Erklärung, welche gan aussieht, wie wenn ihr eine Aufforderung Frankreichs vorangegai wäre, sich an dem Protest zu Gunsten Dänemarks zu betheilig

Die Sache war zu wichtig, als daß sie durch den Vert des Ministerpräsidenten hätte erledigt werden können. Daher e der Letztere eine Instruktion an den französischen Botschafte Paris, den Grafen von der Goltz, in welcher die Einmisc Frankreichs, beziehungsweise seine Theilnahme bei den Verhand gen über die Ausführung des Artikels V. des Prager Frieden der entschiedensten Weise zurückgewiesen wurde. Die Mitthei dieser Erklärung an den Marquis von Moustier erregte zun scheinbare Ueberraschung über die Empfindlichkeit der preuß Politik; sodann aber zwang sie dem französischen Kabinet Alternative auf, entweder auf die Einmischung in die schleswi Angelegenheit zu verzichten oder eine Kriegsfrage daraus zu ma Das letztere wollte man so wenig als bei der Verweigerung Kompensationen oder bei der Störung des Luxemburger Har Somit blieb nur der Rückzug übrig, welcher denn auch in kleinen Moniteur vom 27. Juli mit den Worten angetreten w „Es ist dem Berliner Kabinet keine Note übergeben worden, r über die schleswigsche Angelegenheit noch über eine andere Fr Diese officielle Ableugnung, welche auf das unkundige P Publikum berechnet war, enthielt freilich einen Schein von W heit, nur verschwieg sie gerade die Wahrheit selbst. Denn Note war es nicht, was Herr Lefebre am 23. Juli dem von Thile mittheilte, sondern eine Depesche (zwischen we beiden Benennungen in der diplomatischen Welt unterschieden n übergeben hat er sie auch nicht, sondern nur vorgelesen und keine Abschrift davon zurückgelassen.

Zu diesem raschen Rückzug soll der weitere Umstand beigetragen haben, daß es zu dem Prager Frieden noch eine geheime Vertragsbestimmung gebe, wonach die preußische Regierung mit der Abstimmung in Nordschleswig bis zum Jahre 1870 warten könne, und daß Graf Bismarck es für gut gefunden habe, das französische Cabinet in dieses Geheimniß einzuweihen. Aber während der Moniteur zum Rückzug blies, bliesen andere zum Angriff. Schon der Umstand, daß gerade damals der französische Handelsminister Behic eine Reise nach Dänemark und Schweden machte, war ganz geeignet, neuen Verdacht zu erregen und einen Widerspruch zwischen Worten und Thatsachen zu konstatiren. Noch mehr Staub wurde aufgeworfen durch die Demonstrationen, welche am 12. August und den folgenden Tagen in Kopenhagen gemacht wurden. Dort waren an diesem Tage in Folge einer Einladung eines dänischen Comités, der Abgeordnete Morin und über ein Dutzend französischer Journalisten, freilich keine Sterne erster Größe, angekommen, um ein Fest der Verbrüderung zwischen Frankreich und Dänemark zu feiern. Die Stadt war beflaggt und die Kanonen donnerten. Ließ der Bürgermeister der Stadt „das Gedächtniß der ersten Helden der Welt, die tapfere Nation, das sieggekrönte, stolze, schöne Frankreich und seinen großen Kaiser“ leben, so sprachen die Franzosen von dem „muthigen Dänemark, das nie sterbe, weil es an sein Recht glaube“. Wenn man auch solche Großsprechereien verlachen und verachten konnte, so unterhielten sie jedenfalls das Feuer der politischen Aufregung, und man fragte sich, warum denn die französische Regierung, wenn es ihr mit dem Frieden so ernst sei, diesen beständigen Hetzereien der Presse nicht ein Ende mache, was ihr ja in anderen Fragen so gut gelinge.

Doch was bedeutete diese Journalistenreise gegen die Reise am 17. und 18. August! Kaiser Napoleon giengen die Verhältnisse in Deutschland, wie sie sich durch die Allianz- und Zollverträge zu Gunsten einer preußischen Machtvergrößerung entwickelten, nicht nach Wunsch. Mit seinen Einsprüchen und Einmischungen hatte er bisher wenig Glück gehabt, daher er sich, um desto entschiedener auftreten zu können, sehr nach der Bundesgenossenschaft einer anderen Großmacht sehnte. Wer paßte für diesen Zweck besser als Oestreich, der von Preußen besiegte und aus Deutschland verdrängte Kaise staat? Um aber eben diesen Verdacht einer Konspiration von si abzuwälzen und die Reise als eine ganz harmlose hinzustelle wurde ihr der officielle Charakter eines Kondolationsbesuches gegebe Der Schatten des unglücklichen Max, statt sich zürnend zwisch Haus Habsburg und Haus Bonaparte zu werfen, mußte im Gege theil dazu dienen, die alten Feinde zu einer idyllischen Versöhnung scene zusammenzubringen. Ueberall sprach man davon, daß Napole dem Bruder des Kaisers von Mexiko, im Gefühl der Mitschuld dessen Schicksal, einen Besuch zumachen wünsche, hob den re persönlichen Charakter dieser Zusammenkunft hervor und gab de preußischen Gesandten die beruhigendsten Erklärungen. Einen B such, welcher in Trauer gehüllt und mit büßendem Herzen sich a meldete, konnte Franz Josef unmöglich abweisen, abgesehen dav daß es ihm nach so vielen Schlägen eine Genugthuung gewähr mochte, vor Europa zu zeigen, daß Oestreich immer noch ei gesuchte Partie sei. Als Ort der Zusammenkunft wurde d romantische Salzburg festgesetzt, und so reiste das französische Kaise paar am 17. August über Karlsruhe, Stuttgart, Ulm nach Aug burg, wo übernachtet wurde, und am 18. August über Münch nach Salzburg, wo es Abends fünf Uhr ankam und von d östreichischen Majestäten empfangen wurde. Napoleon hatte d Marschall Fleury, keinen seiner Staatsmänner bei sich; aber d östreichische Gesandte am Tuilerienhof, Fürst Metternich, welch für eine französisch-östreichische Allianz begeistert ist, hatte die Re mitgemacht. Von östreichischen Celebritäten war der Reichskanzl von Beust und der ungarische Ministerpräsident Graf Andras anwesend.

Daß „die Häupter zweier großen Reiche sich nicht mehre Tage lang in inniger Vertraulichkeit vereint finden konnten, oh sich gegenseitig über Fragen von allgemeinem Interesse ihre Ei drücke mitzutheilen und ihre Gedanken auszutauschen", sagt u das französische Rundschreiben vom 25. August und fügt noch be „Die Unterhaltungen zwischen Napoleon und Franz Josef hatt nicht die Beschaffenheit, welche gewisse Neuigkeitskrämer ihnen be legen. Sie erneuerten gegenseitig die Versicherungen ihrer frie liebenden Politik und beschränkten sich in ihren Gesprächen auf al gemeine Gegenstände. Weit entfernt, die Salzburger Zusamme

...ei als einen Gegenstand der Beunruhigung und Befürchtung
...r andere Höfe zu betrachten, hat man darin nur einen neuen
...weggrund zum Vertrauen auf die Erhaltung des Friedens zu
...n'. Man muß es diesem Rundschreiben des Herrn von Moustier
...ügen, daß es nicht zu viel aus der Schule schwatzte. Auch
...s Oestreich erfuhr man nicht viel. Selbst das östreichische Roth-
...ch, welches im Februar 1868 den Delegationen vorgelegt wurde,
...hielt nichts weiter als die Notiz, daß bei dieser Zusammenkunft
...r das in der orientalischen Frage zu beobachtende Vorgehen
...sche Grundzüge vereinbart worden seien".

So viel wußte man auch ohne Rundschreiben und Rothbuch.
...ß die mehrstündigen Konferenzen, welche Napoleon mit Freiherrn
...n Beust hatte, nicht bloß auf „allgemeine Gegenstände" sich be-
...en, sondern daß neben einer Revue sämtlicher europäischen
...gen jeder von beiden Theilen das ihn hauptsächlich Interessirende
...d Beunruhigende hervorhob, Oestreich den Orient, Frankreich
...utschland, speciell Süddeutschland, lag auf der Hand. Da man
...ßte, wie aufmerksam Frankreich das Verhältniß zwischen Süd-
...d Norddeutschland beobachtete, wie es jede weitere Annäherung
...hintertreiben suchte, gegen die gegenseitige Absendung von Militär-
...vollmächtigten agitirte, der Wiederherstellung des Zollvereins ent-
...gegenarbeitete, die süddeutschen Staaten zu veranlassen suchte, unter
...allein einen süddeutschen Zollverein zu gründen, zuletzt wenigstens
...rauf drang, daß von dem neuen Zollverein die parlamentarische
...ite ferngehalten werde, damit nicht aus diesem Zollparlament
...deutsches Parlament hervorgehe, so bedurfte es gerade keiner
...sonderen Kühnheit, um zu behaupten, daß die süddeutsche Frage
...n Frankreich gründlich auf's Tapet gebracht worden sei. Denn
...die Allianz- und Zollverträge von den süddeutschen Landtagen
...ch nicht genehmigt waren, so war das Terrain durchaus noch
...icht ungünstig, daß nicht das Projekt einer engeren Vereinigung
...r Südstaaten und ihrer Allianz mit Oestreich mit den Staats-
...nnern an der Donau besprochen werden konnte. Die Verwirk-
...ung dieses Projekts war freilich ohne einen furchtbarn Krieg mit
...m norddeutschen Bund nicht möglich, und in einem solchen, wenn
...n bei der Abneigung Ungarns und bei dem absoluten Mangel
...n Geld und Kredit je führen konnte, riskirte Oestreich seine ganze
...istenz.

Weder in Wien noch in den Provinzialstädten war man da von diesem Besuch und der drohenden Allianz sonderlich entzü Die Neue Freie Presse sprach von dem „düsteren Verhängn welches über jeder Verbindung, welche Oestreich und Frankreich einander eingehen, walte", und wies zum Beweis hiefür auf Ma Antoinette, auf die Kaiserin Marie Luise und ihren Sohn und Kaiser Max hin. Ein Grazer Blatt schrieb: „Hat sich Oestr mit Frankreich über seine deutsche Mission geeint, dann hat es e Kluft gezogen nicht nur zwischen sich und Deutschland, sond auch zwischen der Richtung seiner eigenen Politik und den Deutsc in seinem eigenen Reiche, dann ist das Ausgleichswerk in Oestr in Frage gestellt, dann müssen in die Reihe jener Nationen, we die Opposition der Regierung in der äußeren Politik bilden, a die Millionen Deutsche in Oestreich eintreten, welche bisher Aktion fern geblieben sind." Die „Presse" vom 28. Aug erklärte, daß ein süddeutscher Bund unter östreichischer Führung Luftgebilde sei, und daß die angeblich östreichisch-französische Collek note an das Berliner Kabinet sich als ein wohlgemeinter Rathsch an Dänemark entpuppe, nicht allzu hartnäckig auf der Herausg von Düppel und Alsen zu beharren. „Die Interessen Oestrei welches mit großen und noch ungelösten inneren Fragen und Finanzkalamitäten schwierigster Art in diesem Augenblick zu kämp hat, verbieten es dieser Macht, für die Suprematie Frankreichs Europa jetzt einen Krieg zu führen, wenn auch immerhin eine zahl einflußreicher Persönlichkeiten in Wien den Wunsch hegen n ihre Revanche für Königgrätz zu nehmen. Die Verhältnisse aber mächtiger als die Menschen, und Herr von Beust ist genug, um zu wissen, daß die Kriegserklärung Oestreichs und Fr reichs an Preußen ganz Deutschland, die deutschen Provin Oestreichs nicht ausgenommen, um die Fahnen Preuß scharen würde."

Die preußischen Blätter und einige süddeutsche äußerten voll Mißtrauen und Leidenschaft über diese Salzburger „ schwörung". Die Kreuzzeitung schrieb: „In Paris lassen uns die Recepte nicht vorschreiben für Deutschlands Wohlbefin und wenn Oestreich gewillt ist, nach französischen Noten zu sin so wird es in Deutschland nur wenig Accompagnement finden. geht es die Tuilerien an, wie Nord und Süd sich mit eina

...ttern? Was hat Louis Napoleon sich darum zu kümmern, wie ...schland seine militärischen Verhältnisse ordnen, seine Zoll-...chtungen treffen will? Es gibt der Hundsfötter nur wenig in ...tschland, welche das Heil ihres Vaterlandes oder vielmehr ihr ... von Paris erhoffen. Man wird sie zu Boden schlagen, ... es Zeit ist, den Verrath zu lohnen. Wir verlangen nicht, ...r Präceptor eines anderen Staates zu sein, aber wir lassen uns ... nicht discipliniren. Und ob man auch in Salzburg beschlossen ..., die „östreichisch-französische Auffassung irgend einer Frage nicht ...chkreuzen zu lassen,"" wir sind nicht gemeint, diese europäische ...atur anzuerkennen. Gunst oder Abgunst — wir werden unsren ... Willen behalten. Und wir wissen, was wir wollen." Hiezu ...merkte die Kölner Zeitung, sie könne nicht glauben, daß es mög-... sei, die Rheinbundsschmach zu erneuern, und setzt hinzu: „Die ...tschen Fürsten haben bis jetzt keine Lust gezeigt, ein Experiment ... versuchen, das die Wohnungsmieten in Hietzing in die Höhe ...en könnte."

Die Haltung Süddeutschlands, das denn doch bei der Besprechung ... Plane auch ein Wort mitzureden hatte, war größtentheils ...aus korrekt. Napoleon wurde auf der Reise nach Salzburg in ... von badischen Militär- und Civilbehörden empfangen, in Ulm ... König Karl, welcher von Friedrichshafen herbeikam, begrüßt, ... nicht länger als eine Viertelstunde dauerte, und auf dem Weg ... Augsburg nach München von König Ludwig II. geleitet, der ... wieder nach seinem Schlosse Berg eilte. Auch der Be-...kerung kann nichts zur Last gelegt werden. Kaum ein Dutzend ..., wie sie in allen Residenzen für solche Zwecke zu haben ... riefen im Stuttgarter Bahnhof dem scheidenden Kaiser ein ... l'empereur! nach, und als sich dies bei der Ankunft in Augs-... wiederholte, entstand von anderer Seite ein solches Zischen und ..., daß fernerhin alle Hochrufe unterblieben und Napoleon ... konnte, wie auch in Baiern, dessen frühere Geschichte so ... französische Allianzen aufzuzählen hat, die Rheinbundszeiten ...über seien. Davon daß die süddeutschen Fürsten sich in Salz-... wie zu einem Erfurter Kongreß einfanden, war keine Rede. ... Hohenlohe soll eine Kabinetsfrage daraus gemacht haben. ... kein Minister erschien. Nur der Großherzog von Hessen, ... an dem Herrn von Dalwigk nicht den besten Rathgeber hat, wußte es so einzurichten, daß er gerade zu jener Zeit bei seine: Schwiegervater, dem alten König Ludwig von Baiern, auf Leopold kron bei Salzburg einen Besuch machte und so mit den allerhöchste Herrschaften in Berührung kam.

Hinsichtlich Süddeutschlands hatte Napoleon sicherlich ein schlecht Geschäft gemacht. Fürsten und Volk waren ihm entgegen, u Oestreich konnte sich in solche Plane nicht einlassen. Wollte er d Sache verfolgen, so stand er nach wie vor ohne Allianzen da. Mi dieser Gewißheit reiste das Kaiserpaar, nachdem es sich an Theate und Koncerten und an dem Anblick der großartigen Alpenwelt e gezt und erfrischt hatte, am 23. August Vormittags 8 Uhr v Salzburg ab, um am nämlichen Tage Straßburg, am nächsten Ta Paris zu erreichen. Kaum hatte es ein wenig ausgeruht, so mac es am 26. August eine kleine Rundreise nach dem nördlichen Frankrei wo es die Städte Arras, Lille und Amiens besuchte. In erster Stadt versicherte der Bürgermeister den Kaiser, daß Frankreich dur die Vergrößerungen seiner Nachbarstaaten nicht im mindesten Macht und Einfluß verloren habe und der Friede deßhalb nicht g fährdet sei, worauf Napoleon erwiderte: „Mit Recht haben S Vertrauen in die Zukunft. Nur schwache Regierungen suchen auswärtigen Verwicklungen eine Ablenkung aus inneren Wirren Dem Bürgermeister zu Lille gab er unter anderem zur Antwo „Seit 14 Jahren haben sich viele meiner Hoffnungen verwirkli große Fortschritte wurden erzielt. Inzwischen schienen s c h w a r P u n k t e unsern Horizont verfinstern zu wollen. Aber wie mi das Glück nicht verblendet, so werden mich vorübergehende Unglück fälle nicht entmuthigen." Offenbar wollte der Kaiser durch die er dieser beiden Reden der Oppositionspartei, welche ihn vor die Alt native „Krieg oder Revolution!" stellte, erklären, daß er das ei nicht brauche und das andere nicht fürchte, während er mit d „schwarzen Punkten" eingestand, daß der Einfluß Frankreichs verm dert sei und man günstigere Konjunkturen abwarten müsse, um alte Suprematie wieder herzustellen. Die letzte Wendung die Rede begeisterte Herrn Paul de Cassagnac zu einem widerlich Kriegsgeschrei, das er im „Pays" gegen Preußen ausstieß: „S sind stolz auf ihre Militärorganisation, auf ihr erstes und zwei Aufgebot. Sie sehen aber nicht, daß sie nur eine Armee von 2000 Soldaten haben, und daß der Rest, aus dem sie so viel Gesch

...en, aus Schustern und Bierbrauern besteht. Unsere Zuaven, ...e Garde und unsere Chasseurs brauchen nur in die erste ...chenmauer ein Loch zu brechen; alles Uebrige verschwindet ...nn wie im Jahre 1806. Die Rede von Lille zeigt, daß nun ... letzte Schritt rückwärts unabänderlich gethan ist. Sie sollen ...schweigen, diese Biertrinker und Sauerkrautesser!"

...uf diese und ähnliche Prahlereien und Hetzereien der franzö... ...en Presse erließ die **Kreuzzeitung** vom 1. Oktober einen ...kel, wie noch wenige über den Rhein geschickt worden sind. ...ir fürchten uns nicht, aber wir rühmen uns auch nicht. Wir ...en niemand angreifen, vor niemandes Angriff aber uns scheuen. ...ends werden wir Frankreich in den Weg treten, seine inneren ...genheiten durchaus nicht vermehren. Wir werden uns niemals ...ischen in eine Frage, die der Entscheidung Frankreichs anheim ...: allein und frei möge es seinen Gang ordnen. Aber auch ... den unsrigen! Wir sind nicht gemeint, Herrn Drouyn de Lhuys ...itten, daß Preußen Großmacht bleiben dürfe. Es fällt uns ... ein, den kaiserlichen Vetter um Belehrung zu ersuchen über ... Grenzpflicht des Rheinstromes. Alles das denken wir **allein** ...sorgen, und wir würden uns jede Intervention mit höflichstem ... verbitten. Wir hoffen, dies werde genügen; Frankreich wird ...tiger sein als die kriegstollen Journale von Paris. Wenn ... doch **nicht**, nun dann: Fuß beim Maal! und zu jedem Wett... ... bereit, trotz aller Turkos und Fächerkanonen. Dem groben ... ein grober Keil!"

Diese Antwort erregte Aufsehen in Paris, und man mußte sich ...chen, daß die Zeiten sich doch sehr geändert haben. Noch weit ...r Aufsehen erregten einige officielle Kundgebungen, wovon die eine ... Karlsruhe, die zwei anderen aus Berlin kamen. Es handelte ... um Süddeutschland und sein Verhältniß zum norddeutschen ... Dieses beruht, so weit es sich um die diplomatische Be... ...heilung handelt, auf dem Artikel IV. des Prager Friedens. Der... ...lautet: „Der Kaiser von Oestreich erkennt die Auflösung des ...rigen deutschen Bundes an und gibt seine Zustimmung zu einer ... Gestaltung Deutschlands ohne Betheiligung des östreichischen ...Staates. Ebenso verspricht Se. Majestät das engere Bundes... ...hältniß anzuerkennen, welches der König von Preußen nördlich ... der Linie des Mains begründen wird, und erklärt sich damit einverstanden, daß die südlich von dieser Linie gelegenen deutsch Staaten in einen Verein zusammentreten, dessen nationale Verbi dung mit dem norddeutschen Bund der näheren Verständigu zwischen beiden vorbehalten bleibt, und der eine internationale u abhängige Existenz haben wird." Daraus erhellt nur so viel, d Oestreich sehr gut daran thut, wenn es sich in die fernere Entwi lung Deutschlands, auch in das Verhältniß zwischen Nord und S nicht im geringsten mehr mischt, und daß die süddeutschen Staa berechtigt waren, einen Südbund zu schließen, welcher dann un irgend einer Form eine „nationale Verbindung" mit dem no deutschen Bund aufrecht hielt. Für diesen Fall war ihm jene „ ternationale unabhängige Existenz" ebenso gesichert wie jedem ande Staate, und es wurde daher in den Kammerverhandlungen mit einig Selbstgefühl von der „europäischen Stellung" des Landes gesproc Wenn aber diese Staaten einen solchen Verein nicht eingehen wol wie dies thatsächlich bewiesen ist, was dann? Sie haben ja unabhängige, souveräne Existenz, können also thun, was sie wollen. A haben sie durch den Allianzvertrag und durch die Uebertragung des O befehls an den König von Preußen bereits Gebrauch von dieser ne Freiheit gemacht. Dadurch sind die Bestimmungen des Prager Fried bereits überholt, und wenn irgend einer der vier süddeutschen Sta oder alle vier ihrer Souveränetät sich noch weiter entkleiden gerade zu in den norddeutschen Bund eintreten und denselben durch zum deutschen Bund umwandeln wollen, wem steht irgend Recht zu, sie zu hindern? und auf welchen Vertrag hin? Ih freiwilligen Eintritt kann rechtlich niemand etwas entgegenstel nur dazu gezwungen werden dürfen sie nicht. Was soll dieser ganze Artikel für Süddeutschland? Er soll Preußen verhind einen äußeren Zwang auf dasselbe auszuüben; er soll demselben nen freien Entschluß sichern. Wie aber dieser ausfällt, hieri Süddeutschland durch keinen Vertrag, durch keine Macht auf E beschränkt. Dies ist lediglich Sache des norddeutschen Bundes e seits und der vier Südstaaten, sowohl aller zusammen als auch einzelnen, andererseits.

Wenn schon Oestreich nicht das geringste Recht der Einsp hat, wie steht es vollends mit Frankreich, mit dem doch für der Prager Friede nicht geschlossen worden ist? Und selbst hätte es eben gerade so viel Recht wie Oestreich, nämlich et. Wenn es aber beständig erklärt, daß es, gemäß den Bestimmungen des Prager Friedens, den Eintritt Badens in den deutschen Bund, die Aufnahme einer preußischen Besatzung in ... nicht dulden würde, worauf basirt denn diese diktatorische ...ung? Wie gesagt, der Prager Friede geht Frankreich nichts ... Das einzige Recht, auf welches es sich berufen kann, ist das ...recht. So gut es den Vereinigten Staaten von Amerika er... kann, daß es den Eintritt Mexikos in die Union als Kriegs...sehen würde, ebenso gut kann es den Vereinigten Staaten ... Deutschland oder dem norddeutschen Bund sagen, daß es den ...tritt eines süddeutschen Staates in denselben mit einer Kriegs...rung beantworten werde. Dies und nur dies ist sein Recht, ...d es ist das nämliche, wie es jeder Raubritter des Mittelalters ...bt hat. Es ist nur zu wünschen, daß es ihm, falls es von ...m Recht Gebrauch machen sollte, gerade so geht, wie den thü...ischen Raubrittern unter Kaiser Rudolf, dem ersten Habsburger.

Eine mannhafte Antwort auf ein solch anmaßendes Benehmen ... der Großherzog von Baden bei Eröffnung der Ständeversamm...g am 5. September. Weit über die Grenzen Badens, ja Deutsch... hinaus drangen die patriotischen Worte dieses Fürsten: „Mein ...schluß steht fest, der **nationalen Einigung** mit dem nord...schen Bunde unausgesetzt nachzustreben, und gerne werde Ich ...nd mit Mir Mein getreues Volk die Opfer bringen, die mit ... Eintritt in denselben unzertrennlich verbunden sind. Sie werden ...lich aufgewogen durch die volle Theilnahme an dem nationalen ...n und die erhöhte Sicherheit für die freudig fortschreitende ... Staatsentwicklung, deren Selbständigkeit zu wahren stets ... Meiner Regierung sein wird. Ist auch die Form der na...len Einigung Süddeutschlands mit dem norddeutschen Bunde ... nicht gefunden, so sind doch schon bedeutungsvolle Schritte zu ...m Ziele gethan. Dank den Allianzverträgen der süddeutschen ...ten mit Preußen ist die erste und dringendste nationale For...g erfüllt: Abwehr jedes Angriffs von außen mit den geeinig... Kräften aller unter einheitlicher Führung. In dem **Zoll...ament** begrüße Ich, wenn auch seine Wirksamkeit eine be...änkte ist, doch freudig eine reguläre Vertretung des gesamten ...schen Volkes." Die englischen Journale begrüßten diese Rede ... Begeisterung, und die französische „**Liberté**" bemerkte, „es lasse sich daraus mit Bestimmtheit entnehmen, daß an dem Ta an welchem Frankreich in die deutschen Angelegenheiten sich misc würde, es mit 40 Millionen zu thun bekäme, und daß es dabei Rolle des Mannes spielen würde, der sich, um sich vor dem Re zu schützen, ins Wasser geworfen habe. Das europäische Glei gewicht habe Frankreich bei der italienischen Frage zuerst gebroc und könne auf diesen Vorgang hin die Einheit Deutschlands ni zu verhindern suchen."

Der badischen Thronrede entsprach die von der zweiten Kam mit allen gegen 5 Stimmen angenommene Adresse vom 16. S tember, in welcher gesagt wurde: „Wir hegen die zuversichtli Erwartung, „daß die dauernde organische Verbindung dem norddeutschen Bund unter der Führung des mächtigs deutschen Staates bald gefunden und damit die Wiedergeburt Deut lands in einer Weise vollzogen sein wird, welche unserm Vaterla die lange vermißte Machtstellung verleiht."

Wenn hier Fürst und Volk unter gemeinsamer, für jederm sichtbarer Flagge dem vollständigen Eintritt in den norddeutsc Bund zusteuern, so herrschte in dem benachbarten Hessen nicht gleiche Einmüthigkeit. Und doch hätte man, wenn in irgend ein der vier Südstaaten, gerade hier am meisten Hinneigung zu No deutschland suchen sollen, da der nördliche Theil des Großherzogthu schon zum norddeutschen Bund gehört. Auch fehlt es nicht Solchen, welche den Eintritt der beiden andern Provinzen, Stark burg und Rheinhessen, nur als die natürliche Konsequenz von Eintritt Oberhessens ansehen. Als daher am 3. Juni die no deutsche Bundesverfassung der hessischen zweiten Kammer zur Annah vorgelegt wurde, stellte der Abgeordnete Goldmann den Antrag, das ganze Großherzogthum in den norddeutschen Bund eintre solle. Aber obgleich der größte Theil der Kammer dem Antrag stimmte, wie er denn auch mit einer Mehrheit von 32 gegen 15 St men angenommen wurde, so erklärte doch die Regierung, daß es der Militärkonvention, an dem Schutz- und Trutzbündniß, an dem Z vereinsvertrag, an der Abtretung des Post- und Telegraphenwes an Preußen gerade genug sei. Sie könne doch der preußischen gierung nicht zumuthen, über einen kaum geschlossenen Vertrag weggzugehen und so das gute Einvernehmen mit befreundeten Nachb staaten um einer relativ unbedeutenden Ausdehnung des nordd ndesgebiets willen zu trüben. Von dieser zarten Sorge halte sie den gegenwärtigen Moment für ungeeignet, dem Folge zu geben und den sofortigen Eintritt in den nord- Bund in Erwägung zu ziehen.

unberechtigt diese Rücksichtnahme der hessischen Regierung ßens Stellung zum vierten Artikel des Prager Friedens sich ihr kategorisches Nichtwollen hinter schönen Phrasen zu suchte, welche in Paris sicherlich besser gefielen als in konnte man aus dem Rundschreiben des Grafen Bismarck eptember sehen, worin er die preußischen Gesandten an den gen Höfen gerade über diesen Punkt instruirte. Das Akten- liches den fremden Regierungen vorzulesen war, gehört zu den Erzeugnissen der Diplomatie. Es geht davon aus, wie die hen und französischen Erklärungen, daß in Salzburg die inne- legenheiten Deutschlands nicht in offensiver Weise besprochen ien, die preußische Regierung sehr befriedigt hätten. Unter eine, als ob er dies mit der Unschuld eines Kindes glaube, Graf Bismarck mit einer Art Ironie, daß ein solches das einzig mögliche sei, da die Nord- und Süddeutschen en ganz unter sich abmachen, jene auf diese nicht den Druck ausüben, ihren nationalen Wünschen aber stets enken werden. „Die Aufnahme, welche jene Nachrichten ssetzungen (über die Salzburger Besprechungen) in ganz d fanden, hat von neuem gezeigt, wie wenig das deutsche efühl den Gedanken erträgt, die Entwicklung der Ange- der deutschen Nation unter die Vormundschaft fremder g gestellt oder nach anderen Rücksichten geleitet zu sehen, den durch die nationalen Interessen Deutschlands gebotenen. es uns von Anfang zur Aufgabe gemacht, den Strom alen Entwicklung Deutschlands in ein Bett zu leiten, in nicht zerstörend, sondern befruchtend wirke. Wir haben ieden, was die nationale Bewegung überstürzen könnte, nicht aufzuregen, sondern zu beruhigen gesucht. Dies wird uns, wie wir hoffen dürfen, gelingen, wenn auch rtigen Mächten mit gleicher Sorgfalt alles vermieden bei dem deutschen Volke eine Beunruhigung hinsichtlich lane, deren Gegenstand es sein könnte, und in Folge gerechte Erregung des Gefühls nationaler Würde und

Unabhängigkeit hervorrufen könnte. Wir werden dieser Halt (keinen moralischen Druck auf die Entschließungen der südd schen Regierungen zu üben) auch ferner treu bleiben. nordbeutsche Bund wird jedem Bedürfnisse der süddeutschen gierungen nach Erweiterung und Befestigung der nation Beziehungen zwischen dem Süden und dem Norden Deutschl auch in Zukunft bereitwillig entgegenkommen, aber wir werden Bestimmung des Maßes, welches die gegenseitige Annäherung i zuhalten hat, jederzeit der freien Entschließung unserer süddeut Verbündeten überlassen."

Dies war freilich eine andere Sprache als jenes Versteck spielen des Herrn von Dalwigk. In Paris merkte man recht n wie die eigentliche Adresse des Rundschreibens laute. Alle Jour beschäftigten sich mit demselben. Die officiöse France fragte, denn Frankreich dieser Einigung Deutschlands nicht Einhalt müsse oder wenigstens eine Entschädigung verlange. Die Pr rief aus: „Wagt den Main zu überschreiten und wir werden seh Die Opinion nationale hielt eine solche Verspottung Fr reichs für unerträglich und forderte den Krieg. Die Situat tröstete sich nur damit, daß Preußen „am Vorabend von Jena ste Die Debats waren vernünftig genug, die Sache auf den einfa Satz zurückzuführen: „Mahomet kommt nicht zum Berg, sonder Berg kommt zu Mahomet" und sich in dieses Zusammenfinden Nord- und Süddeutschland mit philosophischem Bewußtsein schicken. Von den englischen Blättern äußerte Daily Ne „Seit dem Prager Frieden ist nichts aus dem preußischen Kal hervorgegangen, das mehr einer Großmacht würdig gewesen r die ruhig dasteht in dem Bewußtsein ihrer Stärke und ebens entfernt ist, zu beleidigen als sich beleidigen zu lassen. Das R schreiben hat den doppelten Vorzug entschlossener Freimüthigkeit stolzer Zurückhaltung, aber die Freimüthigkeit ist höflich und r bedacht und die Zurückhaltung ist frei von Dunkelheit. Die Sp Bismarcks erscheint zahm gegen die Reden badischer Abgeordn aber in ihrer Zurückhaltung liegt die Beredsamkeit des unerschi lichen Entschlusses." Auch die italienischen Blätter nahmen ! davon. Die Turiner Zeitung sagte: „Nie, seit Napoleon I., man in Europa eine solche Sprache, doch mit dem Unterschied, die Sprache, deren sich der große Eroberer bediente, wie U stimmung der Völker klang, während die des Hauptes der preußischen Regierung den Grundsätzen der Nationalität Ausdruck verleiht und früher oder später das größte aller Güter, die Freiheit, in Aussicht stellt. Die Mailänder Perseveranza kam zu folgendem Geständniß: „Deutschland konstituirt sich ungleich kräftiger als Italien. Die Einheit verursacht dort weit nicht soviel Gejammer und Geschrei wie bei uns. Die Unabhängigkeit des deutschen Geistes vom französischen wird hinreichen, Deutschland von jener furchtbar raschen Centralisation auf dem Gebiet der Gesetzgebung und Verwaltung zu bewahren, welche uns durch die Abhängigkeit unsres Geistes vom französischen aufgenöthigt wurde. Auch ist dort die radikale Partei erzogen und beseitigt worden, man hat nicht ihre Hilfe gebraucht und verlangt, wie dies bei uns der Fall war. Die konservativen Elemente sind so noch in frischer Kraft vorhanden, und bevor sie verbraucht sind, wird der Staat fertig und für alle Dauer gegründet."

Zu seiner dauernden Gründung geschah alles, was geschehen konnte. Die Verbindung, welche Preußen mit seinen norddeutschen Verbündeten geschlossen hatte, wurde von Monat zu Monat enger, die gemeinsamen Einrichtungen wurden es immer mehr. Vom 1. Juli an übernahm Preußen das Postwesen aller derjenigen Staaten, in welchen bisher der Fürst von Thurn und Taxis dasselbe als Monopol gehabt hatte. Das Monopol wurde gegen Entschädigung vertragsmäßig aufgehoben. Mit sämtlichen kleineren Bundesstaaten schloß es im August und September Militärkonventionen ab, wonach jene theils von der Stellung eines eigenen Kontingents ganz absehen und ihre militärische Bundesleistung einfach Preußen übertragen, theils, wie die sieben thüringischen Staaten, ihre besonderen Kontingente als Bestandtheile des norddeutschen Bundesheeres aufrecht erhalten, dabei aber die vollständige Verschmelzung ihrer Kontingente mit den preußischen Truppen annehmen und dem König von Preußen die Ernennung sämtlicher Offiziere überlassen. Bis zum 1. Oktober waren all diese neuen Militärorganisationen fertig, und die norddeutschen Truppen hatten an diesem Tage dem König von Preußen den Fahneneid zu schwören. Den Zuwachs an Truppen, welchen Preußen durch die neuen Aushebungen in den annektirten Provinzen und den Kleinstaaten des norddeutschen Bundes in diesem Jahre erhalten hat, schätzt man auf 170,000 oder 180,000 Mann, welche sofort zum Ausrücken reit sind. Auch eine Art Civilkonvention, wonach die Verwalt des Fürstenthums Waldeck=Pyrmont, vorerst auf die Dauer 10 Jahren, an Preußen übergehen sollte, wurde in dem Vert vom 18. Juli mit dem Fürsten jenes Ländchens geschlossen. neue Verwaltung sollte am 1. Januar 1868 beginnen, begann a thatsächlich am 1. Oktober 1867.

Die Eröffnung des norddeutschen Reichstags, welcher auf Gr der neuen Verfassung am 31. August neu gewählt wurde, gab laß zu weiteren Erklärungen. Weitaus die bedeutendste unter Wahlen war die im zweiten schleswig'schen Wahldistrikt Flensb Apenrade. Hier hatten die Dänen bei der Reichstagswahl 12. Februar den dänischen Landmann Ahlmann durchgesetzt. ihre Behauptung hin, daß das Dänenthum südlich bis Flensb reiche, und daß die Abtretung bis dahin sich erstrecken müsse, es nun, ihnen in offener Wahlschlacht zu zeigen, daß hier Deutschen die Mehrzahl haben. Der frühere Sieg war bloß d die Uneinigkeit der Deutschen errungen worden, wovon die ei einen preußisch gesinnten, die anderen einen augustenburgischen K didaten aufgestellt hatten, während die Dänen fest zusammenhiel Es wurden daher die Schleswiger an ihre nationale Pflicht erin und das Beispiel der Provinz Posen ihnen vorgehalten, wo ei polnischen Kandidaten gegenüber die liberale und die Regierun partei der Deutschen ihre Streitigkeiten ruhen lassen und als einzige deutsche Partei auch nur einen Kandidaten aufstellen. Schleswiger nahmen sich das gute Beispiel zu Herzen und se mit einer Mehrheit von beinahe 1000 Stimmen die Wahl deutschen Kandidaten, Regierungsrath Kraus, gegen Ahlmann d

Die Thronrede vom 10. September war mehr eine gesch liche als eine politische zu nennen. Kein Wort über auswär Angelegenheiten, aber der Ausdruck der Genugthuung, daß die V fassung des norddeutschen Bundes auf verfassungsmäßigem W in allen Bundesstaaten Gesetz geworden sei. Mehrere Gesetzentwi hauptsächlich materiellen, auf den Verkehr des bürgerlichen Le bezüglichen Inhalts (Freizügigkeit, Paßwesen, Maß= und Gewic ordnung, Postwesen, Errichtung von Bundeskonsulaten) wurden Reichstag zur Berathung angekündigt. Obenan stand die Aufforder zur Gutheißung eines wichtigen Schrittes für die „Ordnung der no

Beziehungen des Bundes zu den süddeutschen Staaten", zu Genehmigung des neuen Zollvereinsvertrags, woraus das Zoll-ament hervorgehen sollte.

Hatte der König nach dem Rundschreiben vom 7. September Grund, schon nach drei Tagen sich aufs neue über die Ent-lung der deutschen Verhältnisse zu äußern, so lag viel daran, der Reichstag das Votum von 30 Millionen Deutscher in die Schale lege, seinerseits gleichfalls eine Antwort auf Salzburg die französischen Anmaßungen gebe und dadurch das innige vernehmen zwischen Reichstag und Bundesregierung in dieser konstatire. In der Antwortsadresse, welche in der Sitzung 24. Sept. mit 157 gegen 58 Stimmen angenommen wurde, der Reichstag: „Wir unsererseits dürfen das große Werk für vollendet erachten, wenn der Eintritt der süddeutschen in den Bund auf Grund des Artikels 79 der Verfassung deutschen Bundes erfolgt sein wird. Mit Freuden be-wir deßhalb jede Maßregel Eurer Majestät, welche uns die-Ziele in freier Vereinbarung aller Theile näher führt. widerstehliche Macht nationaler Zusammengehörigkeit und die aller materiellen und geistigen Interessen schließt jeden auf dem betretenen Wege aus. Das deutsche Volk, von Wunsche beseelt, mit allen Völkern in Frieden zu leben, hat Verlangen, seine eigenen Angelegenheiten in voller Unab-keit zu ordnen. Entschlossen, jeden Versuch fremder Ein-in ruhigem Selbstvertrauen zurückzuweisen, wird Deutsch-dieses unbestreitbare Recht unter allen Umständen zur that-Geltung bringen."

Die Angriffe, welche die Adresse von demokratischer und par-scher Seite erfuhr, gaben dem Grafen Bismarck Gelegen-seinen nationaldeutschen Standpunkt nach mancher Seite hin zu beleuchten. Derselbe stand dem Reichstag zum ersten-in seiner neuen Würde als Bundeskanzler gegenüber, welche ihm der König durch Erlaß vom 1. Juli verliehen Auf die Bemerkung des Leipziger Abgeordneten Bebel, daß immer nur von Errungenschaften rede, nie von den Ver-von Luxemburg und Nordschleswig kein Wort spreche, ent-Graf Bismarck, daß „nach der Auflösung des deutschen Bun-gegen den Willen des Landessouveräns kein zweifelloses Recht mehr auf die Besatzung in Luxemburg gehabt habe, wenig wie es ein solches ohne einen neuen Vertrag mit dem Gr herzog von Hessen in Mainz gehabt hätte oder in Widerspruch dem Großherzog von Baden in Rastadt ausüben könnte." Mit letzteren Beispiel war klar genug gesagt, daß eine preußische satzung in Rastadt nur eine Verständigung mit der badischen gierung bedürfe, und daß keine andere, zumal nicht eine auswärt darein zu reden haben würde. Ueber Nordschleswig bemerkte „die Schwierigkeit liege darin, daß mit den Dänen auch Deut wieder an Dänemank kommen werden. Wenn sich alle Dänen einem Fleck versammelt befänden, so würde es eine sehr thöri Politik sein, wenn man der Sache nicht durch einen kurzen St ein Ende machte. Doch wäre Preußen in manche Lage nicht kommen, wenn die Haltung der Schleswig-Holsteiner selbst r eine solche gewesen wäre, daß sie aus Partikularismus verge hätten, daß sie Deutsche seien." Auf die Frage eines hessis Abgeordneten, wie es denn mit jener Aeußerung des Herrn Dalwigk stehe, daß er, wenn er den Eintritt des ganzen Gr herzogthums Hessen in den norddeutschen Bund betriebe, der p ßischen Regierung jetzt nur Verlegenheiten bereiten würde, erwid Graf Bismarck, „er habe dem hessischen Minister mit keinem W Anlaß zu dieser Aeußerung gegeben." Damit war angedeutet, dem Eintritt auch eines einzelnen süddeutschen Staates von p ßischer Seite nichts im Wege stehe, wie dies auch im Artikel der norddeutschen Bundesverfassung ausdrücklich bestimmt ist. U die Adresse selbst sagte der Bundeskanzler: „Wir sehen sie nich an, als ob sie die Regierungen zu einer rascheren Aktion, als selbst für räthlich halten, drängen wolle. Unser Standpunkt is dem Rundschreiben vom 7. Sept. dargelegt. Aus diesem St punkt hervorzutreten, sind wir nicht gesonnen. Aber wir sind überzeugt, daß, wenn die deutsche Nation, Süden und Norden, Einheit wollen, keine deutsche Regierung, kein deutscher Staatsm stark genug, kein deutscher Staatsmann muthig oder, ich m vielmehr sagen, kleinmüthig genug sein wird, um dies hinder wollen."

Die Adresse des Reichstags wurde dem König am 3. Okt auf der Burg Hohenzollern, welche, aufs glänzendste restaurirt, diesem Tage eingeweiht wurde, vom Präsidenten Simson überre

König von Preußen hatte mit seiner Gemahlin und dem Kron-
zen einige Tage auf der reizenden Besitzung seines Schwieger-
ers, des Großherzogs von Baden, auf der Insel Mainau zuge-
ht und dort am 1. Oktober den Besuch des württembergischen
Königspaares empfangen. Zur Erwiderung dieses Besuches fuhren
preußischen Majestäten am Vormittag des 2. Oktober nach Friedrichshafen, und von da reisten sie Nachmittags nach ihrer Stammburg
Hohenzollern ab. Unterwegs wurden sie bei der Durchfahrt durch
...ingen mit Böllerschüssen und von der zahlreich versammelten
...schaft mit lautem Hochrufen empfangen, auch in dem mehr
...chen Tübingen dem König und dem Kronprinzen von dem
...chen Publikum ein mehrmaliges Hoch ausgebracht. Präsident
... begleitete die Uebergabe der Adresse mit folgender An-
rede: „Diese Stätte weist auf den ersten Anfang des preußischen
...hauses hin; von diesem Felsen aus trug ein Geschlecht großer
... die Segnungen seiner Regierung nordwärts bis an die bei-
... Meere; dort erblühte unter ihrem Scepter aus Ruinen neues
..., dort wurde der Grund des neuen deutschen Staates gelegt,
... man bringt heute in diese edlen Räume die Stimme von
... Millionen Deutscher, eines verfassungsmäßig zu einem Staats-
... vereinigten Volkes.“ Nach dreitägigem Aufenthalt reiste der
..., die Königin und der Kronprinz von Preußen am 6. Okt.
... Augsburg, wohin König Ludwig II. von Baiern zur Be-
...ung herbeieilte, nach Nürnberg und am folgenden Tage von
... nach Weimar und später nach Berlin zurück.

Dies war keine Salzburger Reise. Fürsten und Volk in Süddeutschland kamen dem mächtigsten deutschen König mit freudigem
... entgegen. Wenn auch die nationale Einigung mit dem
...tschen Bund noch nicht von allen Seiten gefordert wird, so
... Süddeutschland durch die Allianz- und Zollvereinsverträge mit
...lichen Banden an jenen Bund geknüpft und entschlossen, im
... mit dem Norden jedem Versuch fremder Einmischung als
einiges Volk entgegenzutreten. Es war nun eben damals die
... Süddeutschlands, seine Stimme für diese Verträge, welche
... einzelnen Landtagen zur Annahme vorzulegen waren, zu er-
... In diesem Sinne, aber auch im Sinne der Reichstags-
... waren die sieben Resolutionen abgefaßt, welche etwa 50
...ge, die Einigung Deutschlands anstrebende Männer aus den

vier süddeutschen Staaten am 4. August bei einer Zusammenkı in Stuttgart beriethen und annahmen. In dem Programm di Versammlung wurde die Wiedervereinigung der süddeutschen St ten mit Norddeutschland als die unentbehrliche Lebensbedingung deutschen Volkes bezeichnet, jede fremde Einmischung in seine Sel gestaltung zurückgewiesen, die Schutz- und Trutzbündnisse mit Pr ßen und dem norddeutschen Bund als erster Schritt zur Schaffı einer nationalen Armee und zur Sicherung der politischen Ein gegen außen gutgeheißen, die Zolleinigung als die nothwendige form der bisher höchst unvollkommenen Zollvereinsverfassung freu begrüßt, der Wunsch nach weiterer Theilnahme an den durch norddeutsche Bundesverfassung gewährten Rechten ausgesprochen auf die bevorstehenden Wahlen zum Zollparlament als in die Geiste zu vollziehende hingewiesen. An diese Versammlung sch sich die Landesversammlung der deutschen Partei in Württemb an, welche am 27. Sept. gleichfalls in Stuttgart tagte und au speciell württembergischen Dingen obige Resolutionen in ihre träge aufnahm.

Die Frage über die Annahme der Verträge mit Preußen h den ganzen Oktober hindurch Süddeutschland in Athem. In He war der Zollvereinsvertrag schon am 17. August von der zwei Kammer mit 31 gegen 5 Stimmen und darauf auch von der er Kammer genehmigt worden. In Baiern, wo der Verfassung gem das Schutz- und Trutzbündniß mit Preußen der Zustimmung Landtags nicht bedurfte, wurden die beiden Kammern auf den September einberufen. Viele Abgeordnete hatten in ihren Wa bezirken Versammlungen im Sinne des Stuttgarter Programms halten. Als einer der eifrigsten Vertheidiger desselben und als ei der populärsten Redner galt Dr. Völk von Augsburg, welcher dieser Stadt in einer Versammlung der Fortschrittspartei am Oktober den Anschluß an den Norden empfahl. „Ich weiß, man der norddeutschen Bundesverfassung den Vorwurf des Mang freiheitlicher Entwicklung und der Tödtung partikularer Eigenthü lichkeiten macht. Sie ist auch wahrlich kein Ideal, sie hat der Fel sehr viele; aber sie ist der Anfang eines großen Lebens der deutsd Nation, und wenn wir eine Probe darüber machen wollen, n sie werth ist, so fragen wir bei den Fremden an, dort an Themse und an der Seine, namentlich in Frankreich, wo der lüste

…ist. Dort werden wir erfahren, was die norddeutsche Ver…
…und der norddeutsche Bund werth ist, wenn wir finden,
…n sich fürchtet Angesichts des Zusammenschließens von 30
…en Deutscher. Wer dabei nicht ein freudiges Zucken im
…Herzen empfindet, der ist nicht werth, ein Deutscher zu sein."
…o offenherzig wie Herr Völk konnte sich der Präsident des
…en Ministeriums, Fürst Hohenlohe, nicht auslassen. Er hatte
…len Seiten hin Rücksichten zu nehmen und sollte die Kunst
…t, das Schifflein vorwärts zu bringen, ohne daß die Passagiere
…ten. Seine schlimmsten Feinde sind die Feudalen und Ultra…
…en, welche im Reichsrath ihr Lager aufgeschlagen haben und
…genblick erlauern, wo sie den Minister stürzen und seine Stelle
…en können. Diesen Leuten war der vorige Bundestag noch
…liberal, viel zu centralisirend, und nun sollten sie an dem
…tichen Bund, welcher vor mittelstaatlichem und reichsräth…
…Partikularismus so wenig Respekt zeigt, Geschmack finden.
…ach Preußen, sondern nach Oestreich war ihr Blick gewendet,
…lcher Richtung die bairische Politik sich sobald nicht wird
…en können. Erst die neuesten Enthüllungen des östreichischen
…s gaben Belege hiezu. Es wird darin ein Brief des
…n von Beust veröffentlicht, welchen derselbe am 19. April
…östreichischen Gesandten in Berlin, Graf Wimpffen, über die
…des Grafen Taufkirchen geschrieben hat. Diesen Diplomaten
…Fürst Hohenlohe im April, zur Zeit der Luxemburger Frage,
…rlin und Wien, um zwischen Preußen und Oestreich eine
…anzubahnen und Süddeutschland in ein intimeres Verhält…
…Oestreich zu bringen. Nach der Darstellung des Herrn von
…abe sich Graf Bismarck sehr günstig über eine enge Allianz
…s mit Oestreich ausgesprochen und den Grafen Taufkirchen
…gt, in Wien Anerbietungen zu machen. Dieser habe von
…rantie der deutsch-östreichischen Provinzen, von einer völker…
…n Allianz Oestreichs mit Nord- und Süddeutschland als
…Uebergang zu bleibenden, engeren Vertragsverhältnissen ge…
…, welche, für Oestreich wie für Deutschland gleich vortheil…
…en früheren Staatenbund ersetzen könnten. Da aber der
…Unterhändler zu festen Anerbietungen nicht ermächtigt war
…e greifbaren Vortheile für Oestreich mitbrachte, so habe
…r Beust den Allianzantrag abgelehnt. Denn er habe sich

sagen müssen, daß durch dieses Bündniß Oestreich in einen Kr mit Frankreich verwickelt werden könnte, im Fall einer Niederl dessen Rache zu fürchten hätte, im Fall eines Sieges von dem v bündeten Preußen doch nichts als einen schönen Dank bekäme, e Aussicht, welche doch nicht so lockend sei, daß nicht strenge Neut lität für Oestreich sich als das zweckmäßigste empfehle. Da a auch Frankreichs Anerbietungen damals zurückgewiesen wurden, war man damals in Paris mit der östreichischen Politik n zufrieden, wohl auch nicht mit der Veröffentlichung dieser V handlungen.

Damit war für den Fürsten Hohenlohe angezeigt, daß die V mittlerrolle, welche auch die Fröbel'sche „Süddeutsche Presse" bairischen Politik aufdringen möchte, nicht immer Rosen brin Er hielt es daher für gerathen, am 8. Oktober, als er der Ab ordnetenkammer den Zollvereinsvertrag vorlegte, sich über die Richt der bairischen Politik näher auszusprechen. Nachdem er die v schiedenen Möglichkeiten, welche für die Allianzbedürfnisse Baie und ganz Süddeutschlands in Frage kommen, angeführt und leuchtet hatte, sagte er: „Wir wollen nicht den Eintritt Baierns den norddeutschen Bund, kein Verfassungsbündniß der süddeutsc Staaten unter der Führung Oestreichs, keinen südwestdeutschen Bund staat, der für sich abgeschlossen wäre oder sich gar an eine ni deutsche Macht anlehnte, wir wollen ebensowenig eine Großmac politik und glauben nicht, daß Baiern in einer Vermittlerrolle Endziel seiner Politik zu suchen hat. Das ist es, was wir ni wollen. Was wir aber wollen, und was wir auch ferner streben werden, ist die nationale Verbindung der süddeutschen Staa mit dem norddeutschen Bunde und damit die Einigung des Zeit getrennten Deutschlands in der Form eines Staatenbun Es wäre weder korrekt noch zweckmäßig noch in friedlicher W durchführbar, daß einzelne Staaten südlich des Mains mit N deutschland in nähere Verbindung träten. Das nationale Ba das zwischen uns und dem norddeutschen Bund geschaffen wer soll (dieser Staatenbund zwischen dem norddeutschen Bund und süddeutschen Staaten unter dem Präsidium Preußens und d Allianz mit Oestreich), muß den ganzen Süden umfassen. N in dieser Form ist es zuläßig und zur Zeit erreichbar."

Dieses neue Programm, welches dem vom 19. Januar

… ist, ließ in seinen negativen Theilen an Klarheit nichts zu … übrig, um so mehr aber in seinen positiven. Denn unter … „Staatenbund“ werden wenige sich etwas Praktisches denken …, davon gar nicht zu reden, daß damit schwerlich das na… … Ziel Deutschlands bezeichnet ist. Daher haben vielleicht die… … Recht, welche sagen, Fürst Hohenlohe sei im Grund mit … nationalen Forderung einverstanden; da er aber auf die vielen … Stellung bedrohenden Widerstandskräfte Rücksicht nehmen … müssen glaube, so sei er genöthigt, sein politisches Programm … mystischen Halbdunkel zu verhüllen. Die Behauptung, … der Eintritt eines einzelnen süddeutschen Staates in den nord… … Bund unzuläßig sei, erschien für Solche sehr auffallend, … den Artikel 79 der Bundesverfassung, die badische Thron… … das Rundschreiben Bismarcks und die Adresse des Reichstags … hatten. Bedenklicher aber war die Nachricht, daß die bairische … der Reichsräthe, durch die Niederlagen von 1866 noch nicht …, als könnte sie dadurch Rache dafür nehmen, den Zollver… … werfen wolle und auf den Austritt Baierns aus dem Zoll… … hinarbeite. Und aus Stuttgart mußte man sogar hören, … der Kommission der Abgeordnetenkammer die eine Hälfte … Annahme, die andere die Verwerfung des Zollvereinsvertrages … , daß dagegen das Schutz- und Trutzbündniß mit … in ernstlicher Gefahr sei, da die Kommission mit 5 gegen … Stimmen beschlossen habe, den Antrag zu stellen, demselben die ver… … mäßige Zustimmung zu versagen. Alles schien hier aus den … zu wollen. Man glaubte Salzburg näher zu sein als je.

Schon am 8. Oktober, als der norddeutsche Reichstag die Zoll… … verträge zu berathen hatte, deutete der Abgeordnete Braun … hin, daß, falls in Württemberg das Schutz- und Trutzbünd… … der Kammer verworfen werde, der Reichstag sich veranlaßt … könnte, bei der erst später erfolgenden Schlußberathung der … des Zollvereins mit Württemberg nicht zuzustimmen. …, sagte er, „wenn sie nicht mit uns zusammenhalten wollen zu … und Trutz, so fühlen wir uns auch nicht veranlaßt, mit ihnen … zu halten in Handel und Wandel. Ohne den Schutz … Wehrkraft nach außen kann Handel und Wandel nicht aufblühen, … der nächsten Zukunft nicht sicher sind.“ Bei der Schlußbe… … am 26. Oktober, an welchem Tage Nachmittags der Reichs…

tag geschlossen wurde, stellte Braun den von 125 Mitgliedern unt stützten Antrag, daß der Reichstag nur denjenigen süddeutschen Staa gegenüber die Zollvereinsverträge genehmigen wolle, welche Rechtsverbindlichkeit der Allianzverträge nicht in Frage stellen. G Bismarck erklärte sich mit diesem Antrag einverstanden, zweife aber nicht daran, daß die Allianzverträge ehrlich gehalten werd da die Ratifikationen von den süddeutschen Fürsten uneingeschrä und ohne Klausel erfolgt seien und diese Fürsten sich gewiß jeder Z zu ihren Worten bekennen werden. Auch fügte er hinzu, daß m doch ja nicht glauben solle, „diese Verträge seien für den Sü nur eine Last, eine Pflicht zur Heeresfolge, nur für den Nor ein Nutzen. Die Pflicht der Heeresfolge liege ja auch dem Nor ob. Der Süden, wenn er in Händel verwickelt werde, erhalte v dem Norden eine weit bessere Unterstützung, als er selbst zu bie vermöge. Es sei keine Kleinigkeit, in Zeitläuften, wie sie jetzt Europa seien, wo das Schwert unter Umständen hart in die W schale fallen könne, wenn da ein kleiner, an sich europäisch n wehrfähiger Staat auf die fast unbegrenzte Ziffer von Bajonet sich berufen könne, welche der norddeutsche Bund ihm zur Seite stel Der Antrag Brauns wurde mit 177 gegen 26 Stimmen angeno men. Zugleich ertheilte die preußische Regierung ihren Gesand in Baiern und Württemberg den Auftrag, „die Zollvereinsvertr von 1865 am 31. Oktober zu kündigen, wenn bis dahin der n Zollvereinsvertrag vom 8. Juli 1867 in München nicht sicher gest und nicht jeder Zweifel an der Aufrechthaltung des von der wü tembergischen Regierung geschlossenen und von dem König v Württemberg ohne allen Vorbehalt ratificirten Bündnisses vom August 1866 beseitigt werde."

Nirgends stimmte man mit den Anschauungen des norddeutsc Reichstags so sehr überein als in Karlsruhe. Um so weniger ge dort das Programm des Fürsten von Hohenlohe. Daher richtete der zweiten Kammer der Abgeordnete Wundt am 14. Oktober e Interpellation an die Regierung, ob politische Verhandlungen zwisc den süddeutschen Regierungen über ihr Verhältniß zum norddeutsc Bund stattgefunden, ob bei denselben eine Verbindung jener diesem in der Form eines Staatenbundes und gleichzeitige Alli jener Staaten mit Oestreich beabsichtigt sei, und ob die Behaupt Hohenlohes, daß der Eintritt eines einzelnen süddeutschen Sta

...norddeutschen Bund unausführbar sei, auf bestimmte, aus ...atischen Verhandlungen hervorgegangene Gründe sich stütze. ...Minister des Auswärtigen, Herr von Freydorf, antwortete, daß ...gs, in Folge einer Note des Fürsten von Hohenlohe vom ..., Verhandlungen zwischen den süddeutschen Staaten über ...g eines weiteren Bundes mit dem norddeutschen Bund statt...n haben, daß man sich bis jetzt wohl über Einleitung von ...lungen mit dem norddeutschen Bund und über die Idee ...weiteren Bundes, aber noch nicht über die Grundlagen der ...ung dieses Bundes verständigt habe. Für das Verhältniß ...weiteren Bundes zu Oestreich sei die Stellung maßgebend, ...Preußen und der norddeutsche Bund zu Oestreich einnehmen ...zunehmen gedenken, daher sich die Regierung über diesen ...uch gar nicht geäußert habe. Ueber den Eintritt eines ein...süddeutschen Staates in den norddeutschen Bund habe Fürst ...he nicht weiter als seine persönliche Ueberzeugung aussprechen ...welche wohl auf einer besonderen Auslegung des Artikels IV ...ger Friedens und auf allgemeinen politischen Anschauungen ...e Lage der Dinge in Mitteleuropa, aber nicht auf irgend ...politischen Verhandlungen, diplomatischen Aktenstücken und ...ngen betheiligter oder fremder Mächte beruhe. Die badische ...ng habe hierüber eine andere Ansicht; sie suche die nationale ...g des Landes mit dem Norden anzubahnen, werde sich je...glich schätzen, wenn diese Einigung in Gemeinschaft mit den ...deutschen Nachbarstaaten erfolgen könne.

...ese Berathung wurde in der Sitzung vom 18. Oktober, in ...der Allianzvertrag mit Preußen auf der Tagesordnung stand, ...t. Herr von Freydorf erklärte, „daß, falls der weitere Bund ...Nord- und Süddeutschland zu Stande käme, das deutsche ...n in einem gemeinsamen Parlament, nicht in den acht ...n der süddeutschen Staaten seine nationale Vertretung er...ime. Die badische Regierung habe den übrigen süddeutschen ... diesen Vorschlag gemacht und hoffe damit durchzubringen. ...teres Projekt könne der norddeutsche Bund gar nicht an... Man werde demselben doch nicht zumuthen wollen, daß ...gesetzgeberischen Arbeiten von den acht süddeutschen Kam...hängig machen solle.“ Der Allianzvertrag wurde mit allen ...n gegen die des ultramontanen Abgeordneten Lindau ge...

nehmigt und am 19. Oktober der Zollvereinsvertrag einstimmig a genommen, worauf die erste Kammer am 23. Oktober beiden V trägen ihre Zustimmung gab.

Auch in der bairischen Abgeordnetenkammer, welche am und 22. Oktober über den Zollvereinsvertrag debattirte, zeigte eine günstige Stimmung. Zwar meinte der ultramontane Dr. S land, Bibliothekar in Würzburg, der vorliegende Vertrag sei dritte Glied in der Sklavenkette, durch welche Baiern an Preu geschlossen werden solle. Eine Kündigung des Zollvereins sei n zu fürchten, und wenn je, so werde man es in Baiern auch o denselben aushalten können; die Leute hätten sich doch auch g wohl befunden, als der deutsche Zollverein noch gar nicht bestan habe. Und Ministerialrath Dr. Weis sagte nicht minder naiv, immense Majorität des Landes wolle nichts von einer Unterordn Baierns unter Preußen wissen, nur eine winzig kleine Anzahl n dazu hin, und diesem allgemeinen Gefühle des bairischen Vo werde Preußen, auf ein Votum dieses Hauses hin, gewiß Rechn tragen und günstigere Bedingungen stellen. Aber solche Stimn waren denn doch sehr vereinzelt. Dr. Barth entgegnete ihnen, w Baiern jetzt Nein sage, so werde es die nächsten sechs Monate den Tag hineinleben, und dann werde es wiederkommen und bit „Um Gotteswillen laßt uns doch wieder in den Zollverein hinei Der Abgeordnete Brater sprach mit Entrüstung von einer französis Partei in Baiern, deren Fahne nicht bloß von den Ultramonta sondern in den einflußreichsten Kreisen mit schamloser Offen aufgesteckt worden sei. Die Ideen des ersten Napoleonischen Kai reiches seien noch in sehr vielen Kreisen lebendig. Um so dringe sei eine rasche Einigung mit dem Norden, damit es jener va landsverrätherischen Partei, selbst wenn sie ans Ruder des M steriums käme, nie mehr gelinge, ihre Rheinbundtendenzen verwirklichen.

Mit 117 gegen 17 Stimmen wurde am 22. Oktober der Z vereinsvertrag von der Abgeordnetenkammer genehmigt, worauf allen Theilen des Landes von den Gemeindekollegien, den Hand und Gewerbekammern Dankadressen an das Abgeordnetenhaus lassen wurden, was mit der von Herrn Weis angeführten „imm sen Majorität“ nicht recht in Einklang zu bringen war. Günsti Aussichten hatte diese Partei in der Kammer der Reichsräthe, d mission mit 9 gegen 1 Stimme auf Ablehnung antrug. Und sagte man auch von diesen, daß es ihnen in dieser Sache selbst Ernst und nur darum zu thun sei, das ihnen verhaßte Ministerium Hohenlohe zu stürzen. Sei dieser Zweck erreicht, so würden wohl selbst wieder, durch die Macht der Umstände genöthigt, Strömung des Zollvereins zu erreichen suchen. Eine andere ge war freilich, ob sie mit ihrer Opposition ihren Zweck erten. Damit sie sich in dieser Beziehung nicht gar zu süßen nungen hingeben, that ihnen der König zu wissen, daß er, falls den Zollvereinsvertrag verwerfen, das Ministerium doch nicht sen werde. Am 26. Oktober fand die Reichsrathssitzung statt. Aufregung im Lande war ungeheuer; man mußte auf Unruhen den größeren Städten gefaßt sein, wenn eine Verwerfung erte. In München wurden militärische Vorsichtsmaßregeln gefen. Man sprach von einem Staatsstreich, von Aufhebung oder stens Purificirung der Reichsrathskammer, von der Unmöglich-, sich in den allerwichtigsten Angelegenheiten von ein paar end adeliger Herren ein Veto zurufen zu lassen, darunter von den, welche, wie der „Fränkische Kurier" schrieb, nicht einmal die der Reichsrathswürde vorgeschriebene Steuer mehr bezahlen ten, somit diese Würde gesetzmäßig verloren haben.

Eine Menge von Telegrammen war eingelaufen, alle des Ins, daß der Reichsrath das „nationale Unglück" einer Kündigung Zollvereins durch sein Votum abwenden solle. Es war wenig sicht dazu. Der Referent und zweite Präsident der Kammer, herr von Thüngen, welchen man schon als den Nachfolger lohes bezeichnete, sprach sich entschieden gegen den Vertrag und ergieng sich in hohen Worten über die Machtverhältnisse erns, welches stark genug sei, um sich nicht in fremdem Fahrser bewegen zu müssen. Freiherr von Zu-Rhein faßte die Kündigung des Zollvereins ganz ernsthaft ins Auge, sprach von anderen bewegen, welche dann Baiern suchen müsse, und glaubte diese, die Richtung der Donau eigens hierfür hergestellt sei, nirgends ter, nirgends zukunftsvoller zu finden als in dem Orient. dieses Wort ertönte und ein neuer Handelskreuzzug in die Länder Palmen und der Cedern in Aussicht stand, wurde es manchem lichen Ritter bange. Es fand daher der Vermittlungsantrag Fürsten von Löwenstein-Wertheim starken Anklang. Derselbe schlug vor, „die Kammer solle dem vorliegenden Vertrage ihre Z stimmung nur unter der ausdrücklichen Bedingung ertheilen, d das dem Staate Baiern in dem bisherigen Zollvereinsvertrag z stehende Recht der Zustimmung oder Verwerfung in allen das Zo wesen und die innere Besteurung betreffenden Fragen auch in d neuen Verträgen Ausdruck finde," das heißt, daß das unsinni von Preußen mit Recht verworfene liberum Veto für Baiern w nigstens wieder eingeführt werde. Von diesem Ausweg, welcher Selbständigkeit der bairischen „Nation" retten sollte, war al entzückt. Niemand fürchtete sich mehr vor Preußen. Man n entschlossen, wenn es sein müsse, noch einige weitere Verträge r Preußen einzugehen, natürlich nie ohne das liberum Veto. Sel Fürst Hohenlohe erklärte, daß er als Reichsrath kein Bedenken tra dem Antrag zuzustimmen, als Minister freilich noch keine binder Erklärung abgeben könne. Man wunderte sich über den ersten Th seiner Aeußerung, fand sich aber bald veranlaßt, über etwas ande sich zu wundern.

Denn soweit mußte sich doch Fürst Hohenlohe klar sein, d er sich nicht der Hoffnung hingab, Preußen werde in ein V Baierns willigen. Damit wäre ja die ganze handelspolitische R form wieder in Frage gestellt. Wenn er nun dennoch auf d Löwensteinschen Antrag eingieng, so glaubte jedermann den Zw des Manövers vollständig zu durchschauen, sobald er hörte, d noch am Abend des nämlichen 26. Oktobers Fürst Hohenlohe u Freiherr von Thüngen nach Berlin abgereist seien, um an Ort u Stelle wegen des Veto persönlich zu verhandeln. Der letztere kon ja nicht besser belehrt und bekehrt werden, als wenn er mit d Kabinet des Grafen Bismarck Bekanntschaft machte. Die bei Herren kamen am 27. Oktober in Berlin an und wurden Na mittags vom Grafen Bismarck empfangen, hatten am 28. Okto eine längere Audienz beim König im Beisein Bismarcks, wel vorher Vortrag gehabt, und reisten Abends nach München zur Ihre ganze Errungenschaft reducirte sich auf das Versprechen Grafen Bismarck, daß Preußen von dem durch § 12 ihm bewill ten Veto (welches den Fall betrifft, daß es sich für die besteh den Vorschriften und Einrichtungen ausspricht) nur dann Gebra machen werde, wenn durch die verlangten Abänderungen das G deihen oder die Einnahmen des Zollvereins gefährdet würden.

…n wurde ihnen in der höflichsten Form auf das bestimmteste …t, daß weder Baiern besonders noch den süddeutschen Staaten …men ein Veto zugestanden, daß überhaupt eine Modifikation …Landesverfassung nicht mehr zugelassen werden könne, und daß, … die Reichsrathskammer auf der Ablehnung des Vertrags be…, dieser sofort gekündigt werde, in Folge dessen sechs Monate …, vom 1. Mai an, Baiern vom Zollverein ausgeschlossen sei. …es kann bei einem etwaigen späteren Wiedereintreten noch sechs …men im Zollbundesrath erhalten hätte, ist sehr zu bezweifeln.

Aus den bedeutendsten Städten des Landes waren Deputatio…n München angekommen und besprachen sich am 30. Okt. mit … Fürsten Hohenlohe und dem Freiherrn von Thüngen. Das Abgeordnetenhaus, welches am 30. Okt. über den Reichsrathsbe…ß sich zu äußern hatte, beharrte ohne alle Debatte, mit allen …n 12 Stimmen, auf seinem Beschluß und fügte noch den Zusatz …, die Regierung möge dahin wirken, daß Preußen von seinem … nicht in einer den wirthschaftlichen Interessen Baierns nach…gen Weise Gebrauch mache. Nun kam alles auf die Reichs…sitzung vom 31. Okt. an, deren Resultat sich um so weniger …sagen ließ, als der Verfassung gemäß zur Annahme des Ver…s eine Majorität von zwei Drittheilen erforderlich war. Es …te einen starken Eindruck, als der Präsident erklärte, daß Telegramme eingelaufen seien, welche alle die Bitte enthielten, …die Kammer möchte dem Vertrage zustimmen, und daß sich Deputationen, welche er empfangen habe, in diesem Sinne aus…chen. Mit Rücksicht auf diese Kundgebungen und die An…ungen, welche er von Berlin mitgebracht hatte, beantragte Herr von Thüngen im Namen der Kommission (mit 9 gegen …imme) Zustimmung zu dem Beschluß des Abgeordnetenhauses. …bringe dem Frieden und der Eintracht seine Ueberzeugung zum …r." Mit 35 gegen 13 Stimmen wurde dieser Antrag ange…men. Zu den Verneinenden gehörten die zwei Bischöfe und der …hof und, was sehr auffiel, drei Prinzen des königlichen Hau… Fürwahr nicht deßwegen hatte der König den Prinzen sagen …n, sie möchten sich alle in der Sitzung einfinden!

So hatte das nationale Princip in dem größten Staate Süd…lands gesiegt. Aber jeder patriotisch gesinnte Mann mußte … die Frage vorlegen, ob dies ein gesunder, ein erträglicher Zustand sei, wenn ein Halbhundert Reichsräthe, die niemand als ih Stand repräsentiren, über so tiefwurzelnde Lebensinteressen des samten Staates mit kavaliermäßiger Elasticität sich hinwegsetzen durch die Majorität von ein paar Stimmen die sich bewegende G zum Stillstehen verurtheilen können. Denn wenn zu jenen Stimmen nur noch 4 hinzugekommen wären, so wären die z Drittheile nicht zu Stande gekommen und der Antrag verwo worden. Man knüpfte daran die Hoffnung, daß sich die Ein Bahn brechen werde, es sei Zeit, diese ersten Kammern in kleinen Staaten entweder geradezu aufzuheben oder wenigstens ih eine mehr volksthümliche Unterlage zu geben.

Mit diesem so mühevoll errungenen Sieg war auch der Ka in Württemberg entschieden. Nur lagen hier die Verhältn ganz anders. Nicht von der ersten, sondern von der zweiten Kam mußte man in Stuttgart eine Ablehnung fürchten und zwar in dem Grade für den Zollvereinsvertrag wie für das Schutz- Trutzbündniß vom 13. August 1866. Auch dieses hatte, wurd Württemberg behauptet, nur dann Geltung, wenn es von den K mern genehmigt war. Und doch war es, wie Graf Bismarc der Reichstagssitzung vom 26. Okt. bemerkt hatte, von König und seinen Ministern ohne allen Vorbehalt geschlossen und un zeichnet. Der König von Württemberg erklärte daher auch bei schiedenen Gelegenheiten seinen festen Entschluß, an den durch Vertrag übernommenen Verpflichtungen unter allen Umständen zuhalten. Von der Vertragstreue dieses Fürsten ließ sich ein so Wort erwarten. Eine Weigerung der Kammer hätte nichts and als eine Auflösung derselben, möglichenfalls eine mehrmalige Folge gehabt. Aber auch die Presse, der Schwäbische Merkur vo sprach sich entschieden für Annahme der Verträge aus, und in chem Sinne lauteten die vielen Adressen der Handels- und werbekammern und der Gemeindekollegien, vor allen der von S gart selbst. Die Verwerfung der Verträge wurde als ein verw nes Spiel mit der Wohlfahrt des Landes, als das Signal zu bodenlosen Verwirrung, zu einem Stillstand aller auf den deut Markt berechneten Unternehmungen, zu einem verderblichen S schlag auf den Kredit des Staates und der Privaten, zu e Sinken aller mobilen und immobilen Werthe bezeichnet.

Die Abgeordnetenkammer hatte am 29. Okt. über das S

bündniß oder den Allianzvertrag zu berathen. Dies war nämliche Tag, an welchem Fürst Hohenlohe und Freiherr von gen von Berlin zurückkamen. Daher wurde von den Gegnern Antrags der Antrag gestellt, die Debatte noch einige Tage zu schieben, bis man von dem neuen Beschlusse der bairischen Reichs- in Kenntniß gesetzt sei. Der Minister des Auswärtigen, Frei- von Varnbüler, mußte diese Partei darauf aufmerksam machen, der Würde dieses Hauses doch so wenig gezieme, seine Ver- ungen von den Beschlüssen der bairischen Reichsräthe abhängig machen. Der Antrag auf Vertagung wurde denn auch mit gegen 37 Stimmen abgelehnt. Sah man diese 37 Stimmen an, so waren es die Stimmen von Adeligen, Ultramontanen, Ra- und Mitgliedern der früheren Fortschrittspartei. Daß die ein „Schutz- und Trutzbündniß" mit den bairischen Reichs- eingehen und Hand in Hand mit diesen gegen den nord- Bund Sturm laufen wollten, war jedenfalls ein mehr in- tes als erquickliches Schauspiel. Die dreitägigen Verhand- über die beiden Verträge machten einen sehr ungünstigen druck, da der freie historische Blick bei den meisten Rednern ver- wurde und der schwäbische Partikularismus in einem gar zu Kreise sich bewegte und über die gewöhnlichen Phrasen nicht kam. Es hängt dies zwar einigermaßen mit dem schwäbi- Naturell zusammen, aber nur einigermaßen; denn Württem- hat bekanntlich manche „Landtage" aufzuweisen, welche die von ganz Deutschland auf sich gezogen haben. Diese Kam- war unter bundestäglichen Verhältnissen gewählt und konnte schlechterdings in die Folgen von Königgrätz nicht finden. Es wohl das Beste gewesen, sie gleich nach dem Friedensver- mit Preußen aufzulösen und eine andere wählen zu lassen. warnten andere und meinten, daß eine Neuwahl die Reihen Volks- oder „Beobachter"partei vielleicht noch verstärkt hätte. fallend war es jedenfalls, zu sehen, daß Männer, welche ihrer für die Einheit und Größe Deutschlands geschwärmt hatten, jetzt, wo ihr Traum der Verwirklichung so nahe war, von Deutschland sich abwandten, lieber den alten Barbarossa noch schlafen ließen, und zwar nur weil das neue Deutschland, den Ausschluß Oestreichs, nicht so groß war, als sie wünsch- und weil die Organisation desselben nicht vorher die Kommissions- und Kammersitzungen des württembergischen Abgeordnet hauses durchgemacht hatte. Es that einem für manchen Kämp mit dem man früher viele Sympathie gefühlt hatte, wehe, dem großen, erreichbaren Ganzen den Rücken kehren und mit rissenem Herzen dem unerreichbaren nachstreben zu sehen. . Caesar aut nihil! (entweder alles oder nichts) ist zwar ein schö großes Diktum. Aber wo ist dieser Cäsar, der mit Muth Geist dieses kurze Programm durchzuführen weiß? Am Nesenb scheint es, nicht. Man hat sich daher bei dieser Kammer j Wortes erinnert, welches König Ludwig XVIII von Frankreich der im Jahre 1815 neugewählten französischen Kammer gebra hat. Er nannte sie, weil er glaubte, eine solche sei unter damaligen Umständen nicht zu finden, la chambre introuvable.

Mit einer Mehrheit von 5 gegen 3 Stimmen beantragte Kommission, welche den Allianzvertrag zu berathen gehabt hatte, Verwerfung desselben und erklärte zugleich, daß zu seiner Anna verfassungsmäßig eine Mehrheit von zwei Drittheilen erforde sei, weil durch die Uebertragung des Oberbefehls an den König Preußen die Existenz Württembergs als eines selbständigen S tes aufgegeben, also eine Aenderung der Verfassung vorgeschl sei. Machte die Kammer diese Erklärung zu der ihrigen, so das Schicksal des Allianzvertrags entschieden; denn nach obiger stimmung zu schließen, ließ sich eine Majorität von zwei Drit len schlechterdings nicht herausbringen. Uebrigens ließ sich er ten, daß die Mehrzahl der Kammer diese Erklärung und den weis hiefür als unhaltbar ansehe und bezeichne.

Die heftigste Opposition führte der Abgeordnete Mohl, we in seiner Broschüre, „Mahnruf" betitelt, den Ruin Süddeutschl von der Annahme dieser Verträge ableitete. Es sei besser für sagte er, wenn Süddeutschland neutral bleibe, anstatt der Pri knabe für Preußen zu sein. Für Preußen sich zermalmen zu la das sei eine Zumuthung eines Ministers. Preußen habe Deu land zerrissen und zerstört. Er behaupte, daß wir gar keinen F haben als Preußen. Wir sollen unsere Lage erkennen, uns in europäischen Händel nicht mischen und uns bloß unserer Haut r ren, wenn wir angegriffen werden. Dazu bedürfe es nicht preußischen Militärsystems mit seinem Präsenzstande. Vor d Kündigung des Zollvereins fürchte er sich nicht, bemerke vieln wenn wir auch mit Baiern isolirt sein sollten, der Aufschwung er Industrie eben aus der Zeit des bairischen Zollverbands und in jetziger Zeit sich noch verfünffachen würde, wozu dann der Handelsanschluß an Oestreich komme. Es war für den der von Varnbüler, welcher, wie seine Kollegen vom Justiz- Kriegsministerium, Staatsrath von Mittnacht und General Wagner, aufs entschiedenste für den Vertrag einstand, ein te, solche Behauptungen aus dem Feld zu schlagen, den mili- ken Anschluß an Preußen als die einzige Möglichkeit hinzu- und an der Hand der Geschichte „der Staaten, deren Neu- it garantirt sei, wie Schweiz, Krakau, Belgien, neuerdings burg, zu zeigen, wie es wohl in gefahrvollen Zeiten denjeni- Kleinstaaten ergienge, deren Neutralität von niemand garantirt Darauf hatte schon der Schwäbische Merkur in einem treff- Artikel vom 24. Okt. hingewiesen, worin es hieß: „Ein neu- es Württemberg würde im Kriege der Schauplatz der Zer- g und Aussaugung, seine militärische Kraft würde der ge- Bundesgenosse des raschesten der Nachbarn, und das Land genden Frieden, wer auch der Sieger sei, das willkommenste ichungsobjekt werden. Würde Frankreich siegen, so wäre eutschland der Austausch für das linke Rheinufer; siegt en, so würde Württemberg, welches das Schutz- und Trutzbünd- erworfen hat, das Schicksal Hannovers theilen. Ist dem en Volke vor seiner völligen Einigung ein nationaler Krieg eten, so wolle ein gütiges Geschick wenigstens den Fluch ver- er Zeiten uns ersparen, daß deutsche Kraft im Dienste des ndes gegen das Vaterland kämpfen müsse! Dieses gütige ck ist sichtlich mit uns, wenn wir unsere nationale Pflicht und zu Deutschland stehen!"

In der Sitzung vom 30. Okt. wurde der Antrag der Minder- daß einfache Stimmenmehrheit zur Genehmigung ausreichend mit 53 gegen 37 und darauf der zweite Antrag, den Allianz- g zu genehmigen, mit 57 gegen 33 Stimmen angenommen. Die Annahme des Zollvereinsvertrags, welcher am 31. Okt. der Tagesordnung stand, bedurfte eine Mehrheit von zwei heilen. Die eine Hälfte der Kommission beantragte seine Ver- ng, die andere seine Annahme. Daß die bairischen Reichs- an eben diesem Tage ihn angenommen hatten, wurde unter

den Abgeordneten bekannt und veranlaßte mehrere derselben, v
einer weiteren Opposition abzustehen, da ja Württemberg sonst so
barmenswerth isolirt, als eine Oase in der Wüste oder vielle
auch als eine Wüste in der Oase dagestanden wäre. Minister v
Varnbüler führte in einer längeren Rede die Kammer in die G
nesis dieses Vertrags, schilderte seine persönlichen Verhandlun
mit der preußischen Regierung im August 1866 und im Juni 18
bezeichnete das Veto als etwas ganz Nutzloses, das man indes
gehabt habe, ohne jemals irgend einen wirksamen Gebrauch da
machen zu können, wie man dies am besten bei dem französisc
Handelsvertrag gesehen habe, sprach von der vernichtenden Isol
heit, in welche das württembergische Verkehrswesen durch neue Z
grenzen käme, und sagte dem Abgeordneten Mohl, daß er, so
es sich um einen Fortschritt in wirthschaftlichen Dingen handle,
eine merkwürdige Schwarzseherei verfalle. Nicht vom württem
gisch-bairischen Zollverband, sondern von dem im Jahre 1833
Preußen geschlossenen Zollvereinsvertrag datire der ungeheure A
schwung unserer Industrie. Und doch habe Mohl ebendamals
einer 42 Bogen langen Eingabe an den König Wilhelm von W
temberg auseinandergesetzt, daß das Land ruinirt sei, wenn der Z
vereinsvertrag mit Preußen ausgeführt werde.

Die Abgeordnetenkammer gieng von der Ansicht aus, daß H
Mohl im Jahre 1867 kein besserer Prophet sein werde als im J
1833, und beschloß mit einer Mehrheit von 73 gegen 16 Stim
die Annahme des Zollvereinsvertrags. Auch die erste Kammer
nehmigte in ihrer Sitzung vom 4. November die Verträge, ja z
Mitglieder derselben sprachen den Wunsch aus, daß „die Regier
die erforderlichen Einleitungen treffen möchte, um den mögl
baldigen Eintritt Württembergs in den norddeutschen Bund her
zuführen.“ Dieser Ausgang einer langen und schweren Krisis w
in Norddeutschland mit großer Freude als ein Sieg der nation
Sache und als eine gute Vorbedeutung für die weitere Entwickl
der deutschen Verhältnisse begrüßt und dabei den Königen
Württemberg und Baiern und der loyalen Haltung ihrer Re
rungen verdientes Lob gespendet.

Aber nicht bloß auf Süddeutschland waren zu Ende Okto
die Blicke der politischen Welt gerichtet; auch andere Ereignisse z
die Aufmerksamkeit auf sich. Zuerst begleitete man den Kaiser F

auf seiner Reise nach Paris, wo er am 23. Okt. ankam, nachdem er am 22. in Oos eine kurze Zusammenkunft mit dem König von Preußen und dem Großherzog von Baden gehabt hatte. Da ... von Beust und Graf Andrassy in seinem Gefolge waren, konnten diplomatische Verhandlungen nicht ausbleiben. Man sah ... auch in dieser Beziehung diese Reise als die Vervollständigung der Salzburger Zusammenkunft an. Der Aufenthalt des östreichischen Kaisers in Frankreich dauerte bis zum 4. November. Auf der Rückreise machte er am 5. und 6. November an den Höfen von Karlsruhe, Stuttgart und München Besuche, welchen man nach der Annahme der Verträge keine politische Bedeutung zuschrieb. Von Paris aus machte Freiherr von Beust einen Abstecher nach ...n, wo er vom 1.—3. Nov. sich aufhielt und vorzugsweise mit Lord Stanley verkehrte. Die Unterhandlungen bezogen sich ...ächlich auf die orientalische Politik, in welcher man seitdem ...and, Frankreich und Oestreich gemeinschaftlich auftreten sieht. ...ndiotischen Griechen haben bisher wenig Nutzen von dieser ...ndung gehabt. In einem türkischen Ministerrath vom 5. Sept. ... der Beschluß gefaßt, Omer Pascha den Auftrag zu geben, die militärischen Operationen bis zum 20. Okt. einzustellen, eine ...eine Amnestie zu verkündigen, den fremden Freiwilligen und ...igen Eingeborenen, welche nicht unter türkischer Herrschaft ... wollen, ungehinderten Abzug zu gestatten, auf eine Abtretung der Insel aber nicht einzugehen. Was sollte aber aus den Kan... werden, welche nicht auswandern wollten? Sollten diese ... unter den alten Despotismus des türkischen Pascha zurück...? Ihre Führer erklärten einstimmig, daß sie auf ihrem Ver...n, die Insel mit Griechenland zu vereinigen, beharren. Der ...stillstand gieng vorüber, und der Kampf begann im Novem... heftig als je. Die Unterstützungen von Seiten Griechenlands ... fort. Die am 27. Okt. in Petersburg vollzogene Ver... des Königs Georgios von Griechenland mit einer ... des Kaisers von Rußland, der Großfürstin Olga, ist für die ... des griechischen Monarchen nicht ohne Bedeutung.

Noch wichtiger als die Entscheidung der kandiotischen Frage ist für Oestreich die Entwicklung der Verhältnisse an der Donau. ... war schon davon die Rede, daß Serbien das benachbarte ...n, Herzegowina, Montenegro und das zu Oestreich gehörige serbische Gebiet mit sich vereinigen und im Nordosten der Tü ein starkes, unabhängiges Reich gründen wolle, das sich der P tektion Rußlands zu erfreuen habe. Serbien und die Tü rüsteten sich. Fragten die Konsuln der drei verbündeten Mächte i erstere nach dem Grund seiner Rüstungen, so wies es mit unsch diger Miene auf die Anhäufung der türkischen Truppen an sei Grenzen hin. Die Berufung der russischen Gesandten in Konst tinopel und Paris zu einem Diplomatenkongreß in Petersbu welche gegen das Ende des Jahres stattfand, wurde schon Kriegsvorbereitung gedeutet. Aber so lange Rußland seine Arn nicht reorganisirt, die Gewehre nicht in Hinterlader umgewand die Eisenbahnen nicht bis an die türkische Grenze fortgeführt l ist ihm eine ernstliche Inangriffnahme der orientalischen Frage du aus unmöglich, zumal gegenüber der geschlossenen Phalanx der Großmächte England, Frankreich und Oestreich, welche ihm dies wohl noch übler mitspielen würden, als dies im Krimkrieg Fall gewesen war. Nur ein im westlichen Europa entbrenner großer Krieg könnte und würde Rußland aus seiner lauern Stellung heraustreiben. Ueber die enge Verbindung Oestre und Frankreichs konnte es seit dem vom 1. November aus P datirten Rundschreiben des Freiherrn von Beust an die östrei schen Gesandten keinen Zweifel mehr hegen. In demselben die volle Uebereinstimmung der beiden Staaten in Bezug alle großen, schwebenden politischen Fragen konstatirt. Diese H monie sei die natürliche Folge der Lage und der Ereignisse, daß ihr eine Allianz zu Grunde liege. Von nun an werden im Orient alle ihre Schritte nur gemeinsam thun. In die E wicklung des norddeutschen Bundes werde sich Oestreich nicht mischen, und in den italienischen Wirren begleiten seine be Wünsche die französische Regierung in ihrem Bestreben, einen M dus aufzufinden, welcher die Interessen der Kirche und Italiens gleich zu wahren vermöchte.

Gerade in der letzten Frage ist es aber leichter, seine „be Wünsche“ auszudrücken, als zwei so widerstrebende Interessen vereinigen. So lange es sich um östreichische Provinzen, um k staatliche Existenzen und um das türkische Regiment in Neapel delte, sprang Italien von Glück zu Glück und machte Riesensch in seiner Konsolidirung. Es war schwer zu sagen, ob ihm

... eher seine Niederlagen mehr Gewinn brachten. Aber so ... auch sein Verlangen ist, den letzten Rest von „Ausland ...land“ mit sich zu vereinigen oder wenigstens mit engen Ban... an sich zu ketten, so ist doch in diesem letzten Aufzug des ita...schen Drama's die Abwicklung des Stückes so voll von neuen ...wicklungen, daß sich manche eher auf einen neuen Anfang als ... einen Schlußakt gefaßt machten. Preußen hat zwar Süd...deutschland auch noch nicht in seinen Bund aufgenommen, aber die ...träge sind geschlossen und genehmigt, und im Jahre 1866 wer... die Vertreter von 38 Millionen Deutscher zu einem Parlament ...vereinigen, wenn dieses auch noch den speciellen Namen „Zoll...parlament“ führt; Italien aber steht vor Rom und dem Kirchenstaat ... irgend welchen Erfolg, wie vor einem uneinnehmbaren Kapitol, ... Erklimmen nur dann möglich wäre, wenn nicht, statt jener ...gen Gänse vom Jahr 390, zwei französische Brigaden mit ihren ...nder thuenden“ Chassepots auf der Wache ständen.

Das ganze Jahr hindurch mühte sich Italien mit Finanzplanen ... Ministerwechseln ab. Meist mit hoher Politik sich befassend ... in einem ewigen Parteiwesen sich herumtreibend, versäumte die ...mer die Pflege und Förderung der wirthschaftlichen Interessen, ... die praktischen Ziele zu sehr aus dem Auge und beschwor da... ein nationales Unglück herauf. Der Tod Cavours stellte sich ... in diesem Jahre als ein unersetzlicher Verlust heraus, daher ... die italienische Presse auf Preußen als einen Musterstaat hin... und es um seinen großen Staatsmann beneidete. Von den ...folgern Cavours hat keiner die Würde des Landes so sehr ge... wie Ricasoli, keiner den lehensherrlichen Prätentionen Na...leons einen so unbeugsamen Nacken entgegengesetzt wie er. Die... ...machvollen Unterordnung unter die Napoleonische Regierung, ... mit Viktor Emanuel und seinen Ministern wie mit franzö...schen Präfekten sprechen wollte, suchte er ein Ende zu machen und eine ...Allianz mit Deutschland an ihre Stelle treten zu lassen. Aber ...wegen fiel er, obgleich er die Mehrheit der Kammer für sich ... als er bei Neugestaltung seines Ministeriums die gewünschten ... nicht bekommen konnte. Die französische Luftströmung war ... Napoleon konnte dem stolzen Minister nie verzeihen, daß ... am 5. Juli 1866, als Franz Josef Venetien an Napoleon ... seine siegreichen italienischen Truppen gegen die unaufhaltsam vordringenden Preußen verwenden zu können, das r Frankreich dargebotene venetianische Geschenk zurückwies und d Bündniß mit Preußen treu blieb. Dadurch errangen die Preuß größere Erfolge, als den Staatsmännern an der Seine lieb w Am 4. April bot Ricasoli seine Entlassung an. Sie wurde v Viktor Emanuel, der sich den französischen Einflüsterungen wird verschließen können, angenommen, und Ratazzi, der Mann französischen Allianz, am 10. April zum Ministerpräsidenten ernan Da diese Intrigue gerade zur Zeit der Luxemburger Frage aus spielt wurde, so glaubten die patriotischen Männer Italiens i Landsleute schon in den Reihen der französischen Truppen ge Preußen marschiren zu sehen. Zwar erklärte Ratazzi in der Kamn bei einem etwaigen Kriege zwischen Preußen und Frankreich we sich Italien, um sich gegen keinen der beiden Bundesgenossen ei Undankbarkeit schuldig zu machen, neutral halten; es sei Zeit, die Ordnung der innern Angelegenheiten zu denken und die Fina zustände zu berücksichtigen. Allein gerade ihm glaubte man erstere am wenigsten, zumal wenn man das fortwährende Hinundl reisen hochgestellter Persönlichkeiten zwischen Paris und Florenz beme

Mit den Finanzen sah es in Italien nicht besser aus als seinem früheren Antipoden, Oestreich. Eine Zinsenreduktion ein Staatsbankerott steht schon längst vor der Thüre, und es zuletzt nur Sache der Courtoisie, welcher von beiden Staaten zu damit anfängt. Um diesem drohenden Uebel vorzubeugen, n eher um das Eintreten desselben noch länger hinauszuziehen, wurde dem Finanzminister Ferrara die Einziehung der Kirchen- und Klos güter vorgeschlagen. Dieselben, im Werthe von 600 Millio Franks, sollten partienweise verkauft werden und das Geld in Staatskasse fließen, welche dafür die Unterhaltung des Klerus ü nimmt. Der Gesetzentwurf über die Liquidation des Kirchen mögens wurde von der Abgeordnetenkammer am 28. Juli mit gegen 48 Stimmen angenommen und im August vom Senat nehmigt. Der Verkauf begann am 1. September, wo zuerst 150 Millionen Güter der Versteigerung ausgesetzt wurden. bei einer solchen Masse verkäuflicher Güter manches unter realen Werth, einiges zu Spottpreisen hergegeben werden mu hängt mit den Gesetzen des Handels zusammen. Es war bei römischen und böhmischen Proskriptionen, wo die Krassus und

...sein ihre Geschäfte machten, gerade so. Der Papst ver-
...e nicht, in einer Ansprache an das Konsistorium vom 20. Sep-
...ber gegen dieses Dekret der italienischen Regierung, „welches
...Kirchenschändung in Italien durch den Raub der geistlichen
...Güter krönt, zu protestiren, es feierlich zu verdammen und Kirchen-
...strafen gegen die Räuber in Aussicht zu stellen.“ Allein man hatte
...in Italien in den letzten Jahren zu sehr an solch klerikalen
...Donner gewöhnt, als daß man das Gewitter noch gefürchtet hätte.
Weit ernster faßte man die Sendung des Generals Dümont
...welcher von dem französischen Kriegsminister Niel im Juli
...nach Rom gesandt wurde, um die in das päpstliche Heer eingereihten
...französischen Freiwilligen, die Legion von Antibes, zu inspiciren. Die
...Legion war 1200 Mann stark, und in kurzer Zeit desertirten davon über
...Mann. Dümont sollte die Gründe hievon untersuchen und
...den Legionären erklären, daß sie, wenn auch im päpstlichen Dienst,
...nie aufhören, französische Soldaten zu sein. Am 17. Juli
...hielt Dümont in französischer Generalsuniform eine Musterung über
...die Legion auf einem der öffentlichen Plätze Roms und richtete eine
...Rede an sie. Bald darauf wurde auch der Brief bekannt,
...den vom 21. Juni datirt, Niel an den Oberst der Antibes-
...legion gerichtet hatte. In demselben sprach er von der Legion als
...einem integrirenden Bestandtheil der französischen Armee, welcher
...aus Gründen der Politik, von jener entfernt, seine Garnison in
...Rom habe. Ein Sturm des Unwillens erhob sich in Italien ge-
...gen diese Verletzung der Konvention vom 15. September 1864,
...welche der französischen Occupation zu Ende des Jahres 1866 ein
...Ende gemacht und den Schutz des päpstlichen Gebietes dem Königreich
...Italien überlassen hatte. Welcher Unterschied war zwischen der frühe-
...ren Occupation und der Aufstellung dieser Antibeslegion? Thatsächlich
...keiner. Das Princip der Nichtintervention, welches jener Septem-
...berkonvention zu Grunde lag, war ein Halbjahr nach dem Abzug
...der Franzosen bereits wieder aufgehoben. Jetzt erst merkten die
...Italiener, daß Napoleon seinen Machiavelli zu gut studirt habe,
...um nicht zu wissen, daß eine starke Macht nur dazu Verträge mit
...Schwächeren schließe, um diese zur Haltung derselben zu zwin-
...gen, selbst aber sie zu umgehen. Was half es, daß Ratazzi in
...einer Note an das französische Kabinet über diesen Vorfall sich beschwerte?
...Weder seine Noten, noch die Vorstellungen seines Gesandten Nigra

wurden in Paris hoch angeschlagen. Die ganze Sache wurde (den Kriegsminister Niel abgeladen; von seiner Entlassung, wel allein eine Genugthuung gewesen wäre, war natürlich keine Re

Die Männer, welche ein freies Italien erstrebten, seufzten unter dem französischem Joch. Der Haß gegen Frankreich wu aufs neue sah man nach Deutschland, aufs neue nach Rom. O den Besitz Roms, sagte man, hat Italien keine Ruhe; diese w liche Herrschaft des Papstes bleibt für Italien eine offene Wun erst mit dem Besitz Roms ist Italien eine selbständige Ma Diese Stimmung kam niemand gelegener als Garibaldi. Di glühende Feind des Papstthums und Napoleons hatte schon Frühjahr seine einsame Insel Kaprera verlassen und ganz O italien bereist, überall gegen seine Feinde losdonnernd und zur freiung Roms auffordernd. In Verona hatte er sogar, als ob wie in den grauen Zeiten des Alterthums, die Würde eines O feldherrn, Oberrichters und Oberpriesters in seiner Person vereini die Taufe eines Kindes im modernen Stil vorgenommen. Ge den Herbst hin war jedermann überzeugt, daß er entschlossen seinen Ruf von 1862 „Rom oder den Tod!" zu erneuern. Eine M von Freiwilligen zeigte sich an der Grenze des päpstlichen Gebi und harrte seiner Befehle. Garibaldi besuchte den Friedenskon zu Genf, welcher vom 9. bis 12. September dauerte, wurde seiner Ankunft am 8. September mit beispiellosem Enthusias empfangen und von einem Redner als „ein zweiter Jesus Chri als dessen lebendiges Abbild unter uns" begrüßt. Diese Versa lung, welche den allgemeinen Völkerfrieden durch einen allgeme Umsturz erzwingen, eine politische, sociale und religiöse Revolu in Europa organisiren wollte und zur Durchführung derselben permanentes Centralkomite niedersetzte, gab Garibaldi Gelegen die stärksten Reden für die Demokratie und gegen das Papst zu halten. Auch andere blieben nicht zurück, nannten Napo geradezu einen „Mörder" und stellten den Antrag, „den Na Napoleons I. als des größten Verbrechers des Jahrhundert brandmarken." Dies war denn doch den Genfern zu toll, und Volksversammlung, an welcher gegen 1000 Bürger theilnahmen, testirte gegen die Theorien und Tendenzen des Kongresses, welchen das Genfer Volk keine Gemeinschaft haben wolle. In Sitzung vom 12. September erhoben die Genfer, um die Ab

…; und den Beschluß über die vorgeschlagenen Resolutionen zu …dern, einen solchen Tumult, daß der Präsident die Versamm…; für geschlossen erklären mußte.

Kaum war Garibaldi wieder auf italienischem Boden, so setzte … die in Genf unterbrochenen Reden fort. In Belgirate äußerte … Italien sollte neben den gebildetsten Nationen Europas stehen, … es ist dies nicht im Stande, und zwar wegen der schwarzen …, die es so viele Jahrhunderte hindurch unterdrückt hielt. Wir … nach Rom gehen und dieses Vipernest ausheben und den …zen Fleck mit siedender Lauge wegbrühen. Ja, wir müssen … Wäsche machen; denn diese schwarze Race ist schlimmer … die Cholera." Darauf begab er sich auf zwei Tage nach Florenz, … über Arezzo nach der päpstlichen Grenze ab, um das Kom…do der Freiwilligen zu übernehmen, und übernachtete in Asina… Am andern Morgen, am 24. September, war auf Befehl … italienischen Regierung sein Haus von Bewaffneten umstellt … er für einen Gefangenen erklärt. Schon am 21. September … Ratazzi eine Erklärung gegen den Freischarenzug erlassen, … er sagte: „In einem freien Staate darf kein Bürger sich … das Gesetz erheben, sich selbst an die Stelle der großen Ge… der Nation setzen und nach seinem Gutdünken Italien in … schweren Werke seiner Organisation stören und mitten in die …sten Verwicklungen hineinreißen. Sollte einer versuchen, der …gstreue abtrünnig zu werden, und jene Grenze verletzen, von … unser Ehrenwort fern halten muß, so wird das Ministerium … keiner Weise dulden und überläßt den Zuwiderhandelnden die …wortlichkeit für die durch sie hervorgerufenen Handlungen." …aldi wurde in einem Extrazug nach der Festung Alessandria …, aber schon am 27. September von dort ohne Bedingung …, worauf er noch am nämlichen Tage auf einem Dampfer … Caprera abreiste, wo er von sechs Kriegsschiffen bewacht wurde.

Die französische Regierung hatte in Toulon bereits Vorbe…gen zur Einschiffung von Truppen getroffen, um eine zweite … Expedition zu veranstalten. Sie verlangte von Italien, … sein in der Septemberkonvention gegebenes Versprechen …, weder selbst einen Angriff auf das päpstliche Gebiet zu … noch von andern einen solchen zu dulden. Sollte es das …wesen nicht energisch bekämpfen, über dasselbe nicht Herr werden oder gar sich von ihm nach Rom fortreißen lassen, so n Frankreich entschlossen, seinerseits den Vertrag aufrecht zu halt den Papst und sein Gebiet zu beschützen, selbst wenn es zu ei Belagerung und Bestürmung Roms, wie im Jahre 1849, komr sollte. So weit durfte es die italienische Regierung nicht komi lassen. Eine zweite römische Expedition warf neue Schmach ü das Land, rief möglicherweise einen Bürgerkrieg hervor und ma die Versöhnung mit dem Papstthum noch schwerer. Nur zwei W um in den Besitz Roms zu gelangen, blieben der italienischen gierung auch nach der Septemberkonvention übrig: wenn die Rö selbst aus freien Stücken ihrem Papst-König den Gehorsam kündigten und den Anschluß an Italien proklamirten, oder w es ihr gelang, die Kurie zu solchen Maßregeln zu überreden, durch der allmähliche Anschluß des Kirchenstaates an das Königr eingeleitet würde. Von diesen zwei Fällen steht nichts in der K vention. Man kann sich fast keine andere Lösung als durch e derselben denken. Allein Aussicht auf diese Weise zum Ziel gelangen, hat Italien bis jetzt nicht die geringste. An der H näckigkeit der Kurie scheiterte bisher jeder Versuch, die italieni und päpstlichen Interessen zu versöhnen, und wenn die Freisch auf eine Erhebung der Römer rechneten, so haben sie sich in il gründlich getäuscht. Die Masse des römischen Volkes hat für litische Freiheiten keinen Sinn und will ihr behagliches L unter der geistlichen Leitung nicht mit der Steuerlast, der Pa geldwirthschaft und dem Militärwesen des Königreichs It vertauschen.

Doch war der Freischarenzug durch die Gefangennehmung ribaldis nicht beseitigt. Unter Anführung seines Sohnes Menotti coteras und anderer überschritten die Freischaren am 30. Sept. die G zen des Kirchenstaates und zwar zu gleicher Zeit die nördlichen und lichen. In mannigfachen Täuschungen befangen rechneten sie auf, vor Ankunft der Franzosen in Rom zu sein, das italie Militär durch die Gewalt der nationalen Idee nachzuziehen Rom einen Volksbeschluß zu Gunsten des Anschlusses zu veranl und dann Napoleon die Wahl zu lassen, ob er dieses fait acco anerkennen oder einen Krieg mit ganz Italien, den unpopul von allen, beginnen und sein eigenes Werk wieder stürzen Von all diesen Voraussetzungen trat keine ein. Mit dem Ueb

Acquapendente am 30. September begann die Invasion. ...re Grenzorte wurden genommen, um nach ein paar Tagen ...r verloren zu werden. Ueberall wo die päpstlichen Truppen ...Garibaldinern entgegentraten, wie bei der Erstürmung Bag- ...i am 5. Oktober, zogen die letzteren den Kürzern. Es fehlte ...hnen an einheitlicher Führung, an Waffen und Munition. ...ie Disciplin ließ vieles zu wünschen übrig, daher sich die ...hner der Grenzorte von ihnen abwandten. Es waren Leute ... welche kaum dem Knabenalter entwachsen waren; die Be- ...ung konnte hier den Mangel an Uebung nicht ersetzen. Eine ...migrirten gebildete „römische Legion" unter Major Ghirelli ...m Orte bereits eine provisorische Regierung ein. In Rom ...in Folge der Aufstandsproklamationen einerseits und der An- ...g des Belagerungszustandes andererseits die Unruhe und die ...riß von Tag zu Tag zu, so daß endlich am 18. Oktober ...enator (Bürgermeister) von Rom eine mit 12000 Unterschriften ...ne Adresse übergeben wurde, worin die Bürgerschaft die Bitte ...ach, der Senator möchte beim Papst die Intervention der ...ätigen Armee des Königreichs Italien beantragen. Da ...n dem nämlichen Tage der französische Geschäftsträger dem ...den unfehlbaren Schutz Frankreichs zusicherte, wurde die ... nicht beachtet. Die päpstlichen Zuaven rückten vor, vertrie- ...n 18. und 19. Oktober die Garibaldiner aus Nerola und ...rsa und zwangen sie über die Grenze zurückzugehen. Das ... des Kirchenstaates war am 20. Oktober von den Freischaren ...t, der Telegraph brachte diese Nachricht wie einen Triumph ...lienischen Regierung nach Paris, und Napoleon gab den Be- ...e Einschiffung der Truppen in Toulon einzustellen.

...lles schien wieder im guten Geleise zu sein. Und doch fieng ...che jetzt erst recht an. In Florenz war man schwankend. ...hätte man sich in den Besitz von Rom setzen lassen oder ge- ...um dem unleidlichen Zustand einmal ein Ende zu machen. ...ies bedeutete einen Bruch mit Frankreich, und wer wollte ... Der als Napoleonische Kreatur verschrieene Ratazzi war es, ... Hand in Hand mit der Aktionspartei Rom nehmen und ...ich den äußersten Widerstand entgegensetzen wollte. Unein- ...seiner Erklärung vom 21. September unterhandelte er mit ...führern der Freischaren, um nicht nur seinem Gegner von

1862, Garibaldi, sondern sich selbst ein zweites Aspromonte zu reiten. Als es aber darauf ankam, daß ein Manifest an die ⸗ tion erlassen und die Reserven einberufen würden, so schreckte König vor diesem äußersten Schritt und seinen unermeßlichen ⸗ gen zurück. Ratazzi nahm am 19. Oktober seine Entlassung, am 20. wurde Cialdini, der Sieger von Castelfidardo, berufen und der Bildung eines neuen Ministeriums beauftragt. Da aber dieser, wie Ratazzi, auf die Linke sich stützen wollte und eine solche Po bei den Beziehungen zu Frankreich im damaligen Augenblick möglich war, so erklärte er am 26. Oktober dem König, daß er die Bildung eines Ministeriums verzichten müsse. Darauf wa sich der König an General Menabrea, und dieser brachte 27. Oktober ein neues Ministerium zusammen.

In der Zwischenzeit, vom 19. bis 27. Oktober, gab es im Kö reich Italien faktisch keine Regierung, und dies benützte Garib Diesem war es, noch unter dem Ministerium des aktionsfrei lichen Ratazzi, trotz der sechs Kriegsschiffe gelungen, von Kap zu entrinnen und am 19. Oktober in der Nähe von Livorno landen. Am 21. erschien er in Florenz und sprach öffentlich Volk. Auch in Rom wurde es unruhiger. Das dortige Natio komite rief die Einwohner zum Aufstand auf. Das päpstliche M tär fieng an, die Thore Roms durch Schanzen und Gräben versperren. Am 22. wurden mehrere Vorposten von den Auf dischen überfallen und durch eine Pulvermine die Hälfte der Zua kaserne in die Luft gesprengt, wodurch 20 Zuaven getödtet wur Zugleich fuhr eine Schar von 75 Mann unter der Führung Cair den Tiber hinab und setzte sich auf dem Monte Parioli fest. andern Tag wurde der Hügel von den Päpstlichen erstürmt, die ganze Schar vernichtet, Cairoli fiel. Darauf wurde Rom 25. in Belagerungszustand erklärt und die Ablieferung aller W anbefohlen. Da kaum 2000 Mann in der Stadt lagen und durch den aufregenden Dienst der letzten Tage sehr erschöpft w so fürchtete man, für den Fall eines kecken Handstreichs, seh die Sicherheit der Stadt. Denn schon war Garibaldi bei s Rothhemden. Er hatte am 23. Florenz mit einem Extrazug lassen, sich mit seinem Sohne Menotti vereinigt und gleich am Viterbo an sechs Punkten stürmen lassen. Der Sturm wurde geschlagen. Darauf zog er mit etwa 4000 Mann gegen Monterot stürmte es am 26. Die Besatzung von nur 400 Mann sich tapfer gewehrt und kapitulirte. Er war nur noch wenige von Rom entfernt. Einige seiner Scharen drangen bis die Nähe der Stadt vor. Im Süden, von Tivoli bis Frosinone, von Nicotera und seinen Leuten in allen Städten die päpst- Wappen abgerissen und die Vereinigung mit Italien prokla- Dagegen erließ der König und das Ministerium Menabrea 27. Oktober eine Proklamation an die Italiener, worin der renzung verdammt und Achtung der Verträge gefordert wurde.

Es war die höchste Zeit. Denn schon schwamm die französische im Mittelmeer. Auf die Nachricht von dem Vordringen der aren gab Napoleon am 26. Befehl zur Einschiffung. Am ar die Flotte im Hafen von Civitavecchia. Heftige Stürme derten die sofortige Ausschiffung, was die Besorgnisse in Rom . Endlich, am 30., waren die Truppen ausgeschifft. Es zwei Brigaden unter den Generalen Dümont und Polhès. andirender General war de Failly. Abends zogen die ersten me in Rom ein, zur Freude der Kardinäle, zum Schmerz tionalen Partei. Die verhaßte Fremdherrschaft hatte man s neue wieder; um mehrere Jahre sah man sich zurückge- Aber auch die italienische Regierung ließ, in einem Rund- en vom 30. die ganze Sachlage enthüllend, ihre Truppen in renzorte des Kirchenstaats einmarschiren, überall die päpst- Wappen wieder aufrichten und daneben die Fahne Italiens, die Versöhnung und Verschmelzung schon vollzogen sei, Die ungeheure Aufregung Italiens zwang sie dazu; nur sie weiteren Unruhen vorbeugen; zugleich wollte sie sich selbe Stellung setzen wie die andere kontrahirende Partei, dem Fuße einer vollständigen Gleichheit neue Unterhand- beginnen zu können."

ribaldi stand nun mitten zwischen der französischen und schen Intervention. So lange er es nur mit den päpstlichen zu thun hatte, konnte er auf ein Gelingen seines Planes Seit der Ankunft der Franzosen war es Wahnsinn, daran en. Boten um Boten kamen von Florenz und forderten ihn erlegung der Waffen und zur Umkehr auf. Aber noch am ember erließ er in Monterotondo einen Tagesbefehl, worin „Will man uns zwingen, unsere Waffen aus Gehorsam gegen den 2. December 1852 niederzulegen, dann will ich die V daran erinnern, daß ich hier allein, römischer General, mit V macht der einzigen gesetzmäßigen Regierung der römischen Repul durch allgemeine Abstimmung erwählt, das Recht habe, mich diesem Boden meiner Jurisdiction in Waffen zu behaupten." mußte ihm entsetzlich schwer werden, vor Napoleon zurückzuwei und den Boden, welchen er sein nannte, dessen Generalen zu ü lassen. Mit etwa 8000 Mann hielt er die Gegend von Mont tondo und Mentana, welche Orte er hatte verbarrikadiren la besetzt. Sein Plan war, scheint es, am 3. November nach Ti zu ziehen, dort mit den Scharen Nicotera's und Orsini's sich vereinigen und sich dann in die Abruzzen zu werfen, von wo er das südliche Italien in Aufstand bringen konnte. Aber wäh er am 3. November über Mentana nach Tivoli marschiren wo zogen 3000 Mann päpstlicher Truppen unter dem Befehl des Kri ministers Generals Kanzler, eines geborenen Badensers, und Reserve von 2000 Mann von der französischen Brigade Po heran, um Monterotondo wieder zu nehmen. Um 12 Uhr sti sie bei Mentana auf die Vorposten Garibaldi's. Bald entbra ein heftiger Kampf. Die Garibaldiner wurden zurückgedr sammelten sich wieder, nahmen mit zwei starken Kolonnen die P lichen in die Flanken, diese wichen und waren verloren, wenn die französischen Truppen dem Hilferuf des römischen Generals s entsprachen. Aber dies geschah. Die Franzosen rückten in die vo Linie und schoßen mit ihren Chassepot die armen Garibaldine Hunderten nieder. Ein Theil zog sich in das Schloß von Me zurück und behauptete dieses und die übrigen verbarrikadirten H bis zum andern Morgen, wo ihnen von den Franzosen freier A zugestanden wurde. Von den Garibaldinern lagen 1000 Mann oder verwundet auf dem Schlachtfeld, 1400 wurden gefange nommen; die Franzosen gaben ihre Verluste auf 2 Todte un Verwundete, die der Päpstlichen auf 30 Todte und 103 wundete an.

Garibaldi war während des Sturms auf Mentana mi paar tausend Mann nach Correse abgezogen und legte do Waffen nieder. Am andern Tag bestieg er mit seinen Fre einen Extrazug, um nach Florenz zu reisen. Auf der Station F wurde er auf Befehl der Regierung verhaftet und nach La S

Fort Varignano gebracht. Man sprach von einem politischen Pro- ß, der gegen ihn anhängig gemacht werden sollte. Da aber nicht ehemalige Minister, sondern noch höher gestellte Personen dabei zu gehabt hätten, so wurde an der Verwirklichung dieses Planes gezweifelt, wie denn auch Viktor Emanuel bald eine allgemeine tie erließ. Für die Unthätigkeit eines Gefängnißlebens waren Gesundheitsumstände Garibaldi's nicht geschaffen. Dies gab der gierung eine willkommene Gelegenheit, ihn am 26. November nach Kaprera zu entlassen. Denn die Gefangenhaltung des nes, welchen Italien als seinen Helden und Befreier, wenn als einen Phantasten ansieht, hatte, zumal bei der sonstigen ng der Regierung so böses Blut gemacht, daß es, besonders Turin und Mailand, an Verwünschungen des Ehrenkönigs Viktor nuel nicht fehlte. Auch war diesem nicht die Genugthuung nt, seine Truppen zugleich mit den französischen den Kirchen- besetzen zu lassen und so wenigstens den Schein der Eben- keit zu wahren. Denn kaum erfuhr das französische Kabinet, die italienischen Truppen am 30. Oktober im Kirchenstaat ein- t seien, so erhielt die französische Gesandtschaft von Herrn Moustier eine Depesche vom 1. November, worin „diese Hand- weise als eine mit dem Völkerrecht im Widerspruch stehende“ net wurde. Es blieb der italienischen Regierung, nachdem mal so weit nachgegeben hatte, nichts anderes übrig, als ihre pen am 4. November in die Grenzen des Königreichs zurück- hen und den Kirchenstaat ausschließlich den Franzosen zu über- n, welche ihr dadurch das Geständniß abpressen wollten, daß sie nichts zu schaffen habe.

Es waren denn die Franzosen wieder in Rom. Aber wie sie wieder herauskommen? Die französischen Staatsmänner recht gut, daß diese römische Expedition nur bei den franzö- Klerikalen beliebt, bei den andern Parteien im höchsten Grade lär sei, daß von den andern Großmächten besonders England Rußland diese Verletzung des von Frankreich selbst so sehr gehobenen Nichtinterventionsprincips, diese Unterstützung der chen Macht des Papstes verdammen, und daß der einzige genosse, welchen Frankreich habe, durch diese Expedition und daran knüpfende Occupation zum unversöhnlichen Feinde ge- werde. Auch war ihnen wohl bekannt, daß die Klerikalen mit diesem Schritte noch nicht einmal zufrieden waren, daß sie l reits von der Zurückgabe der Marken und der Romagna an d Papst, ja von der genauen Ausführung des Friedens von Zür (1858) sprachen, wonach Neapel und Sicilien dem Könige Franz I die Fürstenthümer den östreichischen Erzherzogen zurückgegeben w den sollten. Eines so verhängnißvollen Sieges sich bewußt k die französische Regierung auf den Gedanken, eine Konferenz berufen und die Verlegenheiten, welche sie sich durch ihr rasc Zugreifen bereitet hatte, von Europa sich abnehmen zu lassen, wie auch bei dem Luxemburger Handel die Garantie Europa's an Stelle der preußischen Besatzung getreten war. Aber abgesel davon, daß die anderen Mächte gar keinen Beruf in sich fühlt den Kaiser Napoleon von seinen Verlegenheiten zu erlösen, d namentlich Deutschland mit großem Behagen zusehen konnte, w er sich ganz Italien zum erbittertsten Gegner mache, fragte es für die Theilnehmer an der Konferenz, auf welcher Grundlage diese zusammenkommen solle. Am 9. November giengen die Einladung von Paris ab. Von einem bestimmten Programm war keine Re man sollte sich zu freien Besprechungen vereinigen. Auf diese u sichere Aussicht hin war nur Oestreich und Spanien zur Theilnah bereit und mit herzlicher Freude Hessen-Darmstadt. Die übri Mächte zeigten mehr Sprödigkeit. Graf Derby äußerte 20. Nov. im englischen Oberhaus: „Bevor die Einladung Konferenz angenommen werden konnte, mußten verschiedene Pun in Erwägung gezogen werden. Zuerst ob die beiden Hauptbetheil ten, der Papst und Italien, die Beschlüsse der Konferenz als b dend anerkennen würden. Denn wenn diese beiden sich den B rathungen und deren Beschlüssen entzögen, so wäre die Konfer doch offenbar eine Vergeudung diplomatischer Thatkraft und G schicklichkeit. Sodann ob billig Aussicht zur Vereinbarung ei praktischen Grundlage für die Konferenz vorhanden sei, da in E manglung einer solchen aus den Berathungen eine wahre Sü flut von Wirren entstehen dürfte. So lange diese beiden Fra nicht ihre befriedigende Lösung gefunden, kann ich in der Bethe gung an einer Konferenz so unbestimmten Charakters keinen Nu erblicken." Dies war auch die Ansicht Preußen und Rußlands.

Auch die deutschen Mittelstaaten hatten Einladungen zur K ferenz erhalten. Sachsen war bundestreu genug, die Einladung

Präsidium des norddeutschen Bundes zu verweisen; Baiern, temberg und Baden erklärten ihre Bereitwilligkeit zur Theil- unter den von Preußen aufgestellten Bedingungen. Um so leider war die bedingungslose Annahme Hessen-Darmstadts, es ja mit einem Theile seines Gebietes zum norddeutschen gehört. Es zog sich dadurch nicht bloß einen geharnischten der Norddeutschen Allgemeinen Zeitung zu, worin von „voll- gem Mangel an Einsicht dessen, was politisch schicklich ist, en Mißachtung der nationalen Idee" die Rede war, sondern und dies wog noch schwerer, eine Note des Grafen Bismarck 4. November, worin gefragt wurde, ob „dieses Verfahren ie Konsequenzen desselben sich mit dem Wortlaut der Bundes- ung in Einklang bringen lassen."

Die meisten Mächte erklärten sich, „im Princip" damit einver- n, die italienische Frage auf einer Konferenz zu erledigen, aber eine Konferenz für unmöglich, wenn nicht Italien und apst sich über ihre Stellung zu derselben bestimmt ausge- n und diese beiden nebst Frankreich sich über die Grundlagen eratbung verständigt hätten. Da aber Graf Menabrea in Antwort vom 19. November erklärte, daß, von allem an- abgesehen, die Besetzung Roms durch die Franzosen vor Be- der Konferenz aufgehoben werden müsse, worauf Frankreich einging, und da die Kurie in dieser Konferenz nur eine Ge- eit zu einem Ideenaustausch sah, wobei sie vor ganz Europa was zurückfordern werde, was ihr seit dem Jahre 1860 ge- n worden sei, so war zum großen Leidwesen der französischen ung nicht die geringste Aussicht vorhanden, daß die Konferenz nde komme. Hatte Frankreich ohne irgend jemand zu fragen, lien intervenirt, so behielt es neben der Ehre der Occupation ie Verantwortung dafür. Und nicht bloß außerhalb Frank- sondern in Frankreich selbst erfuhr die zweite römische Expedition n Tadel. Gelegenheit hiezu gab die Eröffnung der Kam- am 18. November. Napoleon sagte in seiner Thronrede, der Septembervertrag mit Italien fortbestehe, so lange er durch einen neuen internationalen Akt ersetzt sei, kündigte einen ntwurf über die Verbesserung der militärischen Einrichtungen d versicherte, daß Frankreich sich in die deutschen Angelegen- nicht mischen werde, „so lange unsere Interessen und unsere

Würde nicht bedroht sind," eine Klausel von so elastischer Nat daß mit derselben ebensowohl der Frieden erhalten werden, jeden Augenblick der Krieg losbrechen kann.

Zunächst kam in den Kammern die italienische Frage zur B sprechung. Im Senat, wo die Erzbischöfe so salbungsvoll sprach als ob sie in der Kirche unter ihren Gläubigen ständen, hatte Regierung keinen harten Stand. Auf die Rede des Minist Moustier am 30. November wurde zur Tagesordnung übergegang Dagegen griff in der Sitzung des gesetzgebenden Körpers vom 2. T Jules Favre, welcher eine Interpellation gestellt hatte, die italieni Politik der Regierung aufs heftigste an. „Sonst war Frankr in der Wahrung seiner Unterschrift nicht so eifrig. Es ließ t des Vertrags von 1852 Dänemark von Preußen vernichten Vor einer gebieterischen Geberde der Vereinigten Staaten haben S den Vertrag mit Maximilian zerrissen. Als Ihnen zwischen Ab und Schande die Wahl blieb, wählten Sie den ersteren. Sie ha Maximilian im Stich gelassen. Ich tadle Sie nicht darum; a ich verlange, daß Sie mit dem Septembervertrag dasselbe thun, w es nicht heißen soll, daß Sie die Verträge nur gegen die Schwac geltend machen, gegen den Starken aber fallen lassen. Wo führt diese Politik? Wir können nicht vorwärts und nicht zur Wenn wir den Papst fortwährend und wirksam beschützen woll müssen wir jährlich 50000 Mann und 100 Millionen darauf v wenden und werden zum Hasse der Völker, wie es ehemals Oestreicher waren. Und das für dieselbe Macht, welche in der rüchtigten Encyklika vom 8. December 1864 die finstersten Gru sätze der Verdammung und der Ausschließung verkündet und d ganzen Wesen unserer Zeit den Krieg erklärt! Ich weiß wohl, die Regierung diese Encyklika durch den Staatsrath hat zerrei lassen. Ja, aber sie hat die Fetzen derselben zusammengesucht, daraus die Patronen der Chassepotgewehre zu machen." Ju Simon, welcher am 3. December sprach, äußerte über die so betonte Nothwendigkeit der Unabhängigkeit des Papstes: „Der s veräne Papst ist gar nicht unabhängig, er ist ein Schützling Fra reichs, geschützt und gehalten durch französische Waffen seit 18 denn die französischen Truppen blieben als Legion von Anti selbst nach dem formellen Abzug der kaiserlichen Truppen."

In der Sitzung vom 4. Dec. klagte der Minister Moust

[illegible]etretene Ministerium Ratazzi offen an, seit Beginn der Be[illegible] Frankreich getäuscht und Garibaldi vorgeschoben zu haben, [illegible] geeigneten Augenblick statt dieses republikanischen Führers [illegible]lbst an die Spitze der Bewegung zu stellen. „Wir betrachteten [illegible]ertrag als verletzt, sobald die italienischen Truppen in das [illegible]liche Gebiet einrückten. Da machte mir der italienische Gesandte [illegible]lich eine Mittheilung von der höchsten Wichtigkeit: er schlug [illegible]ropäische Konferenz und für den Augenblick die gemeinschaft[illegible] Besetzung Roms durch Frankreich und Italien vor. Wir [illegible] von dem ersten Vorschlag Akt und wiesen den zweiten [illegible]. Ich kann diesen zweiten Vorschlag nicht anders als in folgen[illegible]eise charakterisiren: man trug uns nicht nur die Rolle des [illegible]ten, sondern auch die des Verräthers an. Wir wiesen mit [illegible]tung diese Mitschuld zurück, welche man uns mit einer Art [illegible]nie zumuthete, die den Schimpf noch verdoppelte. Tritt die [illegible]renz nicht zusammen, so fallen wir unter die Herrschaft des [illegible]mbervertrags zurück und sagen zu Italien: wollt ihr ihn [illegible]al ausführen und stärkere Garantien geben als früher? Nur [illegible]em Fall werden wir ein zweitesmal das Papstthum in die [illegible]e eurer Loyalität zurückgeben." Darauf folgte Thiers, wel[illegible] in seiner bekannten Weise davon sprach, daß Frankreich die [illegible]eit Italiens nicht hätte zugeben, nach der Losreißung der Lom[illegible] die weiteren Annexionen nicht hätte dulden sollen. Italien [illegible] mit der größten Rücksichtslosigkeit, gebe den entthronten [illegible] nicht einmal ihr Privatvermögen zurück. „Gewiß, Herr Bismarck geht nicht achtungsvoll mit den kleinen Staaten um, [illegible] er hat wenigstens die private Redlichkeit und hat den Fürsten Hannover und Nassau ihr persönliches Vermögen zurückerstattet. [illegible]schen Garibaldi und dem Haus Savoyen besteht eine Ueber[illegible]immung der Instinkte. Garibaldi zieht aus, um für das Haus [illegible] Königreiche zu erobern. Glückt es ihm nicht, so verhaftet [illegible] ihn und schickt ihn nach Kaprera. Glückt es ihm, so sagt man [illegible]: „‚Deine Beute gehört uns.'" Da es sich um den Fürsten [illegible], welcher das Oberhaupt der katholischen Kirche ist, so ist es [illegible] gewöhnliche Intervention. Wenn ihr das Papstthum wieder [illegible] Hände der Italiener gebt, so werden diese es achten, so [illegible] ihr unbeschäftigt seid; so bald ihr aber mit einer anderen [illegible] zu thun habt, so werden sie sich Roms bemächtigen."

Noch entschiedener als diese beiden Herren sprach sich in
Sitzung vom 5. December Staatsminister Rouher aus: „W
erklären, daß Italien sich niemals Roms bemächtigen wird. N
mals wird Frankreich eine solche Gewaltthat gegen seine Ehre,
gen seine Katholicität ertragen. Es wird von Italien die stren
und energische Ausführung des Septembervertrags verlangen;
nicht, so wird es selbst dafür eintreten. Wenn ich von Rom spre
so meine ich damit das gegenwärtige päpstliche Gebiet in sei
ganzen Integrität." Nach dieser Rede wurde über die Interpellati
Favres mit 237 gegen 17 Stimmen einfache Tagesordnung
schlossen.

Auch die deutschen Angelegenheiten kamen wieder zur Sprac
In der Sitzung vom 9. December fragte Thiers: „Soll m
jetzt Deutschland, das die größte Revolution der Neuzeit vollbra
alles nach seinem Gutdünken thun lassen? Was soll da aus Fra
reich werden, wenn man zu jedermann sagt: thut, was euch beliebt
Diese kleinliche, selbstsüchtige und eifersüchtige Politik bekämp
Gueroult und hob hervor, die französische Regiernng habe es du
ihre Politik dahin gebracht, daß sie ganz isolirt stehe, den Regieru
gen und den Völkern gleich verhaßt." Darauf wußte Rouher nic
anderes als Phrasen, wie sie in der Thronrede standen, anzuführe
„Bezüglich Deutschlands sei die Politik Frankreichs eine Poli
der Beruhigung und der Beschwichtigung gewesen. Die Regieru
nehme offen die vollendeten Thatsachen hin, so lange nicht sei
Interessen und seine Würde mit ins Spiel kommen."

Was Frankreich nach Vollendung seiner Heeresorganisati
unter seinen Interessen und seiner Würde zu verstehen gesonn
sei, ließ sich aus den Debatten über das neue Militärgesetz er
nehmen, welche im gesetzgebenden Körper am 19. December ihr
Anfang nahmen. Greffier, der Berichterstatter der Kommissic
sagte in der Sitzung vom 21. December: „Wenn das Gleichgewi
(d. h. das Uebergewicht Frankreichs) gestört ist, muß man es wied
herstellen. Es wird aber weder durch die Uebereinstimmung d
Völker noch durch die Anstrengungen der Diplomatie wieder herg
stellt werden, sondern durch das einzige Mittel, welches heute no
die Differenzen zwischen Nationen regeln kann, durch den Krieg
Darauf sagte die Linke, daß dadurch der wirkliche Zweck des Gesetz
enthüllt sei, einen großen Krieg vorzubereiten. Was auch Rouh

...thüllung der geheimsten Gedanken Napoleons sagen mochte,
... glaubte ihm, um so weniger, als am 23. December der
...minister Marschall Niel eine sehr herausfordernde Sprache
...

Es handelte sich um einen Antrag der Linken, an die Stelle
... durch Konskription gebildeten stehenden Heeres die allgemeine
...pflicht mit möglichst kurzer Dienstzeit einzuführen. Niel be-
...te diesen Antrag und sagte: „in Preußen sei dieses System
...ings den französischen Revolutionären nachgeahmt und all-
...ich zu einer gewaltigen Kriegsmaschine ausgebildet worden.
...mals aber, in der Vergangenheit wie in der Gegenwart könne
... ein drückenderes Militärgesetz finden als das preußische. Wenn
... das System der allgemeinen Volksbewaffnung in Frankreich
...führen und dabei auf den militärischen Geist verzichten wolle,
...zichte man auch gleichzeitig auf die Disciplin. Und wie will
... unter solchen Bedingungen Frankreich der Gefahr aussetzen,
... Tages gegen eine Nation (Preußen) zu marschiren, die geschickt
... langer Zeit her organisirt ist, in welcher vielfache Uebun-
... stattfinden, in welcher der militärische Geist in einem Grade,
... ihn vielleicht nie erreichen werden, vorherrscht, und in wel-
... die Hierarchie des Rangs, ohne daß die Bevölkerung daran
... nimmt, mit der Hierarchie der Geburt zusammenfällt?
... denken Sie nicht, oder wenn Sie auf das französische Volk
... System der allgemeinen Wehrpflicht anwenden wollen, so
... Sie dasselbe vollkommen nach preußischem Muster organi-
... und dann, aber nur dann können beide Nationen, ohne Nach-
... die eine von ihnen, sich auf dem so schwierigen Schlachten-
... gegenübertreten. Seit meiner Uebernahme des Amtes ist
...mee so ziemlich schlagfertig gemacht. Die ganze Infanterie
... bis zum nächsten Frühjahr mit ausgezeichneten Gewehren ver-
... sein; die Zeughäuser und die Magazine sind gefüllt, die
...ngen sind bereits in einem besseren Zustand, und alle Tage
... daran gearbeitet. Das französische Volk ist von jeher stolz
...sen, und die Armee ist sein Ebenbild. Es hat gallisches Blut
... Adern und vermag nicht lange eine Gefahr, von der es be-
... ist, zu ertragen. Es geht lieber dieser Gefahr entgegen.
... französische Volk lebt nicht gerne in der Ungewißheit und sieht
... Handel und seine Industrie nicht gerne dahinsiechen; lieber

will es sofort den Krieg. Gibt man ihm nun eine militärisc Organisation, welche ihm alle Sicherheit gewährt, so läßt es d Sorgen fahren. Es fürchtet seine Nachbarn nicht, träumt selt von keinen Eroberungen und überläßt sich im Frieden seinen g wohnten Beschäftigungen. Durch die Einführung des neuen M litärgesetzes werden diese Resultate erreicht, daher er durch da selbe für die Aufrechthaltung des Friedens gearbeitet zu hab glaube. Frankreich brauche eine ständige Armee von 400000 Man eine ebenso starke Reserve und mobile Nationalgarde, so daß m im geeigneten Augenblicke über 1,200,000 Mann verfügen könr Nicht erst in 6 bis 7 Jahren werde dieses Gesetz seine Wirku auf die Wehrkraft der Nation äußern, sondern schon im nächst Jahre werden 600,000 Mann mobiler Nationalgarde vorhand sein. Mit einer Armee von 600,000 Mann und ebenso vielen N tionalgarden könne man vorläufig schon allen Eventualitäten l gegnen. Enfin, nous sommes prêts."

Dem Kriegsminister entgegnete Jules Favre: „Niel fort die Erhöhung des Effektivbestandes und sage doch, Frankreich l drohe niemand und werde von niemand bedroht. Er aber sa Frankreich bedrohe und werde bedroht. Die politische Lage Fra reichs, die Verfassung des Kaiserreichs, welches den Souverän zu ausschließlichen Herrn über Krieg und Frieden mache, habe ga Europa in jene unbestimmte Unruhe versetzt, aus welcher die c seitige Vermehrung der Streitkräfte hervorgegangen sei. Die me kanische Expedition sei Schuld an den Ereignissen in Schlesw Holstein und in Böhmen. Frankreich habe keinen Alliirten nu als die Priesterherrschaft und die weltliche Macht des Papst Man solle der Regierung nicht so viel Macht in die Hand gel und an die Allmacht des ersten Kaiserreichs denken, die mit i Occupation des Landes durch die fremden Mächte geendigt hab

Während dieses französischen Säbelgerassels war es auch der italienischen Abgeordnetenkammer, welche am 5. December w der zusammentrat, scharf hergegangen. Gerade an diesem Tage ha Rouher sein gebieterisches Jamais ausgesprochen und zugleich Zweck der römischen Expedition angeführt, daß Frankreich die R volution habe aufhalten wollen, für welche drei Etappen festgest gewesen seien: Rom, Florenz und Paris. Italien wurde zwar der englischen Times getröstet, welche sagte, so ein Jamais sei den Staatsmann nicht so böse gemeint; man wisse ja, daß die Leiter gar häufig selbst etwas ausführen helfen, was sie ein Jahr vorher als unmöglich bezeichnet haben. Doch wäre den Italienern die englische Flotte vor Civitavecchia ein wirksamer Trost gewesen. Die Abgeordneten gaben dieser antifranzösischen Stimmung einen kräftigen Ausdruck. Selbst der konservative Ministerpräsident Menabrea konnte sich dieser nationalen Strömung nicht entziehen. Gleich in der ersten Sitzung vom 5. December hielt er eine längere Rede über die Vorgänge, welche den Sturz Ratazzi's und die Neubildung des Ministeriums herbeiführten, und sagte unter anderem: „Zwischen den südlichen Provinzen Italiens und den anderen besteht ein kleiner Staat, in welchem die berühmteste Stadt der Welt liegt. Dieser kleine Staat ist ein schweres Hinderniß für uns. Wäre seine Regierung besser, so wären die Uebelstände geringer. Aber Rom ist der Mittelpunkt der Verschwörungen gegen die Einheit Italiens. Es ist natürlich, daß ganz Italien lebhaft gegen dies protestirt. Was würden wohl die Franzosen thun, wenn Paris in der Gewalt der Engländer wäre? In unserem Jahrhundert ist Alles, was ein Volk hemmen kann, ein Hinderniß, das beseitigt werden muß. Allein Rom ist zugleich die Stadt, wo das Haupt der Kirche seinen Sitz hat, das sicher nicht so schwach ist, wie wohl mancher meint, und wohl weniger schwach in einem Lande, wo das katholische Gefühl das vorherrschende ist. Unsere Pflicht ist es, das Haupt der Religion zu achten. Nicht durch Gewalt geht man nach Rom; man muß moralische Mittel anwenden. Das Nationalparlament hat dies in der Sitzung vom März 1861 anerkannt. Diejenigen, welche mit den Waffen in der Hand nach Rom gehen wollen, verletzen das Parlamentsdekret. Je stärker wir sein werden, desto näher werden wir Rom kommen.' Ueber das, was nun zunächst zu thun sei, sagte er am 17. December: „Der Septembervertrag ist nicht null und nichtig, sondern nur suspendirt wegen der Einmischung Frankreichs. Ebenso ist aber auch die halbjährige Zahlung der päpstlichen Schuld (welche Italien zugleich mit der Annexion der päpstlichen Provinzen übernommen hatte) eingestellt. Die italienische Regierung wird sich bemühen, den Septembervertrag wieder in Kraft zu setzen und sodann über neue Bedingungen zu verhandeln und zwar, wie sie hofft, über bessere. Zunächst handelt es sich darum, ein doppeltes Ziel zu erlangen: den Abzug der französischen Truppen und die Herstellung eines modus viven mit Rom."

Eine mehrtägige Debatte über das Verhältniß Italiens Frankreich und zum Kirchenstaat fand statt, in welcher die M glieder der Rechten und der Linken sich darin einig zeigten, d beide erklärten, der italienische Staat bedürfe zu seiner Vervo ständigung Roms, darin uneinig, daß die Rechte nur durch moralis Mittel, die freilich schwer definirbar sind, in den Besitz von R gelangen wollte, während die Linke auch die Gewalt nicht sche und durch die „Wunder von Mentana" so erbittert gegen Frankre war, daß sie den Septembervertrag nicht mehr anerkennen und i diplomatischen Beziehungen mit Frankreich abbrechen wollte. I aber dadurch die Schmach der französischen Soldatenherrschaft i endlose verlängert würde, so mußte man der Rechten beistimm wenn sie, weil im Augenblick schlechterdings nichts anderes zu reichen war, den Septembervertrag in irgend einer Form erneu wollte, um nur die Franzosen wieder aus dem Lande hinaus bekommen. Ueber die weltliche Herrschaft des Papstes und ü Frankreich drückten sich beide Parteien gleich stark aus. Der Just minister Mari sagte am 13. December: „Wer wünscht nicht d Fall der weltlichen Gewalt des Papstes? Wer ist nicht überzeu daß die Religion bei unsern Gegnern nur ein Vorwand ist? Uns Ansicht ist nicht neu. Es ist schon lange, daß Dante gesagt h die römische Kirche sei, indem sie die beiden Gewalten vermisch in den Koth gesunken." Crispi, der Hauptführer der Linken, klärte am 16. December, schon die Legion von Antibes sei ei Verletzung des Septembervertrages gewesen, und die italienis Regierung hätte, wenigstens nach der Sendung des Generals D mont, denselben aufkündigen sollen. „Im übrigen kann uns we daran liegen, ob die französischen Truppen in Civitavecchia o in Toulon liegen, sobald Frankreich erklärt, einzuschreiten, wenn i weltliche Macht des Papstes bedroht ist. Auf die Länge ist es d nicht möglich, daß die Söhne Voltaires sich hergeben, die Küs der Pfaffen zu machen. Lassen wir die Rouher, die Berryer, Moustier, die Thiers Allianz mit der Soutane und den Legitimist machen; der Tag der neuen Marseillaise ist nicht fern."

Allgemein erwartete man einen Kammerbeschluß, wodurch Politik des Ministeriums gebilligt würde, zumal schon bei der W

Präsidenten der Abgeordnetenkammer am 6. December der rungskandidat Lanza mit einer Mehrheit von 40 Stimmen Ratazzi, welchen die Linke vorschlug, gesiegt hatte. Als aber brea ein förmliches Vertrauensvotum und die Annahme fol- Tagesordnung verlangte: „Die Kammer, indem sie Akt von der Erklärung des Ministeriums, daß es das nationale gramm, welches Rom zur Hauptstadt Italiens verlangt, unver- aufrecht halten werde, beklagt, daß man dasselbe mit Mitteln führen wollte, welche im Widerspruch mit den Gesetzen und den mentsbeschlüssen sind, und überzeugt, daß in der Achtung des die Bürgschaft für die Freiheit und Einheit des Landes billigt sie die Haltung des Ministeriums und geht zur ordnung über,“ so verwarf die Kammer, offenbar um ihrem gegen Frankreich Ausdruck zu geben, am 22. December diesen mit 201 gegen 199 Stimmen. Bei der Verkündigung des der Abstimmung erhob sich von den Plätzen der Opposi- und den dichtgedrängten Tribünen der enthusiastische Ruf: Roma, la capitale d'Italia! Dies war die Antwort Italiens Jamais des Herrn Rouher. Sofort gab das Ministerium December seine Entlassung ein. Der König nahm sie an, agte aber zugleich Menabrea, ein neues Kabinet zu bilden, die Kammer wurde bis zum 3. Januar vertagt.

Durch die französischen und italienischen Kammerverhandlungen die Gegensätze zwischen Frankreich und Italien aufs schärfste Sagte jenes, Rom sei für Italien nicht nöthig, Italien habe Recht auf Rom, es werde sich niemals Roms bemächtigen so erwiderte dieses, es könne Rom gar nicht entbehren, eben so viel Recht auf Rom als Frankreich auf Paris und niemals auf Rom verzichten. Es ist allerdings wahr, daß Königreich Italien den Eindruck eines geschlossenen Ganzen so nicht machen wird, bis es den Kirchenstaat sich einverleibt Rom, welches seit mehr als zwei Jahrtausenden im Inland Ausland als das Centrum der italienischen Nationalität gilt, Hauptstadt gemacht hat. Erst dann werden alle Theile von dem Bewußtsein der Einheit durchdrungen, die inne- Eifersüchteleien ausgeglichen, das Königreich zu einer selbstän- Großmacht erhoben sein. Andererseits aber kann man nicht , daß im Katholicismus selbst eine Aenderung vorgehen muß, bevor er sich in die Abschaffung der weltlichen Herrschaft d Papstes wird finden können. Denn wenn der Papst in der Hau stadt des italienischen Königs und nicht mehr in seiner eigenen sidirt, so ist es mit seiner Souveränetät gerade so aus, wie vierzehnten Jahrhundert mit derjenigen der Päpste zu Avign Deutschland hat es unter Kaiser Ludwig dem Baier sehr zu empfin gehabt, was es heißt, wenn der Papst in der Machtsphäre franzözischen Königs ist. Der Papst ist dann kaum etwas mehr der erste Landesbischof, und ob mit einem solchen fremde Souver Konkordate schließen, ob sie ihre Bischöfe von ihm ernennen andere Beschränkungen ihrer eigenen Herrschergewalt noch fer sich von ihm gefallen lassen wollen, ist noch nicht ausgema Nicht bloß der Kirchenstaat, sondern auch die Stellung des Pap als des gebietenden Oberhauptes der katholischen Kirche steht dieser scheinbar bloß italienischen Frage auf dem Spiel. Se Napoleon I., welcher doch gewiß das Zeug hatte, um solche V hältnisse richtig zu beurtheilen, sprach sich zu einer Zeit, wo Blick noch nicht durch seine grenzenlose Herrschsucht getrübt n als erster Konsul für die Zweckmäßigkeit eines Kirchenstaates „Bildet man sich ein," sagte er, „daß, wenn der Papst in P wäre, Spanier und Deutsche seinen Entscheidungen Gehorsam lei würden? Es ist ein Glück, daß er in diesem alten Rom resid fern von deutschen Kaisern, von französischen und spanischen Köni zwischen den katholischen Souveränen die Wagschale haltend, immer dem Stärksten ein wenig zuneigend, aber sogleich wi aufrecht, wenn der Stärkste den Unterdrücker spielen will. Jahrhunderte haben dies geschaffen, und sie haben es recht schaffen." Mit dieser Sprache des ersten Konsuls kontrastirt frei das Dekret des Kaisers, datirt von Schönbrunn den 16. Mai 18 gewaltig. Denn in diesem wurde das Aufhören der weltli Macht des Papstes ausgesprochen und der Kirchenstaat theils dem Königreich Italien theils mit Frankreich vereinigt.

Bei dieser Sachlage ist es einleuchtend, warum die Kurie Königreich Italien beständig ihr Non possumus entgegenhält. Gegensätze sind unversöhnlich. Jeder hat von seinem Standp aus Recht. Italien hat jedenfalls unklug daran gethan, den nigen mit Gewalt dem Gegner aufdringen zu wollen. Auch zeigte sich jener krankhafte Zug der neuesten Zeit, alles im Stu

...en, mit fieberhafter Hast durchführen und Fragen, an deren ...ung sich sonst ein Jahrhundert abgearbeitet hat, in Monaten ab...eiten zu wollen. Dabei kann es nicht ausbleiben, daß durch die ...schicktheit der Schauspieler zuweilen mehr verdorben, als ge...nnen, eher ein Rückschritt als ein Fortschritt erzielt wird. In ...esem Falle ist Italien. Es hätte sich Preußen zum Muster ...men und die Art und Weise, wie dieses die süddeutschen Staa...n an sich gezogen hat, nachahmen sollen. Auch könnte es nicht scha...n, wenn Italien in seinen Finanzen eine so gute Ordnung hätte ...e Preußen. Denn es macht doch einen gar zu schlechten Ein...druck, wenn der Finanzminister das Deficit vom Jahre 1868 auf ... Millionen Franks anschlägt. Und dies ist nur das Deficit des ...nzministers. Wie wird nun erst, zumal nach der Theurung der ...ten Monate, das wirkliche Deficit lauten! Wenn Italien sich ...s Sparen legte, die Unterrichtszwecke, Handel, Industrie und ...werbe förderte und Rom einstweilen seinem Schicksal überließe, ...agt es sich doch, ob dieses isolirte Rom nicht gerne Beziehungen ...t Italien eröffnen und nach und nach innige Verbindungen mit ...selben anknüpfen würde, denen die förmliche Einverleibung wie ... Fallen der reifen Frucht folgen würde. Dieser Weg ist zwar ...immer, aber er führt vielleicht Italien doch schneller nach Rom.

Man hat auch noch von einer anderen Lösung gesprochen, wo...nach Italien nicht gegen, sondern mit dem Willen Frankreichs in ...m einzöge. Ein italienisches Blatt schrieb zu Ende Novembers: ...er Aussage des Generals Lamarmora zufolge dreht sich die ganze ...ische Frage zwischen den Regierungen von Frankreich und Ita...n um die Frage einer Allianz, welche Frankreich für gewisse ...ntualitäten von Italien verlangt. Der Preis der Unterzeichnung ... solchen Allianz wäre Rom." Daß lediglich politische, nicht ...giöse Gründe es sind, welche Napoleon zur Beschützung des ...chenstaats bestimmen, ist bei einem Manne von einer solchen ...gangenheit wohl vorauszusetzen. Es können also Fälle eintreten, ... Napoleon aus politischen Gründen den Italienern den Kirchen...staat geradezu anbietet, trotz aller Reden der Herren Moustier und ...her. Diese Eventualitäten liegen am Rhein, und die Reden ... Marschalls Niel und des Berichterstatters Gressier in der fran...zösischen Deputirtenkammer waren allerdings von der Art, daß sie ...r wie eine Kriegstrompete als wie die Stimme einer Friedenstaube klangen. Diese kolossale Anhäufung von Mannschaft und Krieg material, diese herausfordernden Redensarten, dieses Pochen a Kriegsbereitschaft könnte auf die Absicht hindeuten, durch einen Kri auf Leben und Tod die Frage zu entscheiden, ob von nun an Deutsc land oder Frankreich die erste Rolle in Europa spiele. Daß dab Niel die Einführung der allgemeinen Wehrpflicht verwirft und d Konskription nebst dem Loskaufsystem beibehält, dadurch also d wohlhabenden und gebildeten Klasse die Befreiung von dem Dien im stehenden Heere erleichtert, könnte auffallend erscheinen, wen man nicht wüßte, daß sich die Regierung vor dieser allgemein Wehrpflicht, vor dem „Volk in Waffen“ fürchtet und lieber sog nannte Berufssoldaten heranzieht, welche durch Sold und Pension angelockt aus dem Militärdienst ein Gewerbe machen. Diese Sor von Truppen hat alle Tugenden und alle Fehler der alten Pr torianer, und die in den deutschen Heeren befindliche Intellige wird ihnen gewachsen sein. Auch darf man sich durch die hoh Zahlen des französischen Kriegsministers (400000 Mann stehend Heer, 400000 Reserve, 400000 mobile Nationalgarde) nicht schreck lassen; denn die Kriegsstärke des norddeutschen Heeres ist a 972434 Mann und auf 214 Batterien mit 1272 bespannten G schützen berechnet, wozu, den Allianzverträgen gemäß, noch etn 200000 Mann süddeutscher Truppen kommen, womit die Summe v 1,200,000 französischer Truppen so ziemlich erreicht sein wir Auch wir sind bereit; nur hängen wir es nicht gerade an d große Glocke.

Kaiser Napoleon wird sich mit einem Krieg gegen Deutschla nicht sehr beeilen; es müßten denn äußerst zwingende Gründe vo handen sein, die von außen her einwirken oder im Innern sein Landes selbst auftauchen. Die Rüstungen selbst brauchen durcha nicht als Zeichen der Kriegslust des französischen Kabinets gedeut zu werden. Bei der Schlagfertigkeit des jetzigen Deutschlands konn Frankreich nicht wohl anders als gleichfalls seine Armee reorgan siren, Hinterlader anschaffen und Lücken im Material ausfülle Was die Sache auffallend macht, ist das viele Geschrei, das d Franzosen in der Kammer und in der Presse davon machen, wä rend man in anderen Staaten sich auch auf Rüstungen versteh dabei aber schweigen kann. Wenn aber das Unwahrscheinliche do einträte, daß Frankreich mit mehr als einer halben Million Me

.. der weiteren Entwicklung Deutschlands sich hemmend in den .. werfen wollte, und der Versucher an Italien heranträte, den ..staat ihm anböte unter der Bedingung, daß es mit Frank.. .. gegen Deutschland marschirte, was dann? Hierauf ist keine ..wort zu geben, weil die leitenden Persönlichkeiten jenseits der .., trotz des Bündnisses von 1866, weit weniger berechenbar .. als diesseits derselben. Nur soviel ist zu sagen, daß Italien, .. oder ohne Kirchenstaat, keine selbständige Großmacht ist, bis es .. von dem französischen Einfluß losgemacht hat. Dieses Ziel .. es nur durch ein Bündniß mit Deutschland erreichen, und ein ..meinschaftlicher glücklicher Feldzug gegen Frankreich kann ihm .. auch den Kirchenstaat geben. Dazu gehört aber, daß Italien .. unzuverläßige Politik aufgibt und eine Haltung annimmt, bei .. Deutschland nicht zu fürchten hat, daß mitten in der Aktion .. eine Schwenkung zu Frankreich eintrete. Diesem Mißtrauen .. die berühmte Instruktion des Grafen Bismarck an den preußi.. Gesandten in Florenz, Herr von Usedom, (vom Oktober) Aus.. gegeben. Was darin über den „König Viktor Emanuel und .. seinem Herzen näherstehenden Politiker“ gesagt ist, berechtigt ..ings sehr zu Argwohn und macht Vorsicht zur Pflicht. „Eine .. wie Preußen kann in ihrer gegenwärtigen Stellung nur mit ..nnen sicheren Unterlagen, mit klarer Uebersicht über den .. des Schachbrettes Stellung nehmen.“

.. solcher Uebersicht fehlte es im preußischen Staatshaushalt .. Schon die Thronrede vom 15. November, womit der König .. preußischen Kammern eröffnete, gab Zeugniß hiefür. Auch die ..verhandlungen gaben mehrfach Gelegenheit, in alte und .. Verhältnisse mehr Klarheit zu bringen. Die Verträge mit den ..irten Fürsten, von denen König Georg von Hannover .. Millionen, Herzog Adolf von Nassau 3,891000 Thaler erhalten .., kamen erst im Jahre 1868 zur Berathung. Dagegen hatte .. Sitzung vom 9. December einen interessanten Stoff zu be... Der Abgeordnete von Bennigsen hatte beantragt, „die ..rung aufzufordern, dafür Sorge zu tragen, daß das Mini.. .. der auswärtigen Angelegenheiten auf den Etat des nord.. .. Bundes übernommen und daß die innerhalb des nord.. .. Bundes bestehenden preußischen Gesandtschafts- und Kon..sulaten aufgehoben werden.“ Das Ziel dieses Antrags war

..ber 1867.

Aufhebung des Gesandtschaftswesens der kleinen Staaten und V
wandlung der preußischen Gesandtschaften in norddeutsche Bund
gesandtschaften.

Darauf erklärte Graf Bismarck: „Die Regierung hält
ersten Theil des Antrags principiell für zweifellos richtig; der jetz
Zustand ist nur ein provisorischer, nur ein Uebergangsstadium,
welchem eine strengere Koncentration der Vertretung des Bun
nach außen hin, für die Fragen der großen Politik wenigstens,
vorgehen muß. Wir streben nach dem einheitlichen Ziele,
müssen wir mit Schonung unserer Bundesgenossen verfahren.
Einheitsbestrebungen von 1848 und 1849, welche sich an den
men von Radowitz knüpfen, sind wesentlich mit dadurch gescheit
daß die dynastische Empfindlichkeit nicht geschont und gleich
vornherein der Wegfall des Vertretungsrechtes zu Gunsten
Centralgewalt gefordert war. Wenn das Präsidium eine V
tretung des Bundes bis jetzt noch nicht hat eintreten lassen, so
dies nicht auf die Befürchtung zurückzuführen, daß die Anerkenn
nicht erfolgen möchte. Es ist zu einer solchen Befürchtung um
weniger Veranlassung gegeben, als die Bundesflagge bereits allse
anerkannt worden ist. Wir haben nur unsere Bundesgeno
schonen wollen. So lange sie auf das Vertretungsrecht nicht f
willig verzichten, muß eine Theilung der Repräsentation nach au
in der Weise eintreten, daß in der großen Politik, wie gegenwä
in der Konferenzfrage, der Bund einheitlich vertreten ist und
Gesandtschaften der Einzelstaaten sich mehr mit den speciellen
gelegenheiten ihrer Staatsangehörigen zu beschäftigen haben. Wa
wir das Uebrige ab, bis es als reife Frucht ganz von selbst abf
Ich darf übrigens mittheilen, daß wir im Bundesrathe vertrau
Besprechungen über die auswärtige Vertretung gepflogen haben,
so weit gediehen sind, daß ich bei dem König mündlich bereits
Genehmigung zur Ernennung von Bundesbotschaftern und Bun
gesandten habe nachsuchen können, welche Genehmigung mir
bereits ertheilt worden ist. Gegen den zweiten Theil des Ant
muß ich mich entschieden erklären; denn die preußischen Gesan
bei den Bundesregierungen sind nöthig, um auf diese Regieru
in vorkommenden Fällen einwirken zu können." Den ersten
des Bennigsen'schen Antrags nahm hierauf die Kammer an,
zweiten verwarf sie. In Folge dessen wurden die preußischen

late in Aegypten, Bosnien, Smyrna, Trapezunt, Beirut, Jerusalem, Moskau, New-York und Japan sofort in Bundeskonsulate umgewandelt, und mit dem Anfang des folgenden Jahres überreichten die preußischen Gesandten an den auswärtigen Höfen, (zu welchen jedoch die süddeutschen nicht gerechnet wurden, daher es hier unterbleibt), ihre Beglaubigungsschreiben als Vertreter des norddeutschen Bundes, und umgekehrt ließen sich die auswärtigen Gesandten in Berlin durch besondere Schreiben auch beim norddeutschen Bund beglaubigen. Kein einziger Staat, auch nicht Frankreich, zeigte dabei irgend welche Zurückhaltung oder stellte eine Bedingung.

Auf materiellem Gebiet schloß sich den Zollvereinsverträgen die Erneuerung des deutsch-östreichischen Postvereins oder vielmehr der Abschluß neuer Postverträge zwischen den deutschen Staaten und Oestreich würdig an. Seit Mitte Oktobers hatten sich Vertreter der Regierungen von Preußen als Bundespräsidialmacht und von Oestreich, Baiern, Württemberg und Baden in Berlin zu einer Postkonferenz versammelt, und am 27. Nov. wurde der Vertrag unterzeichnet. „Das einfache Groschenporto", schreibt ein süddeutsches Blatt, für den Briefverkehr auch auf den weitesten Strecken des ganzen deutsch-östreichischen Staatengebietes, die Ermäßigung der Bezüge der Post für die Spedition von Zeitungen und die dadurch bewirkte Verwohlfeilerung dieses wichtigen Bildungsmittels sind Gegenstände, an denen bald jedermann ohne Unterschied der Partei und geographischen Lage mit Vergnügen die wohlthätigen Folgen der politischen Umwälzung des Jahres 1866 erkennen wird." Dagegen fand der Streit mit Dänemark wegen der nördlichen Distrikte Schleswigs in diesem Jahre nicht seine Erledigung. Der dänische Gesandte, Herr von Quaade, wurde im Oktober von seinem Kabinet beauftragt, die Verhandlungen in Berlin zu beginnen. Zunächst handelte es sich bekanntlich um die von Preußen geforderten Garantien zum Schutz der deutschen Bevölkerung. Die Erklärungen der preußischen Regierung schienen dem Gesandten so bedenklich, daß er im November nach Kopenhagen zurückreiste, um sich neue Instruktionen zu holen. Mit diesen kam er erst im Februar wieder zurück, und es müßte seltsam zugehen, wenn er nicht diese Reise noch mehrmals zu machen hätte, um endlich irgend ein, vielleicht auch gar kein Resultat zu erringen.

In denjenigen Staaten, deren Geschichte im Jahre 1867 nicht

in den Vordergrund getreten ist und auch hier nur kurz angedeut werden kann, ziehen sich gewisse Zustände vom Anfang bis zu Ende ohne Lösung hin, so in England die Verschwörung de Fenier. Dieses Wort, welches nun zum Parteinamen geworde ist, ist altceltisch und lautete ursprünglich Fiona oder Fena, was d Blonden, die Weißen bedeutet. Damit wurde ein Hauptheil d alten Bewohner Irlands bezeichnet, die in Irland eingewanderte Schotten, ein in den irischen Traditionen hochgefeierter Stamn Bei dieser Verschwörung, welche in den Vereinigten Staaten nic gerade ungern gesehen, wenn nicht unterstützt wird, handelt es si um die Losreißung Irlands von Großbritannien und um die E richtung einer irischen Republik, wie in den von den fenische Agenten in London verbreiteten Proklamationen offen gesagt wurd Dadurch daß die Fenier ihre Thätigkeit nicht auf Irland beschrän ten, sondern die volkreichsten Städte Englands zu ihrem Terrai ausersahen, vor Mord und Brand nicht zurückschreckten und z Rettung ihres gefangenen Häuptlings Burke die Pulverexplosio von Clerkenwell am 13. December in Scene setzten, hatte die Sach etwas Beängstigendes. Doch kann dieses Fenierwesen mit bloße Polizeimaßregeln nicht unterdrückt werden; hier gilt es, dem Ueb an die Wurzel zu gehen. Wenn die Bevölkerung Irlands seit de Jahre 1851 bis jetzt von 6,515794 auf 5,300000 herabgesunke ist, so muß nicht bloß im Staate Dänemark, sondern auch in d Verwaltung Englands etwas faul sein. Zwei Uebelstände haup sächlich sind es, welche dieses Irland bis auf den heutigen Ta noch wie eine eroberte Provinz erscheinen lassen, und an denen moralisch und physisch zu Grunde geht: fast alles Land ist in de Händen weniger englischen Lords, die Iren sind bloß die Pächte und während die Konfession der Einwohner fast durchgängig k tholisch ist, müssen diese außer ihrer eigenen Kirche auch noch d reich ausgestattete englische Hochkirche unterhalten. Wer wird si damit befreunden können? Selbst Engländer, wie Stuart Mil geben jetzt zu, daß eine Aussöhnung Irlands mit England nic möglich sei, wenn England nicht selbst Hand anlege an eine „wir liche Revolution der ökonomischen und socialen Zustände Irland Die Schwierigkeit, Irland zu regieren, liegt hauptsächlich in unser Unfähigkeit, die Bedürfnisse und den Charakter einer anderen N tion zu verstehen", welche Unfähigkeit in der bekannten Selbstsuch herzigkeit, ja Grausamkeit Englands eine sehr solide Basis hat. ... die Thronrede, womit das Parlament am 19. Nov. eröffnet ...de, nur von Strenge gegen das Feniertthum, kein Wort von ...besserung der irischen Zustände spricht, erscheint wie ein akten... ...ziges Beweisstück für diese Unfähigkeit. Diese Thronrede kün... ...te zugleich die Expedition nach Abessinien an, durch welche der ...tige Herrscher gezwungen werden soll, die widerrechtlich gefange... ...n Engländer, gegen 18 Personen, darunter der Konsul Cameron, ... zu geben.

Von Spanien wird unter der Regierung der Königin Isa... ... nie viel Gutes zu berichten sein. Marschall Narvaez, welcher ... der Spitze des Ministeriums steht, hält dort ein strenges Regi... ...ent und erließ im März ein drakonisches Preßgesetz. Im August ...b sich einer jener Militäraufstände, an denen die neueste Ge... ...hichte Spaniens so reich ist. Wie in Frankreich die Journalisten ... Deputirten, so sind es in Spanien die Generale, welche die ...lutionären Proklamationen unterzeichnen. Längs der Pyrenäen, ... Katalonien, Aragonien und den baskischen Provinzen, hatte sich ... Aufstand „gegen die Tyrannei" entzündet; Barcelona war ein ...uptherd desselben. Aber Narvaez wurde Meister, seine Truppen ...agten die Aufständischen über die Pyrenäen, und mit dem Ueber... ... des Generals Contreras über die französische Grenze am ... August konnte die Sache für beendigt angesehen werden. Der ...kannte General Prim, welcher in Brüssel verweilte und von dort ... die Revolutionsfäden leitete, kam in Perpignan an der spani... ...en Grenze gerade recht an, um zu sehen, daß man keinen Führer ... brauche, worauf er nach Genf abreiste, um in den donnern... ...n Reden des Friedenskongresses einen Ersatz für seine Täuschungen ... finden.

In den Vereinigten Staaten von Nordamerika dauert ... Streit zwischen dem Präsidenten Johnson, der denn doch ... Vergangenheit nicht gut verleugnen kann, und dem Kongreß ... bis zum Schluß seiner Amtsführung fort. Gegenstand des ...spalts sind die in dem letzten Bürgerkrieg besiegten Südstaaten. ...son will diese ohne weiteres wieder in ihre alten Rechte ein... ... und sie wieder zum Kongreß zulassen; dieser verlangt von ... bestimmte Garantien und besonders die, daß die Südstaaten ... Negern vollständige bürgerliche Rechte zuerkennen. Durch den

Kongreß ist zwar die Sklaverei aufgehoben, aber die Ertheilung de bürgerlichen Rechte ist Sache der Gesetzgebung der einzelnen Staa ten, und von diesen hat sich bis jetzt nur Kentucky dazu bequemt Am 7. Januar beschloß das Abgeordnetenhaus, Johnson wege Mißbrauchs seiner Gewalt in Anklagestand zu versetzen. Die Unter suchung hat der Senat unter Vorsitz des Oberrichters zu führer und zu einem 'giltigen Beschluß gehört eine Majorität von zwei Drit theilen der Stimmen. Für diesmal kam es noch nicht zu einer Prozeß. Dagegen kam am 20. Februar das Ultimatum des Kongresses i Beziehung auf die Reorganisation des Südens zu Stande, wonac in den zehn Rebellenstaaten eine provisorische Militärverwaltun eingesetzt werden sollte. Zu dieser „Wiederherstellungsakte" wurd am 16. Juli noch ein Zusatz angenommen, wodurch Grant, de General der Bundesarmee, die Vollmacht erhielt, Civilbeamte ihre Stellen zu entsetzen. Gegen jeden Beschluß dieser Art legte Johnson sein Veto ein. Den ihm entgegenarbeitenden Kriegsminister Stanton suspendirte er am 12. August und übertrug sein Amt provisorisch dem General Grant, gegen welchen Gewaltstreich hinwiederun der Kongreß protestirte. Auch mit Grant begannen sehr ernste Zerwürfnisse, zumal dieser bei der nächsten Präsidentenwahl als Hauptkandidat auftritt. Von weiterem Interesse war die Abtretung de russischen Nordamerika an die Vereinigten Staaten gegen Bezahlun von 7 Millionen Dollars, welchen Kauf der Senat am 1. Apri genehmigte. Das abgetretene Gebiet umfaßt 17500 Quadratmeilen mit etwa 100,000 Einwohnern, wovon kaum 700 Russen die übrigen meist Indianer und Eskimo sind. Die politische Wel interessirte sich für diesen Handel namentlich aus zwei Gründen weil man glaubte, daß nun die Vereinigten Staaten noch um s begehrlicher nach dem britischen Nordamerika sehen werden, un weil man vermuthete, die Freundschaft zwischen Rußland und de Vereinigten Staaten sei so groß, daß die letzteren bei der Lösun der orientalischen Frage dem ersteren mit ihrer Flotte vor Konstantinopel zur Seite stehen werden. Aus Südamerika, wo Brasilien, La Plata und Uruguay mit der Republik Paraguay ode vielmehr mit seinem Diktator und Regenten Lopez einen sehr ungleichen Kampf führen, laufen sehr spärliche Nachrichten ein. De Krieg dauert seit anderthalb Jahren, und man sieht seinem End nicht entgegen, zumal das dortige Klima den Heeren noch re Ferien auferlegt als der alte Bundestag seinen Gesandten.

Zieht man am Schlusse dieser politischen Revüe die Bilanz s Jahres 1867 und fragt man, ob Europa und speciell Deutschd in seinem Geschäftsbetrieb vorwärts oder rückwärts gekommen sind neben einigen verlorenen und höchst zweifelhaften Posten e sehr günstige Spekulationen zu verzeichnen. Von den vier aten, deren geschichtliche Entwicklung hauptsächlich die Aufsamkeit auf sich gezogen hat, sind die beiden romanischen, nkreich und Italien, hinter Deutschland und Oestreich sehr zugeblieben. Italien ist um volle vier Jahre, vor die Zeit des temberveretrags von 1864, zurückgeworfen, und bereits spricht was freilich Schwarzseherei und klerikaler Wunsch ist, von der ilung des Königreichs in eine nördliche und südliche Hälfte. nkreich hat sich in Italien in die Stellung versetzt, welche früher treich eingenommen hat, während Preußen dort jetzt die frühere llung Frankreichs einnimmt. Die Sicherung der Dynastie scheint Frankreich der einzige Staatszweck zu sein. Bevormundung der mmern und der Presse, ungeheure Vermehrung des Militärs, brus Auftreten der Polizei sollen diesem Zwecke dienen. Wie sieht mit der Freiheit eines Landes aus, wenn, wie dies bei den Vermlungen auf dem Montmartrekirchhof am 2. Nov. der Fall war, protestantischer Geistlicher von der Polizei deßwegen verhaftet, „weil derselben der Ausdruck seines Gesichts eine Mißbilling ihres Verfahrens anzudeuten schien!“ Dazu das quälende Beßtsein, daß es mit seiner Suprematie in Europa zu Ende ist, das ewige Jammern und Drohen deßhalb! Von irgendwelchem schritt ist auch hier nichts zu bemerken. Man sieht nur „schwarze nkte.“

In Oestreich hat das Jahr mit Einsetzung eines dreifachen Ministeriums geschlossen. Dem ungarischen folgte das cisleithanische dem Ministerpräsidenten Fürst Karl von Auersperg, welches men vom besten Klang, wie Giskra, Herbst, Hasner, Berger, d aufzuweisen hat. Zwischen und über beiden steht das Reichssterium, in welchem Beust das Auswärtige, Beke die Finanzen, das Kriegswesen zu leiten hat. Die Delegationen der beiden chshälften sind einberufen und haben die gemeinsamen Angelegenheiten zu berathen. Selbst mit den konfessionellen Fragen scheint es vorwärts zu gehen. Graf Crivelli hat zwar immer no nicht seine feierliche Audienz beim Papste gehabt, somit auch a Konkordat noch nichts ändern können; aber das Herrenhaus wi den Beschluß des Abgeordnetenhauses über Ehe und Schule gene migen, der Kaiser bestätigen, und damit ist eine starke Bresche das Konkordat geschossen. Dies sind unverkennbare Zeichen vı Fortschritt. Oestreich hat kaum irgend einmal eine so freisinni Physiognomie gehabt wie eben jetzt. Aber abgesehen von der Fra der Haltbarkeit liegt die Schwierigkeit in Ungarn. Dieses hat si so vollständig loszumachen gewußt, daß es sogar auf eigene Rec nung Anleihen macht. Von den gemeinsamen Reichslasten will 30 Procent übernehmen. Die deutsch-slavischen Länder müssen nı sehen, wie sie mit den übrigen 70 Procent ins Reine komme Von den Staatsschulden will es diejenigen, welche seit 1848, al ohne Zustimmung des ungarischen Landtags gemacht worden sin vornweg nicht anerkennen. So ist die Reichseinheit auf das d Ungarn zusagende Minimum herabgedrückt und der anderen Reich hälfte von den gemeinsamen Reichslasten und von der Staatsschu ein Maximum aufgebürdet, das diese nicht zu tragen vermag. Uı doch brauchen die Ungarn Oestreich zum mindesten ebenso sehr a dieses sie. Sagen sie doch selbst, daß sie die volle Unabhängigk von Oestreich gar nicht wünschen, da diese sie zu ruinirenden Militä auslagen zwingen würde, um gegen die Nachbarn geschützt zu sei Sie wollen nur ihre eigene Verfassung, ihre Autonomie; ihr Stü punkt bleibt Oestreich, dessen Heere und Steuern ihnen eine E leichterung gewähren sollen. So wird auf die deutsch-östreichisd Gutmüthigkeit, welche sie als Schwachköpfigkeit verlachen, spekulit Der Magyare Szechenyi rief einst aus: „Was doch diese Deutsch für unbeholfene und unpraktische Leute sind! Doch dies ist e Glück für uns. Denn wären sie anders, so hätten sie uns läng vernichtet."

Daraus erklärt sich die Furcht, welche sie vor einer nähere Verbindung mit Deutschland, vor einem Bündniß mit Preuße haben. Hierüber sagte Franz Deak: „Wollten wir uns mit ein fremden Großmacht verbinden, so fürchte ich, daß wir dadurch nı die Gefahr der Absorption über unser Vaterland heraufbeschwöre würden." Allerdings würden die im Germanisiren geübten Nor deutschen in einigen Jahrzehnten ein anderes Resultat in Ungar ringen als Metternich und seine Nachfolger. Der frühere ;aatengeneral Perczel bezeichnete es daher als eine Lebensfrage s, daß Preußen seine Macht nicht bis an die Leitha aus= Und andere erklären es offen, daß das wiederhergestellte hum ein wesentlicher Faktor des europäischen Friedens sei, e die Verwilligung der Landtage in Wien und Pesth und as Einverständniß der Delegationen beider Theile kein Geld in Soldat erhoben werden könne. Ohne Ungarn vermöge ch nichts. Das neue Ungarn aber habe bei keinem Krieg zu gewinnen; der Friede sei für dasselbe eine Existenzfrage. nge aber wird bei solcher Ungleichheit der Verhältnisse dieses e Nebeneinanderwohnen, dieses ungestörte Ineinandergreifen derwerks einer so komplicirten Maschine dauern? Wie lange ; Cisleithanien behagen, dreimal so viele Steuern zu zahlen, Herren Magyaren, nur damit ja kein Konflikt entstehe, das eutschland sich nicht einmische, vielleicht bis an die Leitha ge, oder vielleicht noch ein bischen weiter? Inwieweit Oest= egen seiner staatlichen Einrichtungen zu beglückwünschen ist, ß noch abgewartet werden.

elcher Erfolge, wie sie Preußen im ablaufenden Jahr auf= n hat, kann sich kein anderer Staat rühmen. Der nord= Bund wurde gegründet und in der Verfassung desselben ußischen Regierung die oberste Leitung der Bundesangelegen= darunter die des gesamten Militärwesens, der Kriegsmarine, der mittel und der diplomatischen Vertretung übertragen; die - und Zollvereinsverträge wurden von den süddeutschen tretungen genehmigt und dadurch für den Kriegsfall der ehl des Königs von Preußen bis zum Bodensee und den Alpen ausgedehnt, Süddeutschland durch die Macht der len Fragen aufs engste mit dem Norden verbunden; die ng eines Zollparlaments für 38 Millionen Deutsche wurde t, was den Vertretern der vielerlei Stämme des großen ndes im Norden und Süden Gelegenheit geben wird, ihren larismus abzustreifen und sich als Deutsche zu fühlen. Im z mit den Allianzverträgen hat auch Süddeutschland ange= sein Heerwesen zu reorganisiren und den Volksvertretungen Militärgesetzentwürfe vorzulegen, die sich möglichst an die hen Einrichtungen anschließen und im Beginn des Jahres 1868 mit einigen Aenderungen genehmigt wurden. Das lebendige M· gefühl mit der Noth der armen Ostpreußen, deren Väter im Frü jahr 1813 den Reigen angeführt haben, ist ein schönes Zeugr von dem Bewußtsein der Zusammengehörigkeit der deutschen Stämn

Auch in Preußen, wo, wie in Süddeutschland, ein schwer überwindender Partikularismus sitzt, der selbst dem Grafen B marck zuweilen zu schaffen macht, gewöhnt man sich immer m an die Umwandlung Preußens in Deutschland, was wohl das be Mittel ist, um die inneren Gegner zu entwaffnen. Diese Umwandlu zeigt sich am stärksten am Grafen Bismarck selbst. Als in Sitzung des preußischen Abgeordnetenhauses vom 11. December Administrativkonvention Preußens mit Waldeck verhandelt wu und ein Redner behauptete, die Waldecker verlieren auf diese W ihr Vaterland, da sie keine eigentlichen Waldecker mehr und a keine Preußen seien, so erwiderte Graf Bismarck: „Die Walde werden nicht vaterlandslos; sie behalten den Ehrennamen „Deutsch und einen besseren Ehrennamen hat keiner von uns in Anspruch nehmen.“ Und auf die Einwendung, daß durch diesen Vertrag preußischen Volk eine Last von etwa 100000 Thaler jährlich erlegt werde, entgegnete er: „Ich höre immer nur von Lasten re Dies hörte ich auch in Frankfurt am Bundestage. So oft es um nationale Einrichtungen handelte, hieß es: dies legt uns Last auf. Dies ist die Sprache des Partikularismus. Wie? sollten n für unsere staatliche und nationale Freiheit kein Opfer bring können? In Amerika schlägt der Deutsche sich jetzt mit Stolz c die Brust und sagt: ich bin ein Deutscher! während er sonst schämt das Auge niederschlug. Die staatliche Ehre und Freih sollte uns doch über alles gehen.“

Chronik
der
Ereignisse des Jahres 1867.

Januar.

Februar.

März.

Tage	
16	Die Reden Latours und Rouhers . . . .
18	Die Reden Jüles Favres und Graniers von Cassagnac . . . .
18	Beginn der Specialdebatte über den Verfassungsentwurf im norddeutschen Reichstag . . . .
18	Graf Bismarck über Polen . . . .
18	Graf Bismarck über die nördlichen Distrikte Schleswigs . . . .
18	Graf Bismarck über die Allianzverträge mit den süddeutschen Staaten
19	Der preußische Staatsanzeiger veröffentlicht den Allianzvertrag zwischen Preußen und Baiern . . . .
22	Der Vertrag zwischen Frankreich und Holland wegen Abtretung Luxemburgs ist aufgesetzt . . . .
25	Der preuß. Gesandte im Haag protestirt gegen den Luxemburger Handel
30	Der König von Holland läßt die Gerüchte über eine Abtretung Luxemburgs im „Luxemburger Kourier" dementiren . . . . .
30	Der norddeutsche Reichstag beschließt, daß die Abgeordneten Diäten erhalten sollen . . . .

April.

1	Der Senat der Vereinigten Staaten genehmigt den Ankauf des russischen Nordamerika . . . .
1	Eröffnung der Weltindustrieausstellung in Paris . . . .
1	Bennigsens Interpellation im norddeutschen Reichstag über die Luxemburger Frage und die Antwort des Grafen Bismarck . .
2	Puebla von Porfirio Diaz erstürmt . . . .
4	Entlassung des Ministeriums Ricasoli . . . .
7	Militärkonvention zwischen Preußen und Hessen . . . .
10	Ratazzi zum Ministerpräsidenten ernannt . . . .
10	Ende der Specialdebatte über den Verfassungsentwurf im norddeutschen Reichstag . . . .
11	Schutz- und Trutzbündniß zwischen Preußen und Hessen . . . .
15	Schlußberathung über den Verfassungsentwurf im nordd. Reichstag
15	Der norddeutsche Reichstag beschließt, daß die Abgeordneten keine Diäten erhalten sollen . . . .
16	Der Reichstag gibt im Militärwesen nicht nach . . . .
16	Annahme des Verfassungsentwurfes . . . .
17	Der Reichstag wird v. König v. Preußen mit einer Thronrede geschlossen
19	Schreiben des Freiherrn von Beust an den östreichischen Gesandten in Berlin über die Mission des Grafen Tauffkirchen . . . . .
23	Omer Pascha von den Kandioten zurückgeschlagen . . . . . .
30	Die beurlaubten franz. Officiere und Unterofficiere werden einberufen

Mai.

3	Der sächsische Landtag nimmt die norddeutsche Bundesverfassung an
6	Note des Fürsten von Hohenlohe an die drei süddeutschen Staaten wegen Bildung eines weiteren Bundes mit dem norddeutschen Bund

Juli.

Tage	
1	Napoleons Rede bei der Austheilung der Ausstellungspreise
1	Preußen übernimmt das Thurn und Taxis'sche Postwesen in ganz Norddeutschland
1	Graf Bismarck zum Bundeskanzler ernannt
4	Die Nachricht von der Erschießung Maximilians wird von Washington aus bestätigt
5	Der Moniteur spricht sich über Juarez sehr stark aus
5	Graf Derby über den Unterschied einer Separat- und Kollektivgarantie
8	Abschluß des neuen Zollvertrags zwischen dem norddeutschen Bund und Süddeutschland
10	Mühlfeld stellt im östreichischen Abgeordnetenhaus einen Antrag bezüglich eines neuen Religionsedikts
11	Herbst und 70 Genossen beantragen im östreichischen Abgeordnetenhaus, neue Gesetzentwürfe über Ehe und Schule abzufassen
15	Präsident Juarez zieht in Mexiko ein
16	General Grant erhält vom Kongreß Vollmacht zur Absetzung von Civilbeamten in den Südstaaten der Union
17	General Dumont inspicirt die Antibeslegion in Rom
18	Vertrag zwischen Preußen und Waldeck wegen Uebernahme der Verwaltung des Fürstenthums
20	Der Herbst'sche Antrag wird vom östreichischen Abgeordnetenhaus angenommen
20	Das dänische Kabinet will nähere Aufklärung über die Garantien
23	Der französische Botschaftssekretär Lefebre liest dem preußischen Unterstaatssekretär von Thile eine Depesche vor
27	Der kleine Moniteur leugnet die Existenz einer französischen „Note" hinsichtlich Nordschleswigs
28	Die italienische Abgeordnetenkammer beschließt die Einziehung der Kirchen- und Klostergüter
31	Die Kaiserin Charlotte wird von Miramar nach dem belgischen Schloß Tervuren gebracht

August.

Tage	
4	Versammlung d. nationaldeutschen Partei Süddeutschlands in Stuttgart
12	Kriegsminister Stanton wird vom Präsidenten Johnson suspendirt und sein Amt provisorisch dem General Grant übertragen
12	Französische Journalisten in Kopenhagen
17	Die hessische zweite Kammer nimmt den Zollvereinsvertrag an
17	Das französische Kaiserpaar reist bis Augsburg
18	Das französische Kaiserpaar kommt in Salzburg an
23	Abreise des französischen Kaiserpaares von Salzburg
25	Das französische Rundschreiben über die Salzburger Zusammenkunft
26	Napoleons Reden in Arras und Lille
28	Die „Presse" bekämpft entschieden ein Bündniß mit Frankreich

September.

Oktober.

Tage	
7	Abreise der preußischen Königsfamilie von Nürnberg nach Weimar
8	Fürst Hohenlohe in der bairischen Abgeordnetenkammer über das Verhältniß Süddeutschlands zum norddeutschen Bund . . . .
8	Der Reichstagsabgeordnete Braun über die Verträge mit Württemberg
9	Mühlfeld beantragt im östreichischen Abgeordnetenhaus die sofortige Aufhebung des Konkordats . . . .
14	Interpellation des badischen Abgeordneten Wundt und Antwort des Ministers von Freydorf . . . .
16	Handschreiben des Kaisers Franz Josef an Kardinal Rauscher . .
18	Der Allianzvertrag von der badischen zweiten Kammer genehmigt .
18	Ueberreichung einer Adresse an den Senator von Rom . . . .
18	Die päpstlichen Zuaven erstürmen Nerola . . . .
19	Der Zollvereinsvertrag von der badischen zweiten Kammer einstimmig genehmigt . . . .
19	Die päpstlichen Zuaven vertreiben die Garibaldiner aus Vallecorsa
19	Ratazzi nimmt seine Entlassung . . . .
19	Garibaldi entrinnt von Kaprera und landet bei Livorno . . . .
20	Wiederaufnahme der Feindseligkeiten in Kandia von Seiten d. Türken
20	Der Kirchenstaat ist von Freischaren geräumt, die Einschiffung der französischen Truppen in Toulon eingestellt . . . .
20	General Cialdini wird beauftragt, ein neues Ministerium zu bilden
21	Garibaldi in Florenz . . . .
21	Debatte in der bairischen Abgeordnetenkammer über den Zollvereinsvertrag . . . .
22	Annahme des Zollvereinsvertrages in der bairischen Abgeordnetenkammer . . . .
22	Die Zuavenkaserne in Rom zur Hälfte in die Luft gesprengt . .
22	Die Schar Cairoli's setzt sich auf einem Hügel in Rom fest . .
22	Zusammenkunft des Kaisers v. Oestreich mit dem König v. Preußen und dem Großherzog von Baden in Oos . . . .
23	Der Kaiser von Oestreich kommt in Paris an . . . .
23	Der Allianz- u. Zollvereinsvertrag von der badischen ersten Kammer genehmigt . . . .
23	Das östreichische Abgeordnetenhaus nimmt den Gesetzentwurf über die Ehe an . . . .
23	Cairoli und seine Schar von den päpstlichen Truppen vernichtet .
23	Garibaldi begibt sich von Florenz an die päpstliche Grenze . . .
24	Garibaldi's Sturm auf Viterbo wird abgeschlagen . . . . . .
24	Der Schwäbische Merkur über die Neutralität Württembergs . .
25	Rom in Belagerungszustand erklärt . . . .
26	Garibaldi erstürmt Monterotondo . . . .
26	Napoleon gibt Befehl zur Einschiffung der Truppen . . . . .
26	Cialdini verzichtet auf die Bildung eines Ministeriums . . . .
26	Beschluß des norddeutschen Reichstags über die süddeutschen Allianz- und Zollvereinsverträge . . . .

November.

Tage	
20	Graf Derby über die Vorbedingungen einer Konferenz
24	Note des Grafen Bismarck an Hessen-Darmstadt in Angelegenheiten der Konferenz
26	Die Leiche Maximilians in Veracruz dem Viceadmiral Tegetthoff übergeben
26	Garibaldi wird freigelassen und geht nach Kaprera
27	Neuer Postvertrag zwischen dem norddeutschen Bund, Süddeutschland und Oestreich
30	Der französische Senat geht über die italienische Frage zur Tagesordnung über

December.

2	Jules Favre bekämpft im gesetzgebenden Körper die französische Intervention in Italien
3	Jules Simon spricht von der scheinbaren Souveränetät des Papstes
4	Moustier und Thiers vertheidigen die französische Intervention
5	Rouher ruft Italien ein Jamais! entgegen
5	Menabrea's Rede in der italienischen Abgeordnetenkammer über das Verhältniß Italiens zu Rom
6	Der ministerielle Kandidat Lanza wird von der italienischen Abgeordnetenkammer zu ihrem Präsidenten ernannt
9	Thiers' Rede über Deutschland
9	Bennigsens Antrag in der preußischen Abgeordnetenkammer über das Gesandtschaftswesen
9	Graf Bismarck über das Gesandtschaftswesen der kleinen Staaten, über Bundeskonsulate und Bundesgesandte
11	Verhandlungen im preußischen Abgeordnetenhaus über den Vertrag Preußens mit Waldeck
13	Pulverexplosion in Clerkenwell
13	Rede des Justizministers Mari gegen die weltliche Herrschaft des Papstes
16	Crispi's Rede gegen die Intervention Frankreichs
17	Menabrea's Rede über den Septembervertrag
19	Debatte im gesetzgebenden Körper über das Militärgesetz
21	Berichterstatter Gressier über das sogenannte Gleichgewicht
22	Die italienische Kammer verwirft das von Menabrea verlangte Vertrauensvotum
23	Menabrea gibt seine Entlassung und wird wieder berufen
23	Rede des Kriegsministers Niel
23	Entgegnung Jules Favre's

Druck von J. Dräger's Buchdruckerei (C. Feicht) in Berlin.

www.ingramcontent.com/pod-product-compliance
Lightning Source LLC
Chambersburg PA
CBHW030840270326
41928CB00007B/1144

9783743397293